Introduction

Your **Collins Phrase Book** is designed to give you all the words and phrases you will want while travelling abroad on business or for pleasure.

Unlike other phrase books it is arranged in A-Z order to take you straight to the word you want without having to search through different topics. And its simple, easy-to-use pronunciation guide to every word and phrase will ensure you communicate with confidence.

At the bottom of each page there is a list of *ABSOLUTE ESSENTIALS* – the key phrases and expressions you will need in any situation. And between the two sides of your **Phrase Book** you will find further explanations of pronunciation, charts showing how to convert from metric to imperial measures and easy reference lists of *Car Parts, Colours, Countries, Drinks, Fish and Seafood, Fruit and Nuts, Meats, Shops,* and *Vegetables*. These pages have a grey border to help you find them easily and to show you where one side of the **Phrase Book** ends and the other begins.

And finally, in the comprehensive glossary at the end of your **Phrase Book** you will find over 4,000 foreign-language words and phrases clearly translated. So in one complete package you have all the benefits of a dictionary with the simplicity of a phrase book. We hope you will enjoy using it.

Abbreviations used in the text

adj	adjective
adv	adverb
cm	centimetre(s)
conj	conjunction
equiv	equivalent
etc	etcetera
f	feminine noun
g	gram(s)
kg	kilogram(s)
km	kilometre(s)
m	masculine noun; metre(s)
m/f	masculine or feminine noun
n	noun
nt	neuter noun
pl	plural noun
prep	preposition
®	registered trade mark
sing	singular
vb	verb

ENGLISH–GERMAN

a *(with "der" words)*   ein   "ine"
   (with "die" words)   eine   "ine-e"
   (with "das" words)   ein   "ine"

▷ **a man**   ein Mann   "ine man"
▷ **a woman**   eine Frau   "ine-e frow"

abbey   die Abtei   "ap-**ty**"

about *(concerning)*   über   "**oo**ber"
   (place)   umher   "oom-**hair**"
      herum   "hair-**oom**"
   (approximately)   ungefähr   "**oon**-gefair"

▷ **about four o'clock**   ungefähr vier Uhr   "**oon**-gefair feer oor"

above *(overhead)*   oben   "**ohben**"
   (higher than)   über   "**oo**ber"

abseiling   das Abseilen   "**ap**zile-en"

▷ **we'd like to go abseiling**   wir möchten abseilen gehen   "veer **mur'kh**-ten **ap**zile-en gayen"

accident   der Unfall   "**oon**fal"

▷ **I've had an accident**   ich habe einen Unfall gehabt   "ikh **hah**-be ine-en **oon**fal ge**hapt**"
▷ **there's been an accident**   ein Unfall ist passiert   "ine **oon**fal ist pa**seert**"

accommodation   die Unterkunft   "**oon**ter-koonft"

▷ **I need three nights' accommodation**   ich brauche eine Unterkunft für drei Nächte   "ikh **brow**-khe ine-e **oon**ter-koonft foor dry **nekh**-te"

to ache   weh tun   "vay toon"
▷ **I've got a stomach ache**   ich habe Magenschmerzen   "ikh **hah**-be **mah**gen-shmertsen"

activities   Veranstaltungen *(pl)*   "fair**an**-shtal-toongen"

▷ **do you have activities for children?**   gibt es hier Veranstaltungen für Kinder?   "gipt es heer fair**an**-shtal-toongen foor kinder"

▷ what indoor/outdoor activities are there?	was kann man hier drinnen/im Freien unternehmen?	"vas kan man heer **drin**nen/im **Frei**en oonter-**naymen**"
adaptor (*electrical*)	der Zwischenstecker	"**tsvish**en-shtecker"
address	die Adresse	"a-**dre**-se"
▷ my address is ...	meine Anschrift lautet ...	"mine-e **an**shrift **low**-tet"
▷ please take me to this address	fahren Sie mich bitte zu dieser Adresse!	"**fah**-ren zee mikh **bi**-te tsoo deezer a-**dre**-se"
▷ will you write down the address please?	können Sie die Adresse bitte aufschreiben?	"**kur**'-nen zee dee a-**dre**-se **bi**-te **owf**-shry-ben"
adhesive tape	das Klebeband	"**klay**-be-bant"
▷ I need some adhesive tape	ich brauche etwas Klebeband	"ikh **brow**-khe **et**vas **klay**-be-bant"
admission charge	der Eintrittspreis	"**in**etrits-price"
adult	der/die Erwachsene	"er**vak**-se-ne"
advance:		
▷ in advance	im voraus	"im **for**-ows"
▷ do I pay in advance?	muß ich im voraus zahlen?	"moos ikh im **for**-ows **tsah**-len"
▷ do I need to book in advance?	muß ich im voraus buchen?	"moos ikh im **for**-ows **boo**-khen"
aerobics	das Aerobic	"e**rohbik**"
after (*afterwards*)	danach	"da**nakh**"
(*place, order*)	hinter	"**hinter**"
afternoon	der Nachmittag	"**nakh**-mitak"
aftershave	das Rasierwasser	"ra**zeer**-vasser"
again	noch einmal	"nokh **ine**-mal"
▷ can you try again?	können Sie es noch einmal versuchen?	"**kur**'-nen zee es **nokh** ine-mal fair-**zoo**khen"
agent	der Vertreter	"fair-**trayter**"
(*organization*)	die Vertretung	"fair-**tray**toong"

ago:

▷ **long ago**	vor langer Zeit	"for **lang**er tsite"
▷ **a week ago**	vor einer Woche	"for ine-er **vo**-khe"

AIDS	AIDS	

air conditioning	die Klimaanlage	"**klee**ma-**an**lah-ge"
▷ **the air conditioning is not working**	die Klimaanlage funktioniert nicht	"dee **klee**ma-**an**lah-ge foonk-tsyoh-**neert** nikht"

air hostess	die Stewardess	"**styoo**-ardess"

airline	die Fluggesellschaft	"**floog**-gezelshaft"

air mail:

▷ **by air mail**	per Luftpost	"pair **looft**post"

air mattress	die Luftmatratze	"**looft**-matra-tse"

airport	der Flughafen	"**flook**-hahfen"
▷ **to the airport, please**	zum Flughafen, bitte!	"tsoom **flook**-hahfen **bi**-te"

aisle (*in theatre*)	der Gang	"gang"
(*in church*)	das Seitenschiff	"**zy**ten-shif"
▷ **I'd like an aisle seat**	ich hätte gern einen Gangsitz	"ikh het-te gairn ine-en **gang**-zits"

alarm call	der Weckruf	"**vek**-roof"
▷ **an alarm call at 7 am please**	ein Weckruf um 7 Uhr, bitte	"ine **vek**-roof oom **zee**ben oor **bi**-te"

alarm clock	der Wecker	"**veck**er"

alcohol	der Alkohol	"**al**-kohol"

alcoholic	alkoholisch	"alko-**hoh**lish"

all	alle	"**a**-le"

allergic to	allergisch gegen	"a-**lair**-gish **gay**-gen"
▷ **I'm allergic to penicillin**	ich bin gegen Penizillin allergisch	"ikh bin **gay**-gen peni-tsi-**leen** a-**lair**-gish"

allowance (*customs*)	die zollfreie Menge	"tsol-fry-e **meng**-e"
▷ **I have the usual allowances of alcohol/ tobacco to declare**	ich habe die zollfreie Menge an Alkohol/ Tabak	"ikh **hah**-be dee tsol-fry-e **meng**-e an **al**-kohol/ **ta**bak"
all right (*agreed*)	in Ordnung	"in **ort**noong"
▷ **are you all right?**	geht es Ihnen gut?	"gayt es **ee**nen **goot**"
almond	die Mandel	"**man**del"
almost	fast	"fast"
also	auch	"owkh"
always	immer	"**im**mer"
am:		
▷ **I am**	ich bin	"ikh bin"
ambulance	der Krankenwagen	"**kran**ken-vahgen"
▷ **call an ambulance**	rufen Sie einen Krankenwagen	"**roo**fen zee ine-en **kran**ken-vahgen"
America	Amerika	"a**may**-ree-ka"
American	amerikanisch	"amay-ree-**kah**-nish"
amusement park	der Vergnügungspark	"fer-**gnoo**goongs-park"
anaesthetic	die Narkose	"nar**koh**-ze"
anchovy	die Sardelle	"zar**del**-le"
and	und	"oont"
another (*additional*) (*different*)	noch ein ein anderer	"nokh ine" "ine **an**-de-rer"
antibiotic	das Antibiotikum	"anti-bee-**oh**-tikoom"
antifreeze	der Frostschutz	"**frost**-shoots"
antihistamine	das Antihistaminikum	"antihista-**mee**ni-koom"
antiseptic	das Antiseptikum	"anti-**zept**ikoom"

ABSOLUTE ESSENTIALS		
I would like ...	ich möchte ...	"ikh **mur'kh**-te"
I need ...	ich brauche ...	"ikh **brow**-khe"
where is ...?	wo ist ...?	"vo ist"
I'm looking for ...	ich suche ...	"ikh **zoo**-khe"

any (*with singular*)   irgendein   "**ir**gent-ine"
     irgendeine   "**ir**gent-ine-e"
▷ **I haven't any**   ich habe keine   "ikh **hah**-be **kine**-e"

apartment   das Appartement   "apar-te**mong**"
▷ **we've booked an**   wir haben ein   "veer **hah**-ben ine apar-
     apartment in the   Appartement auf den   te**mong** owf dayn **nah**-
     name of ...   Namen ... gebucht   men ... ge-**bookht**"

aperitif   der Aperitif   "aperi**teef**"
▷ **we'd like an aperitif**   wir hätten gern einen   "veer hetten gairn ine-en
     Aperitif   aperi**teef**"

apple   der Apfel   "**ap**fel"

appointment
     (*engagement*)   der Termin   "tair**meen**"
     (*job*)   die Stelle   "**shte**-le"
▷ **I'd like to make an**   ich hätte gern einen   "ikh het-te gairn ine-en
     appointment   Termin   tair**meen**"
▷ **can I please have an**   können Sie mir bitte   "**kur'**-nen zee meer **bi**-te
     appointment?   einen Termin geben?   ine-en tair**meen** gayben"
▷ **I have an appointment**   ich habe einen Termin   "ikh **hah**-be ine-en
     with Herr Braun   mit Herrn Braun   tair**meen** mit hairn
         brown"

apricot   die Aprikose   "apri-**koh**-ze"

April   der April   "ah-**prill**"

are:
▷ **you are** (*polite*)   Sie sind   "zee zint"
▷ **we are**   wir sind   "veer zint"
▷ **they are**   sie sind   "zee zint"

arm   der Arm   "arm"

armbands (*for*   die Schwimmflügel (*pl*)   "**shvim**-floogel"
swimming)

arrival   die Ankunft   "**an**-koonft"

arrivals (*at airport*)   die Ankunft   "**an**-koonft"

ABSOLUTE ESSENTIALS

do you have ...?	haben Sie ...?	"**hah**ben zee"
is there ...?	gibt es ...?	"gipt es"
are there ...?	gibt es ...?	"gipt es"
how much is ...?	was kostet ...?	"vas kostet"

to **arrive**	ankommen	"**an**-kommen"
▷ what time does the bus/train arrive?	um wieviel Uhr kommt der Bus/Zug an?	"oom vee**feel** oor komt der boos/tsook an"
▷ we arrived early/late	wir kamen zu früh/zu spät an	"veer **kah**-men tsoo **froo**/tsoo **shpayt** an"
art gallery	die Kunstgalerie	"**koonst**-galeree"
artichoke	die Artischocke	"arti-**sho**-ke"
ascent:		
▷ when is the last ascent?	wann ist die letzte Bergfahrt?	"van ist dee **let**-ste **berk**fart"
ashore:		
▷ can we go ashore now?	können wir jetzt an Land gehen?	"**kur**'-nen veer yetst an **lant gay**-en"
ashtray	der Aschenbecher	"**ashen**-bekher"
▷ may I have an ashtray?	kann ich bitte einen Aschenbecher haben?	"kan ikh **bi**-te ine-en **ash**en-bekher **hah**-ben"
to **ask**	fragen	"**frah**gen"
asparagus	der Spargel	"**shpar**gel"
aspirin	das Aspirin	"aspi**reen**"
asthma	das Asthma	"**ast**ma"
▷ I suffer from asthma	ich habe Asthma	"ikh **hah**-be **ast**ma"
at	bei	"by"
▷ at home	zu Hause	"tsoo **how**-ze"
Athens	Athen	"a**tayn**"
aubergine	die Aubergine	"ober-**jee**-ne"
August	der August	"ow-**goost**"
Australia	Australien	"ow**strah**-li-en"
Australian	australisch	"ow**strah**-lish"

Austria	Österreich	"**ur's**-te-rykh"
Austrian	österreichisch	"**ur's**-te-ry-khish"
automatic	automatisch	"owto-**mah**tish"
▷ **is it an automatic (car)?**	ist es ein Automatik(wagen)?	"ist es ine owto-**mah**tik(vahgen)"
autumn	der Herbst	"herpst"
avalanche	die Lawine	"la**vee**-ne"
▷ **is there a danger of avalanches?**	besteht hier Lawinengefahr?	"be**shtayt** heer la**vee**-nen-ge**fahr**"
avocado	die Avocado	"avo**k**ado"
baby	das Baby	
baby food	die Babynahrung	"-**nah**roong"
baby seat (in car)	der Babysitz	"-zits"
baby-sitter	der Babysitter	
baby-sitting:		
▷ **is there a baby-sitting service?**	gibt es hier einen Babysitterdienst?	"gipt es heer ine-en baby-sitter-**deenst**"
back[1] n (of body, hand)	der Rücken	"**roo**ken"
▷ **I've got a bad back**	ich habe ein Rückenleiden	"ikh **hah**-be ine **roo**ken-lyden"
▷ **I've hurt my back**	ich habe mir den Rücken verletzt	"ikh **hah**-be meer dayn **roo**ken fer-**letst**"
back[2] adv	zurück	"tsoo**rook**"
▷ **we must be back at the hotel before six o'clock**	wir müssen vor sechs Uhr im Hotel zurück sein	"veer moossen for zeks oor im ho**tel** tsoo**rook** zine"
bacon	der Frühstücksschinken	"**froo**shtooks-shinken"
bad	schlecht	"shlekht"
badminton	das Badminton	"**bed**minten"

ABSOLUTE ESSENTIALS

I don't understand	ich verstehe nicht	"ikh fair-**shtay**-e nikht"
I don't speak German	ich spreche kein Deutsch	"ikh **shpre**-khe kine doytch"
do you speak English?	sprechen Sie Englisch?	"**shpre**-khen zee **eng**lish"
could you help me?	können Sie mir helfen?	"**kur**'nen zee meer **hel**fen"

bag (*suitcase*)	die Tasche der Koffer	"**ta**-she" "**koff**er"
baggage	das Gepäck	"ge**pek**"
▷ **baggage reclaim**	die Gepäckausgabe	"ge**pek**-owsgah-be"
baggage allowance	das Freigepäck	"**fry**gepek"
▷ **what is the baggage allowance?**	wieviel Freigepäck ist zugelassen?	"vee**feel fry**gepek ist **tsoo**gelassen"
baker's	die Bäckerei	"be-ke-**ry**"
balcony	der Balkon	"bal**kohn**"
▷ **do you have a room with a balcony?**	haben Sie ein Zimmer mit Balkon?	"**hah**-ben zee ine **tsim**mer mit bal**kohn**"
ball (*dance, sphere*)	der Ball	"bal"
ball game	das Ballspiel	"**bal**shpeel"
banana	die Banane	"bana-ne"
band (*musical*) (*group*)	die Band die Schar	"bant" "shar"
bandage	der Verband	"fer-**bant**"
bank	die Bank	"bank"
▷ **is there a bank nearby?**	gibt es eine Bank in der Nähe?	"gipt es ine-e **bank** in der **nay**-e"
bar (*place*)	die Bar	"bar"
barber	der (Herren)friseur	"(**herr**en)frizur"
basket	der Korb	"korp"
Basle	Basel	"**bah**zel"
bath	das Bad	"baht"
▷ **to take a bath**	baden	"**bah**den"
bathing cap	die Badekappe	"**bah**de-kap-e"
bathroom	das Badezimmer	"**bah**de-tsimmer"

ABSOLUTE ESSENTIALS		
I would like ...	ich möchte ...	"ikh **mur'kh**-te"
I need ...	ich brauche ...	"ikh **brow**-khe"
where is ...?	wo ist ...?	"vo ist"
I'm looking for ...	ich suche ...	"ikh **zoo**-khe"

battery	die Batterie	"ba-ter**ee**"
Bavaria	Bayern	"**by**-ern"
to **be**	sein	"zine"

I am	ich bin	"ikh bin"
you are	Sie sind	"zee zint"
(*informal singular*)	du bist	"doo bist"
he/she/it is	er/sie/es ist	"air/zee/es ist"
we are	wir sind	"veer zint"
they are	sie sind	"zee zint"

beach	der Strand	"shtrant"
beach ball	der Wasserball	"**vas**serbal"
beach umbrella	der Sonnenschirm	"**zon**nen-shirm"
bean	die Bohne	"**boh**-ne"
beautiful	schön	"shur'n"
bed	das Bett	"bet"
bedding	das Bettzeug	"**bet**-tsoyk"
▷ is there any spare bedding?	gibt es hier noch weiteres Bettzeug?	"gipt es heer nokh **vite**-e-res **bet**-tsoyk"
bedroom	das Schlafzimmer	"**shlaf**-tsimmer"
beef	das Rindfleisch	"**rint**-flysh"
beefburger	der Hamburger	
beer	das Bier	"beer"
▷ a draught beer, please	ein Faßbier bitte!	"ine **fass**-beer **bi**-te"
beetroot	die rote Bete	"**roh**-te **bay**-te"
before	vor	"for"
to **begin**	beginnen	"be-**ginnen**"

ABSOLUTE ESSENTIALS

do you have ...?	haben Sie ...?	"**hahb**en zee"
is there ...?	gibt es ...?	"gipt es"
are there ...?	gibt es ...?	"gipt es"
how much is ...?	was kostet ...?	"vas kostet"

behind	hinter	"**hin**ter"
Belgian	belgisch	"**bel**gish"
Belgium	Belgien	"**bel**gee-en"
below	unterhalb	"**oon**ter-halp"
belt	der Gürtel	"**goor**tel"
Berlin	Berlin	"bair**leen**"
beside (*at the side of, compared with*)	neben	"**nay**ben"
(*near*)	an	"an"
best (*do something*)	am besten	"am **bes**ten"
▷ **the best**	der/die/das beste	"der/dee/das **bes**-te"
better	besser	"**bes**ser"
between	zwischen	"**tsvish**en"
bicycle	das Fahrrad	"**fahr**-raht"
big	groß	"grohs"
▷ **it's too big**	es ist zu groß	"es ist tsoo **grohs**"
bigger	größer	"**grur**'ser"
▷ **do you have a bigger one?**	haben Sie ein größeres?	"**hah**-ben zee ine **grur**'seres"
bikini	der Bikini	"bi-**kee**nee"
bill (*account*)	die Rechnung	"**rekh**-noong"
▷ **put it on my bill**	schreiben Sie es auf die Rechnung	"**shry**-ben zee es owf dee **rekh**-noong"
▷ **the bill, please**	die Rechnung, bitte!	"dee **rekh**-noong **bi**-te"
▷ **can I have an itemized bill?**	kann ich eine ausführliche Rechnung haben?	"kan ikh ine-e **ows**foor-likh-e **rekh**-noong **hah**-ben"
bin	der Mülleimer	"**mool**-ime-er"
binoculars	das Fernglas	"**fern**-glahs"

biofuel	der Biotreibstoff	"**bee**-oh-tripe-shtof"
bird	der Vogel	"**foh**gel"
birthday	der Geburtstag	"ge**boorts**-tahk"
▷ **Happy birthday!**	alles Gute zum Geburtstag!	"**a**-les **goo**-te tsoom ge**boorts**-tahk"
birthday card	die Geburtstagskarte	"ge**boorts**-tahks-kar-te"
bit (*piece*)	das Stück	"shtook"
▷ **a bit** (*a little*)	ein bißchen	"ine **bis**-khen"
to **bite** (*insect*)	beißen stechen	"**by**-sen" "**shte**-khen"
bitten (*by animal*) (*by insect*)	gebissen gestochen	"ge**bis**sen" "ge**shto**-khen"
bitter	bitter	"**bitter**"
black	schwarz	"shvarts"
blackcurrants	die schwarzen Johannisbeeren (*pl*)	"**shvar**-tsen yoh-**hannis**-bay-ren"
the **Black Forest**	der Schwarzwald	"**shvarts**valt"
blanket	die Decke	"**de**-ke"
bleach	das Bleichmittel	"**blykh**-mittel"
blister	die Blase	"**blah**-ze"
blocked	verstopft	"fer-**shtopft**"
blood group	die Blutgruppe	"**bloot**groo-pe"
▷ **my blood group is ...**	ich habe Blutgruppe ...	"ikh **hah**-be **bloot**groo-pe"
blouse	die Bluse	"**bloo**-ze"
blow-dry[1] *n*: ▷ **a cut and blow-dry, please**	Schneiden und Fönen, bitte!	"**shny**-den oont **fur**'-nen **bi**-te"
to **blow-dry**[2] *vb*	fönen	"**fur**'-nen"

ABSOLUTE ESSENTIALS

I don't understand	ich verstehe nicht	"ikh fair-**shtay**-e nikht"
I don't speak German	ich spreche kein Deutsch	"ikh **shpre**-khe kine doytch"
do you speak English?	sprechen Sie Englisch?	"**shpre**-khen zee english"
could you help me?	können Sie mir helfen?	"**kur**'nen zee meer **helfen**"

blue	blau	"blow"
boarding card	die Bordkarte	"**bort**-kar-te"
boarding house	die Pension	"pen-**zyohn**"
boat	das Boot	"boht"
(*ship*)	das Schiff	"shif"
boat trip	die Bootsfahrt	"**bohts**fahrt"
▷ **are there any boat trips on the river/lake?**	gibt es hier Schiffsrundfahrten auf dem Fluß/See?	"gipt es heer **shifs**-roont-fahrten owf daym floos/zay"
to **boil**	kochen	"**ko**-khen"
Bonn	Bonn	"bon"
book[1] *n*	das Buch	"bookh"
▷ **book of tickets**	das Fahrscheinheft	"**fahr**shine-heft"
to **book**[2] *vb*	buchen	"**boo**-khen"
▷ **the table is booked for eight o'clock this evening**	der Tisch ist für heute abend um acht Uhr bestellt	"der tish ist foor **hoy**-te **ah**bent oom akht oor be**shtelt**"
▷ **can you book me into a hotel?**	können Sie mir bitte ein Hotelzimmer reservieren?	"**kur**'-nen zee meer **bi**-te ine hotel-tsimmer rayzair-**vee**ren"
▷ **should I book in advance?**	muß ich im voraus buchen?	"moos ikh im **for**-ows **boo**-khen"
booking (*in hotel*)	die Reservierung	"rayzair-**vee**roong"
▷ **can I change my booking?**	kann ich umbuchen?	"kan ikh **oom**-boo-khen"
▷ **I confirmed my booking by letter**	ich habe meine Reservierung schriftlich bestätigt	"ikh **hah**-be mine-e rayzair-**vee**roong **shrift**-likh be-**shtay**-tikht"
▷ **is there a booking fee?**	muß ich eine Reservierungsgebühr bezahlen?	"moos ikh ine-e rayzair-**vee**roongs-geboor be-**tsah**-len"
booking office	die Vorverkaufsstelle	"**for**-fairkowfs-shte-le"

ABSOLUTE ESSENTIALS

I would like ...	ich möchte ...	"ikh **mur'kh**-te"
I need ...	ich brauche ...	"ikh **brow**-khe"
where is ...?	wo ist ...?	"vo ist"
I'm looking for ...	ich suche ...	"ikh **zoo**-khe"

bookshop	die Buchhandlung	"**bookh**-hantloong"
boot (*of car*)	der Stiefel der Kofferraum	"**shtee**fel" "**koffer**-rowm"
boots	die Stiefel (*pl*)	"**shtee**fel"
border (*frontier*)	die Grenze	"**gren**-tse"
botanic gardens	der botanische Garten	"bo**tah**-ni-she **gar**ten"
both	beide	"**by**-de"
bottle	die Flasche	"**fla**-she"
▷ **a bottle of mineral water, please**	eine Flasche Mineralwasser, bitte!	"ine-e **fla**-she miner**ahl**- vasser **bi**-te"
▷ **a bottle of gas**	eine Gasflasche	"**gahs**-fla-she"
bottle opener	der Flaschenöffner	"**fla**shen-ur'fner"
box (*container*)	die Kiste	"**kis**-te"
box office	die Kasse	"**ka**-se"
boy	der Junge	"**yoong**-e"
boyfriend	der Freund	"froynt"
bra	der BH	"bay-**hah**"
bracelet	das Armband	"**arm**bant"
brake fluid	die Bremsflüssigkeit	"**brems**-floosikh-kite"
brakes	die Bremsen (*pl*)	"**brem**zen"
brandy	der Kognak	"**kon**yak"
▷ **I'll have a brandy**	ich hätte gern einen Kognak	"ikh het-te gairn ine-en **kon**yak"
bread	das Brot	"broht"
▷ **could we have some more bread?**	können wir bitte noch etwas Brot haben?	"**kur**'-nen veer **bi**-te nokh etvas **broht** hah-ben"
breakable	zerbrechlich	"tser-**brekh**likh"
breakdown	die Panne	"**pa**-ne"

breakdown van	der Abschleppwagen	"**ap**shlep-vahgen"
▷ can you send a breakdown van?	können Sie bitte einen Abschleppwagen herschicken?	"**kur**'-nen zee **bi**-te ine-en **ap**shlep-vahgen **hair**-shicken"
breakfast	das Frühstück	"**froo**-shtook"
▷ what time is breakfast?	wann gibt es Frühstück?	"van gipt es **froo**-shtook"
▷ can we have breakfast in our room?	können wir in unserem Zimmer frühstücken?	"**kur**'-nen veer in **oon**-zerem tsimmer **froo**-shtooken"
breast	die Brust	"broost"
to **breast-feed**	stillen	"**shtil**-en"
to **breathe**	atmen	"**aht**men"
▷ he can't breathe	er kann nicht atmen	"er kan nikht **aht**men"
briefcase	die Aktentasche	"**ak**ten-ta-she"
to **bring**	bringen	"**bring**en"
Britain	Großbritannien	"grohs-bri**tah**-nee-en"
▷ have you ever been to Britain?	waren Sie schon einmal in Großbritannien?	"**vah**-ren zee shohn ine-mal in grohs-bri**tah**-nee-en"
British	britisch	"british"
▷ I'm British	ich komme aus Großbritannien	"ikh ko-me ows grohs-bri**tah**-nee-en"
broccoli	die Brokkoli	"**bro**-ko-lee"
brochure	die Broschüre	"bro-**shoo**-re"
broken (object)	kaputt	"ka**poot**"
(bone)	gebrochen	"ge**bro**-khen"
▷ I have broken the window	mir ist die Fensterscheibe kaputt gegangen	"meer ist dee **fen**ster-shy-be ka**poot** ge**gang**-en"
▷ the lock is broken	das Schloß ist kaputt	"das shloss ist ka**poot**"

ABSOLUTE ESSENTIALS

yes (please)	ja (bitte)	"ya (**bi**-te)"
no (thank you)	nein (danke)	"nine (**dang**-ke)"
hello	guten Tag	"**goo**ten tahk"
goodbye	auf Wiedersehen	"owf **vee**der-zay-en"

broken down
  (machine, car) | kaputt | "ka**poot**"
▷ **my car has broken down** | mein Auto hat eine Panne | "mine **ow**to hat ine-e **pa**-ne"

broken into:
▷ **my car has been broken into** | mein Auto ist aufgebrochen worden | "mine **ow**to ist **owf**ge-bro-khen vorden"

brooch | die Brosche | "**brosh**-e"

brother | der Bruder | "**broo**der"

brown | braun | "brown"

brush
  (for floor) | die Bürste | "**boor**-ste"
  | der Handfeger | "**hant**-fayger"

Brussels | Brüssel | "**broo**ssel"

bucket | der Eimer | "**ime**-er"

buffet | das Buffet | "boo**fay**"

buffet car *(on train)* | der Speisewagen | "**shpy**-ze-vahgen"

bulb *(electric)* | die Glühbirne | "**gloo**bir-ne"

bum bag | die Gürteltasche | "**goor**tel-ta-she"

bun *(cake)* | das süße Brötchen | "**zoo**-se **brur't**-khen"

bungee jumping:
▷ **where can I go bungee jumping?** | wo kann ich hier Bungeespringen? | "voh kan ikh heer **bun**gee-shprin-gen"

bureau de change | die Wechselstube | "**veksel**-shtoo-be"

to burst | platzen | "**plat**sen"
▷ **a burst tyre** | ein geplatzter Reifen | "ine ge**plats**-ter **ry**-fen"

bus | der Bus | "boos"
▷ **where do I get the bus to town?** | von wo fährt ein Bus in die Stadt? | "fon voh fayrt ine boos in dee **shtat**"
▷ **does this bus go to ...?** | fährt dieser Bus nach ...? | "fayrt deezer boos nakh"

ABSOLUTE ESSENTIALS

I don't understand	ich verstehe nicht	"ikh fair-**shtay**-e nikht"
I don't speak German	ich spreche kein Deutsch	"ikh **shpre**-khe kine doytch"
do you speak English?	sprechen Sie Englisch?	"**shpre**-khen zee **english**"
could you help me?	können Sie mir helfen?	"**kur**'nen zee meer **helfen**"

▷ where do I get a bus for the cathedral?	wo fährt der Bus zum Dom ab?	"voh fayrt der boos tsoom **dohm** ap"
▷ which bus do I take for the museum?	mit welchem Bus komme ich zum Museum?	"mit **vel**-khem boos **ko**-me ikh tsoom moo-**zay**-oom"
▷ how frequent are the buses to town?	wie oft fahren die Busse in die Stadt?	"vee oft **fah**-ren dee **boo**-se in dee **shtat**"
▷ what time is the last bus?	wann fährt der letzte Bus?	"van fayrt der **lets**-te boos"
▷ what time does the bus leave?	wann fährt der Bus ab?	"van fayrt der boos ap"
▷ what time does the bus arrive?	wann kommt der Bus an?	"van komt der boos an"
business	das Geschäft	"ge**sheft**"
▷ I am here on business	ich bin geschäftlich hier	"ikh bin ge**sheft**-likh heer"
▷ a business trip	eine Geschäftsreise	"ine-e ge-**shefts**-ry-ze"
bus station	der Busbahnhof	"**boos**-bahnhohf"
bus stop	die Bushaltestelle	"**boos**-hal-te-shte-le"
bus tour	die Busfahrt	"**boos**fahrt"
busy	beschäftigt	"be**shef**-tikht"
▷ the line is busy	die Leitung ist besetzt	"dee **lite**-oong ist be**zetst**"
but	aber	"**ahber**"
butcher	der Metzger	"**mets**-ger"
butter	die Butter	"**booter**"
button	der Knopf	"knopf"
to buy	kaufen	"**kowfen**"
▷ where do we buy our tickets?	wo können wir die Karten kaufen?	"voh **kur**'-nen veer dee **karten kowfen**"
▷ where can I buy some postcards?	wo kann ich Ansichtskarten kaufen?	"voh kan ikh **an**-zikhts-karten **kowfen**"

by (*close to*)	bei	"by"
(*via*)	über	"**oo**ber"
bypass	die Umgehungsstraße	"oom-**gay**oongs-shtrah-se"
cabaret	das Varieté	"varee-ay**tay**"
▷ **where can we go to see a cabaret?**	wo gibt es hier ein Varieté?	"voh gipt es heer ine varee-ay**tay**"
cabbage	der Kohl	"kohl"
cabin (*hut*)	die Hütte	"**hoo**-te"
(*on ship*)	die Kabine	"ka**bee**-ne"
▷ **a first/second class cabin**	eine Kabine erster/ zweiter Klasse	"ine-e ka-**bee**-ne **air**-ster/ **tsvy**-ter **kla**-se"
cable car	die Seilbahn	"**zile**-bahn"
café	das Café	"ka**fay**"
cake	der Kuchen	"**koo**khen"
calculator	der Rechner	"**rekh**ner"
call[1] *n* (*on telephone*)	der Anruf	"**an**roof"
▷ **I'd like to make a call**	ich möchte anrufen	"ikh **mur'kh**-te **an**roofen"
▷ **long-distance call**	das Ferngespräch	"**fairn**-geshprek"
▷ **an international call**	ein Auslandsgespräch	"**ows**-lants-geshprekh"
to call[2] *vb* (*shout*)	rufen	"**roo**fen"
(*on telephone*)	anrufen	"**an**roofen"
▷ **may I call you tomorrow?**	darf ich Sie morgen anrufen?	"darf ikh zee **mor**gen **an**roofen"
▷ **please call me back**	bitte rufen Sie mich zurück	"**bi**-te roofen zee mikh tsoo**rook**"
call box	die Telefonzelle	"taylay**fohn**-tse-le"
calm (*person*)	ruhig	"**roo**-ikh"
(*weather*)	windstill	"**vint**shtil"
▷ **keep calm!**	bewahren Sie die Ruhe!	"be**vah**ren zee dee **roo**-e"
camcorder	der Camcorder	"**kam**korder"

ABSOLUTE ESSENTIALS		
do you have ...?	haben Sie ...?	"**hah**ben zee"
is there ...?	gibt es ...?	"gipt es"
are there ...?	gibt es ...?	"gipt es"
how much is ...?	was kostet ...?	"vas kostet"

camera	die Kamera	"**kam**era"
to camp	campen	"**kem**pen"
▷ **may we camp here?**	dürfen wir hier campen?	"**doorfen** veer **heer** kempen"
camp bed	die Campingliege	"**kem**ping-lee-ge"
camp site	der Campingplatz	"**kem**ping-plats"
▷ **we're looking for a camp site**	wir suchen einen Campingplatz	"veer **zoo**-khen ine-en **kem**ping-plats"
can¹ *n*	die Dose	"**doh**-ze"

can² *vb*:

I can	ich kann	"ikh kan"
you can	Sie können	"zee **kur**'nen"
(informal singular)	du kannst	"doo kanst"
he/she/it can	er/sie/es kann	"ai/zee/es kan"
we can	wir können	"veer **kur**'nen"
they can	sie können	"zee **kur**'nen"

▷ **we can't come**	wir können nicht kommen	"veer **kur**'nen nikht kommen"
Canada	Kanada	"**ka**nada"
Canadian	kanadisch	"ka**nah**-dish"
canal	der Kanal	"ka**nahl**"
to cancel	rückgängig machen	"**rook**geng-ikh **ma**khen"
▷ **I want to cancel my booking**	ich möchte meine Reservierung rückgängig machen	"ikh **mur**'kh-te mine-e rayzair-**veer**oong **rook**geng-ikh **ma**khen"
cancellation	die Stornierung	"shtor-**nee**roong"
▷ **are there any cancellations?**	hat jemand abgesagt?	"hat yaymant **ap**-gezakht"
canoe	das Kanu	"**ka**noo"

canoeing	der Kanusport	"**ka**nooshport"
▷ **where can we go canoeing?**	wo können wir Kanu fahren?	"voh **kur**'-nen veer **ka**noo **fah**ren"
can-opener	der Dosenöffner	"**doh**zen-ur'f-ner"
car	das Auto	"**ow**to"
▷ **I want to hire a car**	ich möchte ein Auto mieten	"ikh **mur'kh**-te ine **ow**to meeten"
▷ **my car has been broken into**	mein Auto ist aufgebrochen worden	"mine **ow**to ist **owf**-gebrokhen vorden"
▷ **my car has broken down**	mein Auto hat eine Panne	"mine **ow**to hat ine-e **pa**-ne"
carafe	die Karaffe	"kara-fe"
▷ **a carafe of house wine, please**	eine Karaffe Hauswein, bitte!	"ine-e kara-fe **hows**vine **bi**-te"
caramel	der Karamel	"kara**mel**"
caravan	der Wohnwagen	"**vohn**-vahgen"
▷ **can we park our caravan here?**	können wir unseren Wohnwagen hier hinstellen?	"**kur**'-nen veer oon-zeren **vohn**-vahgen **heer** hin-**shtellen**"
caravan site	der Campingplatz für Wohnwagen	"**kem**ping-plats foor **vohn**-vahgen"
carburettor	der Vergaser	"fair-**gah**zer"
card (*greetings card*) (*playing card*) ▷ **birthday card**	die (Glückwunsch)karte die Spielkarte die Geburtstagskarte	"(**glook**voonsh-)**kar**-te" "**shpeel**kar-te" "dee ge**boorts**-tahks-kar-te"
cardigan	die Strickjacke	"**shtrik**-ya-ke"
careful	vorsichtig	"**for**zikh-tikh"
▷ **be careful!**	sei vorsichtig!	"zy **for**zikh-tikh"
car ferry	die Autofähre	"**ow**to-fay-re"
car number	die Autonummer	"**ow**to-noomer"

ABSOLUTE ESSENTIALS

I don't understand	ich verstehe nicht	"ikh fair-**shtay**-e nikht"
I don't speak German	ich spreche kein Deutsch	"ikh **shpre**-khe kine doytch"
do you speak English?	sprechen Sie Englisch?	"**shpre**-khen zee **eng**lish"
could you help me?	können Sie mir helfen?	"**kur**'nen zee meer **helfen**"

car park	der Parkplatz	"**park**-plats"
▷ is there a car park near here?	gibt es einen Parkplatz in der Nähe?	"gipt es ine-en **park**-plats in der nay-e"
carpet	der Teppich	"**tepp**ikh"
carriage (*railway*)	der Wagen	"**vah**gen"
carrier bag	die Tragetüte	"**trah**-ge-too-te"
▷ can I have a carrier bag, please?	kann ich bitte eine Tragetüte haben?	"kan ikh **bi**-te ine-e **trah**-ge-**too**-te **hah**-ben"
carrot	die Karotte	"ka-**rot**-te"
to carry	tragen	"**trah**gen"
car wash	die Autowäsche	"**ow**to-ve-she"
▷ how do I use the car wash?	wie bediene ich die Autowaschanlage?	"vee be**dee**-ne ikh dee **ow**tovash-**an**lah-ge"
case (*suitcase*)	der Koffer	"**kof**fer"
cash¹ *n*	das Bargeld	"**bar**gelt"
▷ I haven't any cash	ich habe kein Bargeld	"ikh **hah**-be kine **bar**gelt"
▷ can I get cash with my credit card?	kann ich auf meine Kreditkarte Bargeld bekommen?	"kan ikh owf mine-e kre**deet**-kar-te **bar**gelt be**kom**men"
to cash² *vb*:		
▷ can I cash a cheque?	kann ich einen Scheck einlösen?	"kan ikh ine-en shek **ine**-lur'zen"
cash desk	die Kasse	"**ka**-se"
cash dispenser	der Geldautomat	"**gelt**-owto-maht"
cashier (*male*) (*female*)	der Kassierer die Kassiererin	"ka**see**rer" "ka**see**-rerin"
casino	das Kasino	"ka**zee**no"
cassette	die Kassette	"ka-**se**-te"
cassette player	der Kassettenrekorder	"ka-**se**-ten-re**kor**der"
castle	das Schloß	"shlos"

▷ is the castle open to the public?	ist das Schloß der Öffentlichkeit zugänglich?	"ist das shlos der **ur**'-fent-likh-kite **tsoo**-geng-likh"
to **catch** (*ball*) (*bus, train*)	fangen nehmen	"**fang**en" "**nay**men"
▷ where do we catch the ferry to ...?	wo bekommen wir die Fähre nach ...?	"voh be**komm**en veer dee **fay**-re nakh"
cathedral	der Dom	"dohm"
▷ excuse me, how do I get to the cathedral?	entschuldigen Sie bitte, wie komme ich zum Dom?	"ent**shool**-digen zee **bi**-te vee **ko**-me ikh tsoom **dohm**"
Catholic	katholisch	"katoh-lish"
cauliflower	der Blumenkohl	"**bloo**men-kohl"
cave	die Höhle	"hur'-le"
caviar	der Kaviar	"**ka**vee-ahr"
CD	die CD	"**tsay**-day"
celery	der Stangensellerie	"**shtang**en-zelleree"
cemetery	der Friedhof	"**freet**-hohf"
centimetre	der Zentimeter	"tsenti-**may**ter"
central	zentral	"tsen**trahl**"
central station	der Hauptbahnhof	"howpt-**bahn**-hohf"
▷ where is the central station?	wo ist der Hauptbahnhof?	"vo ist der howpt-**bahn**-hohf"
centre	das Zentrum	"**tsen**troom"
▷ how far are we from the town centre?	wie weit sind wir von der Stadtmitte?	"vee vite zint veer fon der **shtat**-mi-te"
cereal (*for breakfast*)	die Getreideflocken (*pl*)	"ge**try**-de-flocken"
certain (*sure*)	sicher	"**zik**her"
certificate	die Bescheinigung	"be**shine**-igoong"

ABSOLUTE ESSENTIALS

do you have ...?	haben Sie ...?	"**hah**ben zee"
is there ...?	gibt es ...?	"gipt es"
are there ...?	gibt es ...?	"gipt es"
how much is ...?	was kostet ...?	"vas kostet"

▷ **an insurance certificate**	eine Versicherungs-bescheinigung	"fair**zikh**-eroongs-be**shine**-igoong"
chain	die Kette	"**ke**-te"
▷ **do I need snow chains?**	brauche ich Schneeketten?	"**brow**-khe ikh **shnay**-ketten"
chair	der Stuhl	"shtool"
chairlift	der Sessellift	"**zes**sel-lift"
chalet	das Chalet	"sha**lay**"
champagne	der Champagner	"sham**pan**-yer"
change¹ *n (money)*	das Wechselgeld	"**vek**sel-gelt"
▷ **do you have change?**	haben Sie Kleingeld?	"**hah**-ben zee **kline**-gelt"
▷ **could you give me change of ten marks?**	könnten Sie mir auf zehn Mark rausgeben?	"**kur'n**-ten zee meer owf tsayn mark **rows**-gayben"
▷ **sorry, I don't have any change**	ich kann leider nicht rausgeben	"ikh kan **ly**-der nikht **rows**-gayben"
▷ **keep the change**	stimmt so	"shtimt zoh"
to **change**² *vb*		
(exchange)	wechseln	"**vek**seln"
(alter)	ändern	"**en**dern"
▷ **where can I change some money?**	wo kann ich Geld wechseln?	"voh kan ikh gelt **vek**seln"
▷ **I'd like to change these traveller's cheques**	ich möchte gern diese Reiseschecks einlösen	"ikh **mur'kh**-te gairn dee-ze **ry**-ze-sheks **ine**-lur'zen"
▷ **I want to change some pounds into D-Mark**	ich möchte gern Pfund in D-Mark wechseln	"ikh **mur'kh**-te gairn **pfoont** in **day**-mark **vek**seln"
▷ **where can I change the baby?**	wo kann ich das Baby wickeln?	"voh kan ikh das baby **vik**eln"
▷ **where do we change?** *(clothes)*	wo können wir uns umziehen?	"voh **kur'**-nen veer uns **oom**-tsee-en"
▷ **where do I change?** *(bus etc)*	wo muß ich umsteigen?	"voh moos ikh **oom**-shty-gen"

▷ **is the weather going to change?**	wird sich das Wetter ändern?	"veert zikh das vetter **end**ern"
▷ **can I change my booking?**	kann ich umbuchen?	"kan ikh **oom**-boo-khen"
changing room (*in shop*)	der Umkleideraum	"**oom**-kly-de-rowm"
(*at swimming pool*)	die Umkleidekabine	"**oom**-kly-de-ka**bee**-ne"
Channel tunnel	der Kanaltunnel	"ka**nahl**-toonel"
chapel	die Kapelle	"ka-**pe**-le"
charge[1] *n* (*fee*)	die Gebühr	"ge**boor**"
▷ **is there a charge?**	kostet es etwas?	"**kos**tet es etvas"
▷ **is there a charge per kilometre?**	verlangen Sie eine Kilometergebühr?	"fair-**lang**en zee ine-e keelo-**may**ter-ge**boor**"
to **charge**[2] *vb:*		
▷ **how much do you charge?**	was kostet es?	"vas **kos**tet es"
▷ **please charge it to my room**	bitte setzen Sie es auf meine Rechnung	"**bi**-te **zet**sen zee es owf mine-e **rekh**-noong"
cheap	billig	"**bil**ikh"
cheaper	billiger	"**bil**iger"
▷ **have you anything cheaper?**	haben Sie etwas Billigeres?	"**hah**-ben zee **et**vas **bil**iger-es"
to **check** (*examine*)	überprüfen	"**oo**ber-proofen"
(*passports, tickets*)	kontrollieren	"kontro-**lee**ren"
to **check in** (*at airport*)	zum Checkin gehen	"tsoom **check**in gayen"
(*at hotel*)	sich an der Rezeption anmelden	"zikh an der raytsep-**tsyohn an**melden"
▷ **I'd like to check in, please** (*hotel and airport*)	ich möchte einchecken, bitte	"ikh **mur'kh**-te **ine**-checkin **bi**-te"
▷ **where do I check in for the flight to Munich?**	wo ist die Abfertigung für den Flug nach München?	"voh ist dee **ap**fair-tigoong foor dayn flook nakh **moon**-khen"

ABSOLUTE ESSENTIALS

I don't understand	ich verstehe nicht	"ikh fair-**shtay**-e nikht"
I don't speak German	ich spreche kein Deutsch	"ikh **shpre**-khe kine doytch"
do you speak English?	sprechen Sie Englisch?	"**shpre**-khen zee **eng**lish"
could you help me?	können Sie mir helfen?	"**kur**'nen zee meer **hel**fen"

▷ **where do I check in my luggage?**	wo kann ich mein Gepäck abfertigen lassen?	"voh kan ikh mine ge**pek ap**fair-ti-gen lassen"
▷ **when do I have to check in?**	wann muß ich zum Checkin gehen?	"van moos ikh tsoom **check**in gayen"
check-in desk	der Abfertigungsschalter	"**ap**fair-tigoongs-**shal**ter"
cheerio	tschüs	"choos"
cheers!	Prost!	"prohst"
cheese	der Käse	"**kay**-ze"
cheeseburger	der Cheeseburger	
cheesecake	der Käsekuchen	"**kay**-ze-**kook**hen"
chemist's (*for cosmetics etc*)	die Drogerie	"droh-ge**ree**"
(*for medicines*)	die Apotheke	"apoh-**tay**-ke"
cheque	der Scheck	"shek"
▷ **can I pay by cheque?**	kann ich mit Scheck zahlen?	"kan ikh mit shek **tsah**len"
▷ **I want to cash a cheque, please**	ich möchte einen Scheck einlösen, bitte	"ikh **mur'kh**-te ine-en shek **ine**-lur'zen **bi**-te"
cheque book	das Scheckheft	"**shek**-heft"
▷ **I've lost my cheque book**	ich habe mein Scheckheft verloren	"ich **hah**-be mine **shek**-heft fair-**lohr**en"
cheque card	die Scheckkarte	"**shek**-kar-te"
cherries	die Kirschen (*pl*)	"**kir**shen"
chest	die Brust	"broost"
▷ **I have a pain in my chest**	ich habe Schmerzen in der Brust	"ikh **hah**-be **shmair**-tsen in der **broost**"
chestnut (*tree*)	der Kastanienbaum	"kas-**tan**yen-bowm"
(*nut*)	die Kastanie	"kas-**tan**ye"
chewing gum	der Kaugummi	"**kow**-goomi"

ABSOLUTE ESSENTIALS

I would like ...	ich möchte ...	"ikh **mur'kh**-te"
I need ...	ich brauche ...	"ikh **brow**-khe"
where is ...?	wo ist ...?	"vo ist"
I'm looking for ...	ich suche ...	"ikh **zoo**-khe"

chicken	das Hähnchen	"**hain**-khen"
chickenpox	die Windpocken (*pl*)	"**vint**-pocken"
chicken soup	die Hühnersuppe	"**hoo**ner-zoo-pe"
child	das Kind	"kint"
child minder	die Tagesmutter	"**tah**-ges-mooter"
children	die Kinder (*pl*)	"**kinder**"
▷ is there a children's pool?	gibt es hier ein Kinderbecken?	"gipt es heer ine **kin**der-becken"
▷ is there a paddling pool for the children?	gibt es hier ein Planschbecken für die Kinder?	"gipt es heer ine **plansh**-becken foor dee **kin**der"
chilli	der Chili	"**chili**"
chips (*French fries*)	die Pommes frites	"pom**freet**"
chives	der Schnittlauch	"**shnit**-lowkh"
chocolate	die Schokolade	"shoko-**lah**-de"
▷ I'd like a bar of chocolate, please	ich möchte eine Tafel Schokolade, bitte	"ikh **mur'kh**-te ine-e **tah**-fel shoko-**lah**-de **bi**-te"
chocolates	die Pralinen	"prah**lee**-nen"
chop:		
▷ a pork chop	ein Schweinekotelett	"ine **shvine**-e-kotlet"
Christmas	Weihnachten	"**vy**-nakh-ten"
▷ Merry Christmas!	frohe Weihnachten!	"**froh**-e **vy**-nakh-ten"
church	die Kirche	"**kir**-khe"
▷ where is the nearest church?	wo ist die nächste Kirche?	"voh ist dee **nekh**-ste **kir**-khe"
▷ where is there a Protestant/Catholic church?	wo ist hier eine evangelische/katholische Kirche?	"voh ist heer ine-e ayvan-**gay**lish-e/kat**oh**-lish-e **kir**-khe"
cider	der Apfelwein	"**apfel**-vine"

ABSOLUTE ESSENTIALS

do you have ...?	haben Sie ...?	"**hahb**en zee"
is there ...?	gibt es ...?	"gipt es"
are there ...?	gibt es ...?	"gipt es"
how much is ...?	was kostet ...?	"vas kostet"

cigar	die Zigarre	"tsi**ga**-re"
cigarette	die Zigarette	"tsiga-**re**-te"
▷ **a packet of cigarettes, please**	eine Schachtel Zigaretten, bitte	"ine-e **shakh**-tel tsiga-**ret**ten **bi**-te"
cigarette papers	die Zigarettenpapiere	"tsiga-**ret**ten-pa**pee**-re"
cinema	das Kino	"**kee**no"
▷ **what's on at the cinema?**	was läuft im Kino?	"vas loyft im **kee**no"
circus	der Zirkus	"**tsir**koos"
city	die Stadt	"shtat"
clean¹ *adj*	sauber	"**zow**ber"
▷ **the room isn't clean**	das Zimmer ist nicht sauber	"das tsimmer ist nikht **zow**ber"
▷ **could I have a clean spoon/fork please?**	kann ich bitte einen sauberen Löffel/eine saubere Gabel haben?	"kan ikh **bi**-te ine-en **zow**beren **lur**'-fel/ine-e **zow**bere **gah**bel **hah**ben"
to clean² *vb*	säubern	"**zoy**bern"
▷ **where can I get this skirt cleaned?**	wo kann ich diesen Rock reinigen lassen?	"voh kan ikh deezen rok **ry**-ni-gen lassen"
cleaner *(person)*	die Reinemachefrau	"**rine**-e-makh-e-**frow**"
▷ **which day does the cleaner come?**	an welchem Tag kommt die Reinemachefrau?	"an **vel**-khem tahk komt dee **rine**-e-makh-e-**frow**"
cleansing cream	die Reinigungscreme	"**ry**-nigoongs-kraim"
cleansing solution for contact lenses	die Reinigungslösung	"**ry**-nigoongs-**lur**'-soong"
client *(male)*	der Kunde	"**koon**-de"
(female)	die Kundin	"**koon**-din"
cliff	die Klippe	"**kli**-pe"
climbing	das Bergsteigen	"**bairk**-shty-gen"

climbing boots	die Bergschuhe	"**bairk**-shoo-e"
cloakroom	die Garderobe	"gar-de-**roh**-be"
clock	die Uhr	"oor"
close[1] *adj (near)*	nahe	"**nah**-e"
to **close**[2] *vb (shut)*	schließen	"**shlee**-sen"
▷ **what time do you close?**	wann schließen Sie?	"van **shlee**-sen zee"
▷ **the door will not close**	die Tür schließt nicht	"dee toor **shleest** nikht"
closed	geschlossen	"ge**shlos**-en"
cloth	der Lappen	"**lap**pen"
clothes	die Kleider *(pl)*	"**kly**-der"
clothes pegs	die Wäscheklammern *(pl)*	"**vesh**-e-klammern"
cloudy	bewölkt	"be**vur'lkt**"
cloves	die Gewürznelken *(pl)*	"ge**voorts**-nelken"
club	der Club	"kloop"
▷ **a night club**	ein Nachtklub	"**nakht**-kloop"
▷ **a set of golf clubs**	ein Satz Golfschläger	"ine zats **golf**shlayger"
coach *(bus)*	der Bus	"boos"
(of train)	der Wagen	"**vah**gen"
▷ **when does the coach leave in the morning?**	wann fährt der Bus am Vormittag ab?	"van fayrt der boos am **for**-mitak ap"
coach station	der Busbahnhof	"**boos**-bahnhohf"
coach trip	die Busreise	"**boos**-ry-ze"
coast	die Küste	"**koos**-te"
coastguard	die Küstenwache	"**koos**-ten-vakh-e"
coat	der Mantel	"**man**tel"
coat hanger	der Kleiderbügel	"**kly**der-boogel"

ABSOLUTE ESSENTIALS

I don't understand	ich verstehe nicht	"ikh fair-**shtay**-e nikht"
I don't speak German	ich spreche kein Deutsch	"ikh **shpre**-khe kine doytch"
do you speak English?	sprechen Sie Englisch?	"**shpre**-khen zee english"
could you help me?	können Sie mir helfen?	"**kur'**nen zee meer **helfen**"

cockroaches	die Kakerlaken (*pl*)	"**kah**ker-laken"
cocktail	der Cocktail	
cocoa	der Kakao	"ka**kow**"
coconut	die Kokosnuß	"**koh**kos-noos"
cod	der Kabeljau	"**kah**bel-yow"
coffee	der Kaffee	"**ka**fay"
▷ **white coffee**	der Kaffee mit Milch	"**ka**fay mit milkh"
▷ **black coffee**	der schwarze Kaffee	"**shvar**-tse **ka**fay"
coin	die Münze	"**moon**-tse"
▷ **what coins do I need?**	welche Münzen brauche ich?	"**vel**-khe **moon**-tsen **brow**-khe ikh"
Coke ®	die Cola	"**ko**la"
colander	das Sieb	"zeep"
cold[1] *n* (*illness*)	die Erkältung	"er-**kel**toong"
▷ **I have a cold**	ich bin erkältet	"ikh bin er-**kel**-tet"
cold[2] *adj*	kalt	"kalt"
▷ **I'm cold**	mir ist kalt	"meer ist kalt"
▷ **will it be cold tonight?**	wird es heute abend kalt sein?	"veert es **hoy**-te **ah**bent kalt zine"
cold meat	der Aufschnitt	"**owf**-shnit"
Cologne (*city*)	Köln	"kur'ln"
▷ **(eau de) Cologne**	Kölnischwasser	"**kur'ln**-ish-**va**sser"
colour	die Farbe	"**far**-be"
▷ **I don't like the colour**	mir gefällt die Farbe nicht	"meer ge**felt** dee **far**-be nikht"
▷ **I need a colour film for this camera**	ich brauche einen Farbfilm für diese Kamera	"ikh **brow**-khe ine-en **farp**film foor dee-ze **ka**mera"
▷ **do you have it in another colour?**	haben Sie es in einer anderen Farbe?	"**hah**-ben zee es in ine-er **an**-deren **far**-be"

▷ a colour TV	ein Farbfernseher	"**farp**-fern-zayer"
comb	der Kamm	"kam"
to **come**	kommen	"**komm**en"
▷ how much does that come to?	wieviel macht das zusammen?	"vee**feel** makht das tsoo-**za**mmen"
to **come back**	zurückkommen	"tsoo**rook**-kommen"
to **come in** ▷ come in!	hereinkommen herein!	"hair**ine**-kommen" "hair**ine**"
comfortable	bequem	"be**kvaym**"
commission	die Provision	"provee-**syohn**"
▷ how much commission do you charge?	wieviel Provision nehmen Sie?	"vee-**feel** provee-**syohn** **nay**men zee"
compact disc	die Compact-disc	"kompakt-**disk**"
compact disc player	der CD-Spieler	"**tsay**-day-shpeeler"
company	die Gesellschaft	"ge**zel**shaft"
compartment	das Abteil	"**ap**tile"
▷ I would like a seat in a non-smoking compartment	ich möchte gern einen Platz in einem Nichtraucherabteil	"ikh **mur'kh**-te gairn ine-en **plats** in ine-em **nikht**-rowkher-**ap**tile"
to **complain**	sich beschweren	"zikh be**shvay**ren"
▷ I want to complain about the service (in shop etc)	ich möchte mich über die Bedienung beschweren	"ikh **mur'kh**-te mikh **oo**ber dee be**dee**noong be**shvay**ren"
comprehensive insurance cover	die Vollkaskoversicherung	"**fol**kasko-fair**zikh**-eroong"
▷ how much extra is comprehensive insurance cover?	wieviel mehr kostet die Vollkaskoversicherung?	"vee**feel** mair **ko**stet dee **fol**kasko-fair**zikh**-eroong"
compulsory	obligatorisch	"obliga-**toh**rish"

ABSOLUTE ESSENTIALS

do you have ...?	haben Sie ...?	"**hah**ben zee"
is there ...?	gibt es ...?	"gipt es"
are there ...?	gibt es ...?	"gipt es"
how much is ...?	was kostet ...?	"vas kostet"

computer	der Computer	
concert	das Konzert	"kont**sert**"
condensed milk	die Kondensmilch	"kon-**dens**milkh"
conditioner (for hair)	die Haarschnellkur	"**hahr**-shnelkoor"
condom	das Kondom	"kon**dohm**"
▷ **a packet of condoms**	eine Packung Kondome	"ine-e **pa**koong kon**doh**-me"
conductor (on train)	der Schaffner	"**shaf**ner"
conference	die Konferenz	"konfay**rents**"
confession	die Konfession	"kon-fes**yohn**"
▷ **I want to go to confession**	ich möchte zur Beichte gehen	"ikh **mur'kh**-te tsoor **bykh**-te gayen"
to **confirm**	bestätigen	"be**shtay**-tigen"
congratulations!	herzlichen Glückwunsch!	"**herts**-likh-en **glook**-voonsh"
connection (on phone)	die Verbindung	"fair**bin**-doong"
▷ **I missed my connection**	ich habe meinen Anschluß verpaßt	"ikh **hah**-be mine-en **an**-shloos fair-**past**"
constipated	verstopft	"fair-**shtopft**"
constipation	die Verstopfung	"fair-**shtop**-foong"
consulate	das Konsulat	"konzoo-**laht**"
▷ **where is the British consulate?**	wo ist das britische Konsulat?	"voh ist das british-e konzoo-**laht**"
to **contact**	sich in Verbindung setzen mit	"zikh in fair-**bin**doong **zet**sen mit"
▷ **where can I contact you?**	wo kann ich Sie erreichen?	"vo kan ikh zee air-**ry**-khen"
contact lenses	die Kontaktlinsen	"kon**takt**-linzen"
▷ **contact lens cleaner**	der Kontaktlinsenreiniger	"kon**takt**-linzen-**ry**-niger"

▷ **hard contact lenses**	harte Kontaktlinsen	"**har**te kon**takt**-linzen"
▷ **soft contact lenses**	weiche Kontaktlinsen	"**vy**-khe kon**takt**-linzen"
continental breakfast	das kleine Frühstück	"**kline**-e **froo**shtook"
contraceptive	das Verhütungsmittel	"fair**hoo**-toongz-mittel"
controls (*in car*)	die Schalter	"**shal**ter"
▷ **how do I operate the controls?**	wie bediene ich die Schalter?	"vee be**dee**-ne ikh dee **shal**ter"
to **cook**	kochen	"**kokh**en"
cooker	der Herd	"hairt"
▷ **how does the cooker work?**	wie funktioniert der Herd?	"vee foonk-tsyoh-**neert** der **hairt**"
cool	kühl	"kool"
copy[1] *n*	die Kopie	"ko**pee**"
▷ **four copies please**	vier Kopien, bitte	"feer ko**pee**-en **bi**-te"
to **copy**[2] *vb*	kopieren	"ko**pee**ren"
▷ **I want to copy this document**	ich möchte dieses Dokument kopieren	"ikh **mur'kh**-te deez-es doko**ment** ko**pee**ren"
corkscrew	der Korkenzieher	"**kor**ken-tsee-er"
corner	die Ecke	"**e**-ke"
▷ **it's round the corner**	es ist um die Ecke	"es ist oom dee **e**-ke"
cornflakes	die Cornflakes	
cortisone	das Kortison	"kortee**zohn**"
cosmetics	die Kosmetika	"kos**may**-teeka"
to **cost**	kosten	"**kost**en"
▷ **how much does it cost to get in?**	wieviel kostet der Eintritt?	"vee**feel** kostet der **ine**-trit"
▷ **how much does that cost?**	wieviel kostet das?	"vee**feel** kostet das"

ABSOLUTE ESSENTIALS

I don't understand	ich verstehe nicht	"ikh fair-**shtay**-e nikht"
I don't speak German	ich spreche kein Deutsch	"ikh **shpre**-khe kine doytch"
do you speak English?	sprechen Sie Englisch?	"**shpre**-khen zee **eng**lish"
could you help me?	können Sie mir helfen?	"**kur**'nen zee meer **helfen**"

cot	das Kinderbett	"**kin**der-bet"
▷ **do you have a cot for the baby?**	haben Sie ein Kinderbett für das Baby?	"**hah**-ben zee ine **kin**der-bet foor das baby"
cotton	die Baumwolle	"**bowm**-vo-le"
cotton wool	die Watte	"**va**-te"
couchette	der Liegewagen	"**lee**-ge-vahgen"
▷ **I want to reserve a couchette**	ich möchte gern einen Liegewagenplatz reservieren	"ikh **mur'kh**-te gairn ine-en **lee**-ge-vahgen-plats rayzair-**vee**ren"
cough	der Husten	"**hoos**ten"
▷ **I have a cough**	ich habe Husten	"ikh **hah**-be **hoos**ten"
▷ **do you have any cough mixture?**	haben Sie Hustensaft?	"**hah**-ben zee **hoos**ten-zaft"

could:

I could	ich könnte	"ikh **kur'n**-te"
you could	Sie könnten	"zee **kur'n**-ten"
(*informal singular*)	du könntest	"doo **kur'n**-test"
he/she/it could	er/sie/es könnte	"air/zee/es **kur'n**-te"
we could	wir könnten	"veer **kur'n**-ten"
they could	sie könnten	"zee **kur'n**-ten"

country	das Land	"lant"
couple (*pair*)	das Paar	"pahr"
courgettes	die Zucchini	"tsoo-**kee**nee"
courier (*tourist guide*)	der Kurier	"koo-**reer**"
▷ **I want to send this by courier**	ich möchte das per Kurier schicken lassen	"ikh mur'kh-te das pair koo-**reer** shicken lassen"
course (*of meal*)	der Gang	"gang"

ABSOLUTE ESSENTIALS		
I would like ...	ich möchte ...	"ikh **mur'kh**-te"
I need ...	ich brauche ...	"ikh **brow**-khe"
where is ...?	wo ist ...?	"vo ist"
I'm looking for ...	ich suche ...	"ikh **zoo**-khe"

cover charge	der Preis für ein Gedeck	"price foor ine ge**deck**"
crab	die Krabbe	"**kra**-be"
cramp:		
▷ **I've got cramp (in my leg)**	ich habe einen Krampf (im Bein)	"ikh **hah**-be ine-en **krampf** (im bine)"
crash[1] *n (noise)*	das Krachen	"**krakh**-en"
(collision)	der Zusammenstoß	"tsoo-**za**-men-shtohs"
▷ **there's been a crash**	es ist ein Unfall passiert	"es ist ine **oon**fal pa**seert**"
to **crash**[2] *vb:*		
▷ **I've crashed my car**	ich habe gerade einen Autounfall gehabt	"ikh **hah**-be ge**rah**-de ine-en **owto**-oonfal ge**hapt**"
crash helmet	der Sturzhelm	"**shtoorts**-helm"
cream *(to eat)*	die Sahne	"**zah**-ne"
(lotion)	die Creme	"kraim"
cream cheese	der Frischkäse	"**frish**-kay-ze"
credit card	die Kreditkarte	"kre**deet**-kar-te"
▷ **can I pay by credit card?**	kann ich mit Kreditkarte zahlen?	"kan ikh mit kre**deet**-kar-te **tsah**-len"
▷ **I've lost my credit card**	ich habe meine Kreditkarte verloren	"ikh **hah**-be mine-e kre**deet**-kar-te fair-**loh**-ren"
crisps	die Chips	"chips"
croissant	das Hörnchen	"**hur'rn**-khen"
croquette	die Krokette	"kro-**ke**-te"
to **cross** *(road)*	überqueren	"oober-**kvay**ren"
cross-country skiing	der Langlauf	"**lang**-lowf"
▷ **is it possible to go cross-country skiing?**	kann man hier langlaufen?	"kan man heer **lang**-lowfen"
crossed line	die gestörte Leitung	"ge**shtur'**-te **ly**-toong"

crossing (*on boat*)	die Überfahrt	"**oo**ber-fahrt"
▷ **how long does the crossing take?**	wie lange dauert die Überfahrt?	"vee lang-e **dow**-ert dee **oo**ber-fahrt"
crossroads	die Kreuzung	"**kroy**tsoong"
crowded	überfüllt	"**oo**ber-foolt"
cruise	die Kreuzfahrt	"**kroyts**-fahrt"
cucumber	die Gurke	"**goor**-ke"
cup	die Tasse	"**ta**-se"
▷ **could we have another cup of tea/coffee, please?**	können wir noch eine Tasse Tee/Kaffee haben, bitte?	"**kur'**-nen veer nokh ine-e **ta**-se tay/**ka**fay **hah**-ben **bi**-te"
cupboard	der Schrank	"shrank"
currant	die Korinthe	"korin-te"
current (*electric*)	der Strom	"shtrohm"
(*sea*)	die Strömung	"**shtrur'**moong"
▷ **are there strong currents?**	gibt es hier starke Strömungen?	"gipt es heer shtar-ke **shtrur'**moongen"
cushion	das Kissen	"**kis**sen"
custard	die Vanillesoße	"vani-le-zoh-se"
customs	der Zoll	"tsol"
cut[1] *n* (*in skin*)	die Schnittwunde	"**shnit**voon-de"
▷ **a cut and blow-dry, please**	Schneiden und Fönen, bitte!	"**shny**-den oont **fur'**-nen **bi**-te"
to cut[2] *vb*	schneiden	"**shny**-den"
▷ **he has cut himself**	er hat sich geschnitten	"er hat zikh ge**shnit**-en"
cutlery	das Besteck	"be**shtek**"
to cycle	radfahren	"**raht**-fahren"
cycle helmet	der Fahrradhelm	"**fahr**-raht-helm"
cycle path	der Radweg	"**raht**-vaik"

ABSOLUTE ESSENTIALS		
yes (please)	ja (bitte)	"ya (**bi**-te)"
no (thank you)	nein (danke)	"nine (**dang**-ke)"
hello	guten Tag	"**goo**ten tahk"
goodbye	auf Wiedersehen	"owf **veeder**-zay-en"

cycling	das Radfahren	"**raht**-fahren"
▷ we would like to go cycling	wir möchten radfahren	"veer **mur'kh**-ten **raht**-fahren"
daily (*each day*)	täglich	"**tek**likh"
dairy products	die Milchprodukte (*pl*)	"**milkh**-prodook-te"
damage	der Schaden	"**shah**-den"
damp	feucht	"**foykht**"
▷ my clothes are damp	meine Kleider sind feucht	"mine-e **kly**-der zint foykht"
dance[1] *n*	der Tanz	"tants"
to **dance**[2] *vb*	tanzen	"**tant**sen"
dangerous	gefährlich	"ge**fair**likh"
dark	dunkel	"**doon**kel"
date (*calendar*)	das Datum	"**dah**-toom"
(*fruit*)	die Dattel	"**da**-tel"
▷ what is the date today?	der wievielte ist heute?	"der vee**feel**-te ist **hoy**-te"
date of birth	das Geburtsdatum	"ge**boorts**-dah-toom"
daughter	die Tochter	"**tokh**ter"
day	der Tag	"tahk"
day trip	der Tagesausflug	"**tah**ges-owsflook"
dear	lieb	"leep"
(*expensive*)	teuer	"**toy**-er"
decaffeinated	koffeinfrei	"kofay-**een**-fry"
December	der Dezember	"de**tsem**ber"
deck	das Deck	"dek"
▷ can we go out on deck?	können wir an Deck gehen?	"**kur'**-nen veer an **dek gay**en"

ABSOLUTE ESSENTIALS

I don't understand	ich verstehe nicht	"ikh fair-**shtay**-e nikht"
I don't speak German	ich spreche kein Deutsch	"ikh **shpre**-khe kine doytch"
do you speak English?	sprechen Sie Englisch?	"**shpre**-khen zee **eng**lish"
could you help me?	können Sie mir helfen?	"**kur'**nen zee meer **helf**en"

deck chair	der Liegestuhl	"**lee**-ge-shtool"
to declare	erklären	"er-**klair**en"
▷ **I have nothing to declare**	ich habe nichts zu verzollen	"ikh **hah**-be nikhts tsoo fair-**tsol**en"
deep	tief	"teef"
▷ **how deep is the water?**	wie tief ist das Wasser hier?	"vee teef ist das **vass**er heer"
deep freeze	die Tiefkühltruhe	"**teef**-kool-troo-e"
to defrost	entfrosten	"ent-**frost**en"
to de-ice	enteisen	"ent-**ize**-en"
delay¹ n	die Verspätung	"fair-**shpay**-toong"
to delay² vb:		
▷ **the flight has been delayed (by six hours)**	der Flug hat (sechs Stunden) Verspätung	"der flook hat (zeks stoonden) fair-**shpay**-toong"
delicious	köstlich	"**kur'st**-likh"
dentist	der Zahnarzt	"**tsahn**-artst"
▷ **I need to see a dentist (urgently)**	ich muß (dringend) zum Zahnarzt	"ikh moos (**dring**ent) tsoom **tsahn**-artst"
dentures	das Gebiß	"ge-**biss**"
▷ **my dentures need repairing**	mein Gebiß muß repariert werden	"mine ge-**biss** moos raypa-**reert vair**den"
deodorant	das Deodorant	"day-o-do**rant**"
department store	das Kaufhaus	"**kowf**-hows"
departure	die Abfahrt	"**ap**fart"
departure lounge	die Abflughalle	"**ap**flook-ha-le"
departures	der Abflug	"**ap**flook"
deposit	die Kaution	"kow-**tsyohn**"
▷ **what is the deposit?**	wie hoch ist die Kaution?	"vee hohkh ist dee kow-**tsyohn**"

dessert	der Nachtisch	"nakh-tish"
▷ **we'd like a dessert**	wir hätten gern einen Nachtisch	"veer hetten gairn ine-en nakh-tish"
▷ **the dessert menu, please**	die Nachtischkarte, bitte	"dee nakh-tish-kar-te bi-te"
details	die Details	"day-tys"
detergent	das Reinigungsmittel	"ry-nigoongz-mittel"
detour	der Umweg	"oom-vaik"
to **develop**	entwickeln	"entvi-keln"
diabetic	der Diabetiker	"dee-a-bay-ticker"
▷ **I am diabetic**	ich bin Diabetiker	"ikh bin dee-a-bay-ticker"
dialling code	die Vorwahl	"forvahl"
▷ **what is the dialling code for the UK?**	was ist die Vorwahl für Großbritannien?	"vas ist dee forvahl foor grohs-britah-nee-en"
diamond	der Diamant	"dee-a-mant"
diarrhoea	der Durchfall	"doorkh-fal"
▷ **I need something for diarrhoea**	ich brauche etwas gegen Durchfall	"ikh brow-khe etvas gay-gen doorkh-fal"
diary	das Tagebuch	"tah-ge-bookh"
dictionary	das Wörterbuch	"vur'ter-bookh"
diesel	das Dieselöl	"deezel-ur'l"
diet (*slimming*) (*special*)	die Abmagerungskur die Diät	"apmah-geroongs-koor" "dee-ayt"
different	verschieden	"fair-sheeden"
▷ **I would like something different**	ich hätte gern etwas anderes	"ikh het-te gairn etvas an-deres"
difficult	schwierig	"shveerikh"
dinghy	das Dingi	"dingee"
dining car	der Speisewagen	"shpy-ze-vahgen"

dining room	das Eßzimmer	"**ess**-tsimmer"
dinner (*lunch*)	das Mittagessen	"**mi**takh-essen"
(*evening meal*)	das Abendessen	"**ah**bent-essen"
direct (*route, train*)	direkt	"dee**rekt**"
directory	das Telefonbuch	"taylay-**fohn**-bookh"
directory enquiries	die Auskunft	"**ows**-koonft"
▷ **what is the number for directory enquiries?**	welche Nummer hat die Auskunft?	"**vel**-khe noomer hat dee **ows**-koonft"
dirty	schmutzig	"**shmoo**-tsikh"
▷ **the washbasin is dirty**	das Waschbecken ist schmutzig	"das **vash**-becken ist **shmoo**-tsikh"
disabled	behindert	"be**hin**dert"
▷ **is there a toilet for the disabled?**	gibt es hier eine Toilette für Behinderte?	"gipt es heer ine-e twa-**le**-te foor be**hin**der-te"
▷ **do you have facilities for the disabled?**	haben Sie hier Einrichtungen für Behinderte?	"**hah**ben zee heer **ine**-rikhtoongen foor be**hin**der-te"
▷ **is there access for the disabled?**	ist das Gebäude für Behinderte zugänglich?	"ist das ge**boy**de foor be**hin**der-te **tsoo**-genglikh"
disco	die Disko	"**dis**ko"
discount	der Rabatt	"ra**bat**"
▷ **do you offer a discount for cash?**	geben Sie bei Barzahlung Rabatt?	"**gay**ben zee by **bar**-tsahloong ra**bat**"
▷ **are there discounts for students/children?**	gibt es Ermäßigungen für Studenten/Kinder?	"gipt es air-**may**-sigoongen foor shtoo-**den**ten/**kin**der"
dish	die Schale	"**shah**-le"
(*food*)	das Gericht	"ge**rikht**"
▷ **how is this dish cooked?**	wie ist das Gericht zubereitet?	"vee ist das ge**rikht** tsoo-beryted"

▷ **how is this dish served?**	wie wird dieses Gericht serviert?	"vee veert deezes gerikht zair-**veert**"
▷ **what is in this dish?**	woraus besteht dieses Gericht?	"**vo**rows be**shtait** deezes ge**rikht**"
dishwasher	die Geschirrspülmaschine	"ge**sheer**-shpool-ma**shee**-ne"
disinfectant	das Desinfektionsmittel	"dayzin-fek-**tsyohns**-mittel"
distilled water	das destillierte Wasser	"desti-**leer**-te **va**sser"
to dive	tauchen	"**tow**-khen"
▷ **where is the best place to dive?**	wo kann man am besten tauchen?	"voh kan man am **bes**ten **tow**-khen"
diversion	die Umleitung	"**oom**ly-toong"
▷ **is there a diversion?**	gibt es eine Umleitung?	"gipt es ine-e **oom**ly-toong"
diving	das Tauchen	"**tow**-khen"
▷ **I'd like to go diving**	ich möchte tauchen gehen	"ikh **mur'kh**te **tow**-khen **gay**en"
divorced	geschieden	"ge**shee**den"
dizzy	schwindelig	"**shvin**-delikh"
▷ **I feel dizzy**	mir ist schwindelig	"meer ist **shvin**-delikh"

to do:

I do	ich mache	"ikh **ma**-khe"
you do	Sie machen	"zee **ma**-khen"
(informal singular)	du machst	"doo makhst"
he/she/it does	er/sie/es macht	"ai/zee/es makht"
we do	wir machen	"veer **ma**-khen"
they do	sie machen	"zee **ma**-khen"

dock	das Dock	"dok"

ABSOLUTE ESSENTIALS

I don't understand	ich verstehe nicht	"ikh fair-**shtay**-e nikht"
I don't speak German	ich spreche kein Deutsch	"ikh **shpre**-khe kine doytch"
do you speak English?	sprechen Sie Englisch?	"**shpre**-khen zee **eng**lish"
could you help me?	können Sie mir helfen?	"**kur'**nen zee meer **hel**fen"

doctor	der Arzt	"artst"
▷ **can I please have an appointment with the doctor?**	können Sie mir bitte einen Arzttermin geben?	"kur'-nen zee meer bi-te ine-en artst-ter-**meen** gayben"
▷ **I need a doctor**	ich brauche einen Arzt	"ikh **brow**-khe ine-en artst"
▷ **call a doctor**	rufen Sie einen Arzt	"**roo**fen zee ine-en artst"
doll	die Puppe	"**poo**-pe"
dollar	der Dollar	"**dol**lar"
door	die Tür	"toor"
double	Doppel-	"**dop**el"
double bed	das Doppelbett	"**dop**el-bet"
double room	das Doppelzimmer	"**dop**el-tsimmer"
▷ **I want to reserve a double room**	ich möchte ein Doppelzimmer reservieren	"ikh **mur'kh**-te ine **dop**el-tsimmer rayzair-**vee**ren"
doughnut	der Berliner	"bair-**lee**ner"
down:		
▷ **to go down** (*downstairs*)	heruntergehen	"hair-**oon**ter-gayen"
downstairs	unten	"**oon**ten"
drain	der Abfluß	"**ap**floos"
▷ **the drain is blocked**	der Abfluß ist verstopft	"der **ap**floos ist fair-**shtopft**"
draught (*in room*)	der Durchzug	"**doorkh**-tsook"
draught beer	das Faßbier	"**fass**-beer"
▷ **a draught beer, please**	ein Faßbier, bitte!	"ine **fass**-beer **bi**-te"
dress¹ *n*	das Kleid	"klite"
to dress² *vb*:		
▷ **to get dressed**	sich anziehen	"zikh **an**-tsee-en"

ABSOLUTE ESSENTIALS		
I would like ...	ich möchte ...	"ikh **mur'kh**-te"
I need ...	ich brauche ...	"ikh **brow**-khe"
where is ...?	wo ist ...?	"vo ist"
I'm looking for ...	ich suche ...	"ikh **zoo**-khe"

dressing (*for food*)	die Soße	"**zoh**-se"
drink¹ *n*	das Getränk	"ge**trenk**"
▷ **would you like a drink?**	hätten Sie gern etwas zu trinken?	"**het**-ten zee gairn **et**vas tsoo **trin**ken"
▷ **a cold/hot drink**	ein kaltes/heißes Getränk	"ine **kal**-tes/**hy**-ses ge**trenk**"
to drink² *vb*	trinken	"**trin**ken"
▷ **what would you like to drink?**	was möchten Sie trinken?	"vas **mur'kh**ten zee **trin**ken"
drinking chocolate	die heiße Schokolade	"**hy**-se shoko-**lah**-de"
drinking water	das Trinkwasser	"**trink**-vasser"
to drive	fahren	"**fah**-ren"
▷ **he was driving too fast**	er ist zu schnell gefahren	"er ist tsoo shnel ge**fah**ren"
driver (*of car*)	der Fahrer	"**fah**-rer"
driving licence	der Führerschein	"**foo**rer-shine"
▷ **my driving licence number is ...**	meine Führerscheinnummer ist ...	"mine-e **foo**rer-shine-noomer ist"
▷ **I don't have my driving licence on me**	ich habe meinen Führerschein nicht bei mir	"ikh **hah**-be mine-en **foo**rer-shine nikht by meer"
to drown	ertrinken	"air-**trin**ken"
▷ **someone is drowning!**	hier ertrinkt jemand!	"heer air**trinkt** yaymant"
drunk	betrunken	"be**troon**ken"
dry¹ *adj*	trocken	"**tro**cken"
to dry² *vb*	trocknen	"**trock**nen"
▷ **where can I dry my clothes?**	wo kann ich meine Kleider trocknen?	"voh kan ikh mine-e **kly**-der **trock**nen"

ABSOLUTE ESSENTIALS		
do you have ...?	haben Sie ...?	"**hah**ben zee"
is there ...?	gibt es ...?	"**gipt** es"
are there ...?	gibt es ...?	"**gipt** es"
how much is ...?	was kostet ...?	"vas **kostet**"

to dry-clean:

▷ **I need this dry-cleaned** das muß chemisch gereinigt werden "das moos **khay**mish ge**ry**-nikht **vair**den"

dry-cleaner's die chemische Reinigung "**khay**mish-e **ry**-nigoong"

due:

▷ **when is it due?** (*train*) wann kommt er an? "van komt air an"

dummy (*for baby*) der Schnuller "**shnoo**ler"

dune die Düne "**doo**-ne"

during während "**vair**ent"

duty-free duty-free

duty-free shop der Duty-free-Shop

duvet die Bettdecke "**bet**-de-ke"

each jede "**yay**-de"

ear das Ohr "ohr"

earache:

▷ **I have earache** ich habe Ohrenschmerzen "ikh **hah**-be **oh**-ren-shmairtsen"

earlier früher "**froo**-er"

▷ **I would prefer an earlier flight** ich möchte lieber früher fliegen "ikh **mur'kh**-te leeber **froo**-er **flee**gen"

early früh "froo"

earrings die Ohrringe (*pl*) "**ohr**ring-e"

east der Osten "**oh**-sten"

Easter Ostern "**oh**-stern"

easy leicht "lykht"

to eat essen "**ess**en"

▷ **I don't eat meat** ich esse kein Fleisch "ikh **es**-se kine **flysh**"

▷ would you like something to eat?	möchten Sie etwas zu essen?	"**mur'kh**-ten zee **et**vas tsoo **ess**en"
▷ have you eaten?	haben Sie schon gegessen?	"**hah**ben zee shohn ge**gess**en"
EC	die EG	"ay**gay**"
egg	das Ei	"eye"
▷ eggs	die Eier	"**eye**-er"
▷ fried egg	das Spiegelei	"**shpee**gel-eye"
▷ hard-boiled egg	das hart gekochte Ei	"hart ge**kokh**-te eye"
▷ scrambled egg	das Rührei	"**roor**-eye"
eight	acht	"akht"
eighteen	achtzehn	"**akh**-tsayn"
eighty	achtzig	"**akh**-tsikh"
either	einer (von beiden)	"**ine**-er (fon **by**-den)"
elastic	elastisch	"e**las**tish"
elastic band	das Gummiband	"**goo**mee-bant"
electric	elektrisch	"ai**lek**trish"
electrician	der Elektriker	"ai**lek**-tricker"
electricity	der Strom	"shtrohm"
▷ is the cost of electricity included in the rental?	sind die Stromkosten in der Miete enthalten?	"zint dee **shtrohm**-kosten in der mee-te ent**hal**-ten"
electricity meter	der Stromzähler	"**shtrohm**-tsayler"
electric razor	die Elektrorasierer	"ai**lek**tro-razeerer"
eleven	elf	"elf"
to embark:		
▷ when do we embark?	wann gehen wir an Bord?	"van **gay**en veer an **bort**"
embassy	die Botschaft	"**boht**shaft"

ABSOLUTE ESSENTIALS

I don't understand	ich verstehe nicht	"ikh fair-**shtay**-e nikht"
I don't speak German	ich spreche kein Deutsch	"ikh **shpre**-khe kine doytch"
do you speak English?	sprechen Sie Englisch?	"**shpre**-khen zee **eng**lish"
could you help me?	können Sie mir helfen?	"**kur**'nen zee meer **hel**fen"

emergency	der Notfall	"**noht**fal"
empty	leer	"lair"
end	das Ende	"**en**-de"
engaged (*to be married*)	verlobt	"fair-**lohpt**"
(*toilet, telephone*)	besetzt	"be**zetst**"
▷ **the line's engaged**	es ist besetzt	"es ist be**zetst**"
engine	der Motor	"**moh**tor"
England	England	"**eng**lant"
English	englisch	"**eng**lish"
▷ **do you speak English?**	sprechen Sie Englisch?	"**shpre**-khen zee **eng**lish"
▷ **I'm English**	ich komme aus England	"ikh **ko**-me ows **eng**lant"
▷ **do you have any English books/ newpapers?**	haben Sie englische Bücher/Zeitungen?	"**hah**ben zee **eng**lish-e **boo**-kher/**tsy**-toongen"
to enjoy:		
▷ **I enjoyed the tour**	die Reise hat mir gefallen	"dee **ry**-ze hat meer ge**fal**-en"
▷ **I enjoy swimming**	ich schwimme gern	"ikh **shwim**-e gairn"
▷ **enjoy your meal**	guten Appetit!	"**goo**ten apay**teet**"
enough	genug	"ge**nook**"
enquiry desk	die Auskunft	"**ows**koonft"
entertainment:		
▷ **what entertainment is there?**	was gibt es zur Unterhaltung?	"vas gipt es tsoor oonter-**hal**toong"
entrance	der Eingang	"**ine**-gang"
entrance fee	das Eintrittsgeld	"**ine**-tritsgelt"
entry visa	das Einreisevisum	"**ine**-ry-ze-veezoom"
▷ **I have an entry visa**	ich habe ein Einreisevisum	"ikh **hah**-be ine **ine**-ry-ze-veezoom"
envelope	der Umschlag	"**oom**shlahk"

ABSOLUTE ESSENTIALS

I would like ...	ich möchte ...	"ikh **mur'kh**-te"
I need ...	ich brauche ...	"ikh **brow**-khe"
where is ...?	wo ist ...?	"vo ist"
I'm looking for ...	ich suche ...	"ikh **zoo**-khe"

epileptic	epileptisch	"aipee-**lep**tish"
equipment	die Ausrüstung	"**ows**-roostoong"
▷ can we hire the equipment?	können wir die Ausrüstung leihen?	"**kur**'-nen veer dee **ows**-roostoong **ly**-en"
escalator	die Rolltreppe	"**rol**-tre-pe"
especially	besonders	"be**zon**-ders"
essential	wesentlich	"**vay**-zentlikh"
Eurocheque	der Euroscheck	"**oy**ro-shek"
▷ do you take Eurocheques?	nehmen Sie Euroschecks?	"**nay**men zee **oy**ro-sheks"
Europe	Europa	"oy-**roh**pa"
European	europäisch	"oy-roh-**pay**ish"
European Community	die Europäische Gemeinschaft	"oy-roh-**pay**ish-e ge**mine**-shaft"
evening	der Abend	"**ah**bent"
▷ in the evening	am Abend	"am **ah**bent"
▷ what is there to do in the evenings?	was kann man hier abends unternehmen?	"vas kan man heer **ah**bents oonter-**nay**men"
▷ what are you doing this evening?	was machen Sie heute abend?	"vas makhen zee **hoy**-te **ah**bent"
▷ an evening meal	ein Abendessen	"ine **ah**bent-essen"
every (*each*)	jede	"**yay**-de"
everyone	jeder	"**yay**-der"
everything	alles	"**a**-les"
excellent	ausgezeichnet	"**ows**-ge**tsykh**-net"
▷ the meal was excellent	das Essen war ausgezeichnet	"das essen var **ows**-ge**tsykh**-net"
except	außer	"**ow**-ser"

	ABSOLUTE ESSENTIALS	
do you have ...?	haben Sie ...?	"**hah**ben zee"
is there ...?	gibt es ...?	"gipt es"
are there ...?	gibt es ...?	"gipt es"
how much is ...?	was kostet ...?	"vas kostet"

excess luggage	das Übergewicht	"**oo**ber-gevikht"
exchange[1] *n*	der Austausch	"**ows**towsh"
to exchange[2] *vb* (*money*)	tauschen	"**tow**shen"
	wechseln	"**vek**seln"
▷ could I exchange this please?	kann ich das bitte umtauschen?	"kan ikh das **bi**-te **oom**-towshen"
exchange rate	der Wechselkurs	"**vek**sel-koors"
▷ what is the exchange rate?	wie ist der Wechselkurs?	"vee ist der **vek**sel-koors"
excursion	der Ausflug	"**ows**flook"
▷ what excursions are there?	welche Ausflüge gibt es?	"**vel**-khe **ows**floo-ge gipt es"
to excuse	entschuldigen	"ent**shool**-digen"
▷ excuse me! (*sorry*)	Entschuldigung	"ent**shool**-digoong"
(*when passing*)	entschuldigen Sie, bitte	"ent**shool**-digen zee **bi**-te"
exhaust pipe	das Auspuffrohr	"**ows**poof**rohr**"
exhibition	die Ausstellung	"**ows**-shteloong"
exit	der Ausgang	"**ows**-gang"
(*motorway*)	die Ausfahrt	"**ows**-fahrt"
▷ where is the exit?	wo ist der Ausgang?	"vo ist der **ows**-gang"
▷ which exit for ...?	welche Ausfahrt für ...?	"**vel**-khe **ows**-fahrt foor"
expensive	teuer	"**toy**-er"
▷ I want something more expensive	ich möchte gern etwas Teureres	"ikh **mur'kh**-te gairn **et**vas **toy**-re-res"
▷ it's too expensive	es ist zu teuer	"es ist tsoo **toy**-er"
expert	der Experte	"ex-**pair**-te"
to expire (*ticket, passport*)	ungültig werden	"**oon**-gooltikh **vair**den"
express[1] *n* (*train*)	der Schnellzug	"**shnel**-tsook"
express[2] *adj* (*parcel etc*)	per Expreß	"pair ex**press**"

extra (*spare*)	übrig	"**oo**brikh"
(*more*)	noch ein	"nokh ine"
eye	das Auge	"**ow**-ge"
▷ **I have something in my eye**	ich habe etwas im Auge	"ikh **hah**-be **et**vas im **ow**-ge"
eye liner	der Eyeliner	
eye shadow	der Lidschatten	"**leet**-shatten"
face	das Gesicht	"ge**zikht**"
face cream	die Gesichtscreme	"ge**zikhts**-kraim"
facilities	die Einrichtungen	"**ine**-rikh-toongen"
▷ **what facilities do you have here?**	welche Einrichtungen haben Sie hier?	"**vel**-khe **ine**-rikh-toongen **hah**ben zee heer"
▷ **do you have any facilities for the disabled?**	haben Sie hier Einrichtungen für Behinderte?	"**hah**ben zee heer **ine**-rikh-toongen foor be**hin**der-te"
▷ **do you have facilities for children?**	gibt es hier Einrichtungen für Kinder?	"gipt es heer **ine**-rikh-toongen foor **kin**der"
▷ **are there facilities for mothers with babies?**	gibt es hier einen Raum für Mütter mit Babys?	"gipt es heer ine-en **rowm** foor **moo**ter mit babies"
▷ **what sports facilities are there?**	welche Sporteinrichtungen gibt es hier?	"**vel**-khe **shport**-ine-rikh-toongen gipt es heer"
factor:		
▷ **factor 8/15 suntan lotion**	Sonnencreme mit Lichtschutzfaktor 8/15	"**zon**nen-kraim mit **likht**-shoots-faktor **akht**/**foonf**-tsayn"
factory	die Fabrik	"fa**breek**"
▷ **I work in a factory**	ich arbeite in einer Fabrik	"ikh **ar**-by-te in ine-er fa**breek**"
to faint:		
▷ **she has fainted**	sie ist in Ohnmacht gefallen	"zee ist in **ohn**makht ge**fal**-en"

ABSOLUTE ESSENTIALS

I don't understand	ich verstehe nicht	"ikh fair-**shtay**-e nikht"
I don't speak German	ich spreche kein Deutsch	"ikh **shpre**-khe kine doytch"
do you speak English?	sprechen Sie Englisch?	"**shpre**-khen zee **eng**lish"
could you help me?	können Sie mir helfen?	"**kur**'nen zee meer **helfen**"

fair (*funfair*)	die Kirmes	"**keer**-mes"
to fall	fallen	"**falen**"
family	die Familie	"fa**mee**-lee-e"
famous	berühmt	"be**roomt**"
fan (*electric*)	der Ventilator	"venti-**lah**tor"
fan belt	der Keilriemen	"**kile**-reemen"
far	weit	"**vite**"
▷ **how far is it to ...?**	wie weit ist es nach ...?	"vee **vite** ist es nakh"
▷ **is it far?**	ist es weit?	"ist es **vite**"
fare	der Fahrpreis	"**fahr**-price"
▷ **what is the fare to the town centre?**	wieviel kostet eine Fahrt ins Stadtzentrum?	"vee**feel** kostet ine-e fahrt ins **shtat**-tsen-troom"
farm	der Bauernhof	"**bow**-ern-hohf"
farmhouse	das Bauernhaus	"**bow**-ern-hows"
fast	schnell	"**shnel**"
▷ **he was driving too fast**	er ist zu schnell gefahren	"er ist tsoo shnel ge**fah**-ren"
fast food	das Fast Food	
fat	dick	"**dik**"
father	der Vater	"**fahter**"
fault (*defect*)	der Fehler	"**fayler**"
▷ **it wasn't my fault**	das war nicht meine Schuld	"das var nikht **mine**-e shoolt"
favourite	Lieblings-	"**leep**links"
▷ **what's your favourite drink?**	was trinken Sie am liebsten?	"vas **trin**-ken zee am **leep**-sten"
fax	das Fax	

▷ **can I send a fax from here?**	kann ich von hier aus ein Fax senden?	"kan ikh fon heer ows ine **fax** zenden"
▷ **what is the fax number?**	was ist die Faxnummer?	"vas ist dee **fax**-noomer"
February	der Februar	"**fay**-broo-ar"
to feed	füttern	"**foo**tern"
▷ **where can I feed the baby?**	wo kann ich das Baby füttern?	"voh kan ikh das baby **foo**tern"
to feel	fühlen	"**foo**len"
▷ **I don't feel well**	ich fühle mich nicht wohl	"ikh **foo**-le mikh nikht vohl"
▷ **I feel sick**	mir ist schlecht	"meer ist shlekht"
ferry	die Fähre	"**fay**-re"
festival	das Fest	"fest"
to fetch (*bring*)	holen	"**hoh**-len"
fever	das Fieber	"**fee**ber"
▷ **he has a fever**	er hat Fieber	"er hat **fee**ber"
few:		
▷ **a few**	ein paar	"ine par"
fiancé	der Verlobte	"fair-**lohp**-te"
fiancée	die Verlobte	"fair-**lohp**-te"
field	das Feld	"felt"
fifteen	fünfzehn	"**foonf**-tsayn"
fifty	fünfzig	"**foonf**-tsikh"
to fill	füllen	"**foo**len"
▷ **to fill up** (*petrol tank*)	volltanken	"**fol**-tanken"
▷ **fill it up, please**	volltanken, bitte!	"**fol**-tanken **bi**-te"
fillet	das Filet	"fee-**lay**"
filling	die Füllung	"**foo**loong"

ABSOLUTE ESSENTIALS

do you have ...?	haben Sie ...?	"**hah**ben zee"
is there ...?	gibt es ...?	"gipt es"
are there ...?	gibt es ...?	"gipt es"
how much is ...?	was kostet ...?	"vas kostet"

▷ a filling has come out	eine Füllung ist herausgefallen	"ine-e **foo**loong ist hair-**ows**-gefalen"
▷ could you do a temporary filling?	können Sie den Zahn provisorisch füllen?	"**kur**'-nen zee dayn tsahn provee-**zoh**-rish **foo**len"
film¹ *n*	der Film	"film"
▷ can you develop this film?	können Sie diesen Film entwickeln?	"**kur**'-nen zee deezen film ent**vi**-keln"
▷ the film has jammed	der Film klemmt	"der film klemt"
▷ I need a colour/black and white film for this camera	ich brauche einen Farbfilm/ Schwarzweißfilm für diese Kamera	"ikh **brow**-khe ine-en farpfilm/**shvarts-vice**-film foor dee-ze **ka**mera"
▷ which film is on at the cinema?	welcher Film läuft im Kino?	"**vel**-kher film loyft im **kee**no"
to film² *vb*	filmen	"**fil**men"
▷ am I allowed to film here?	kann ich hier filmen?	"kan ikh heer **fil**men"
filter	der Filter	"**filter**"
filter coffee	der Filterkaffee	"**filter**-kafay"
filter-tipped	Filter-	"**filter**"
fine¹ *n*	das Bußgeld	"**boos**gelt"
▷ how much is the fine?	wie hoch ist das Bußgeld?	"vee hohkh ist das **boos**gelt"
fine² *adj*	schön	"shur'n"
▷ is it going to be fine?	wird das Wetter schön werden?	"veert das vetter **shur'n** **vair**den"
to finish	beenden	"be-**en**den"
▷ when does the show finish?	wann ist die Vorstellung zu Ende?	"van ist dee **for**shtel-loong tsoo **en**-de"
▷ when will you have finished?	wann sind Sie fertig?	"van zind zee **fair**tikh"
fire	das Feuer	"**foy**-er"

ABSOLUTE ESSENTIALS		
yes (please)	ja (bitte)	"ya (**bi**-te)"
no (thank you)	nein (danke)	"nine (**dang**-ke)"
hello	guten Tag	"**goo**ten tahk"
goodbye	auf Wiedersehen	"owf **vee**der-zay-en"

fire brigade	die Feuerwehr	"**foy**-er-vair"
fire extinguisher	der Feuerlöscher	"**foy**-er-lur'-sher"
firework display	das Feuerwerk	"**foy**-er-vairk"
fireworks	das Feuerwerk	"**foy**-er-vairk"
first	erste	"**air**-ste"
first aid	die Erste Hilfe	"**air**-ste **hil**-fe"
first class (*travel*)	erster Klasse	"**air**-ster **kla**-se"
▷ **a first class return to ...**	eine Rückfahrkarte erster Klasse nach ...	"ine-e **rook**far-kar-te **air**-ster **kla**-se nakh"
first floor	die erste Etage	"**air**-ste aytah-je"
first name	der Vorname	"**for**-nah-me"
fish[1] *n*	der Fisch	"fish"
to fish[2] *vb*	angeln	"**ang**-eln"
▷ **can we fish here?**	können wir hier angeln?	"**kur**'-nen veer heer **ang**-eln"
▷ **can we go fishing?**	können wir angeln gehen?	"**kur**'-nen veer **ang**-eln **gay**en"
▷ **where can I go fishing?**	wo kann ich angeln?	"voh kan ikh **ang**-eln"
fishing rod	die Angelrute	"**ang**-el-roo-te"
fit[1] *n* (*seizure*)	der Anfall	"**an**fal"
to fit[2] *vb*	passen	"**pas**sen"
five	fünf	"foonf"
to fix	reparieren	"raypa-**ree**ren"
▷ **where can I get this fixed?**	wo kann ich das reparieren lassen?	"voh kan ikh das raypa-**ree**ren lassen"
fizzy	sprudelnd	"**shproo**-delnt"
▷ **a fizzy drink**	ein Getränk mit Kohlensäure	"ine ge**trenk** mit **koh**-len-zoy-re"

ABSOLUTE ESSENTIALS

I don't understand	ich verstehe nicht	"ikh fair-**shtay**-e nikht"
I don't speak German	ich spreche kein Deutsch	"ikh **shpre**-khe kine doytch"
do you speak English?	sprechen Sie Englisch?	"**shpre**-khen zee **eng**lish"
could you help me?	können Sie mir helfen?	"**kur**'nen zee meer **helfen**"

flash	das Blitzlicht	"**blits**-likht"
▷ the flash is not working	das Blitzlicht funktioniert nicht	"das **blits**-likht foonk-tsyoh-**neert** nikht"
flask	die Thermosflasche	"**tair**mohs-fla-she"
▷ a flask of coffee	eine Thermosflasche Kaffee	"ine-e **tair**mohs-fla-she **ka**fay"
flat (*apartment*)	die Wohnung	"**voh**-noong"
flat tyre	die Reifenpanne	"**ry**fen-pa-ne"
flavour	der Geschmack	"ge**shmak**"
▷ what flavours do you have?	welche Geschmacksrichtungen haben Sie?	"**vel**-khe ge**shmaks**-rikh-toongen **hah**ben zee"
flight	der Flug	"flook"
▷ are there any cheap flights?	gibt es billige Flüge?	"gipt es **bili**-ge **floo**-ge"
▷ I've missed my flight	ich habe meinen Flug verpaßt	"ikh **hah**-be mine-en **flook** fair-**past**"
▷ my flight has been delayed	mein Flug hat Verspätung	"mine flook hat fair-**shpay**-toong"
flint	der Feuerstein	"**foy**-er-shtine"
flippers	die Flossen	"**flos**sen"
flooded:		
▷ the bathroom is flooded	das Badezimmer steht unter Wasser	"das **bah**-de-tsimmer shtayt oonter **vas**ser"
floor (*of building*)	die Etage	"ay**tah**-je"
(*of room*)	der Boden	"**boh**den"
▷ what floor is it on?	auf welcher Etage ist es?	"owf **vel**-kher ay**tah**-je ist es"
▷ on the top floor	auf der obersten Etage	"owf der **oh**ber-sten ay**tah**-je"
flour	das Mehl	"mail"
▷ plain flour	Mehl ohne Backpulver	"mail oh-ne **bak**-poolver"

ABSOLUTE ESSENTIALS

I would like ...	ich möchte ...	"ikh **mur'kh**-te"
I need ...	ich brauche ...	"ikh **brow**-khe"
where is ...?	wo ist ...?	"vo ist"
I'm looking for ...	ich suche ...	"ikh **zoo**-khe"

▷ **self-raising flour**	Mehl mit Backpulver	"mail mit **bak**-poolver"
▷ **wholemeal flour**	Vollkornmehl	"**fol**korn-mail"
flowers	die Blumen	"**bloo**men"
▷ **a bunch/bouquet of flowers**	ein Blumenstrauß	"**bloo**men-shtrows"
flu	die Grippe	"**gri**-pe"
▷ **I've got flu**	ich habe Grippe	"ikh **hah**-be **gri**-pe"
to flush	spülen	"**shpoo**-len"
▷ **the toilet won't flush**	die Toilettenspülung funktioniert nicht	"dee twa-**le**-ten-shpooloong foonk-tsyo-**neert** nikht"
fly (*insect*)	die Fliege	"**flee**-ge"
flying:		
▷ **I hate flying**	ich fliege nicht gern	"ikh **flee**-ge nikht gairn"
fly sheet	das Überzelt	"**oober**-tselt"
foggy	neblig	"**nay**-blikh"
▷ **it's foggy**	es ist neblig	"es ist **nay**-blikh"
to follow	folgen	"**fol**gen"
▷ **follow me**	folgen Sie mir	"**fol**gen zee meer"
food	das Essen	"**es**sen"
▷ **where is the food department?**	wo ist die Lebensmittelabteilung?	"voh ist dee **lay**benz-mittel-**ap**-ty-loong"
food poisoning	die Lebensmittelvergiftung	"**lay**benz-mittel-fair**gift**oong"
foot (*measure: metric equiv = 0.30m*)	der Fuß	"foos"
	der Fuß	"foos"
football	der Fußball	"**foos**-bal"
▷ **let's play football**	laßt uns Fußball spielen	"last oons **foos**-bal shpeelen"

ABSOLUTE ESSENTIALS

do you have ...?	haben Sie ...?	"**hah**ben zee"
is there ...?	gibt es ...?	"**gipt** es"
are there ...?	gibt es ...?	"**gipt** es"
how much is ...?	was kostet ...?	"**vas** kostet"

for	für	"foor"
foreign	ausländisch	"**ows**-lendish"
forest	der Wald	"valt"
to **forget**	vergessen	"fair-**ge**sen"
▷ **I've forgotten my passport/the key**	ich habe meinen Reisepaß/den Schlüssel vergessen	"ikh **hah**-be mine-en **ry**-ze-pass/dayn **shloo**-sel fair-**ge**sen"
fork (*at table*) (*in road*)	die Gabel die Gabelung	"**gah**bel" "**gah**-beloong"
fortnight	zwei Wochen	"tsvy **vo**-khen"
forty	vierzig	"**feer**-tsikh"
fountain	der Springbrunnen	"**shpring**-broonen"
four	vier	"feer"
fourteen	vierzehn	"**feer**-tsayn"
France	Frankreich	"**frank**-rykh"
free (*not occupied*) (*costing nothing*)	frei umsonst	"fry" "oom**zonst**"
▷ **I am free tomorrow morning/for lunch**	ich habe morgen früh/ zum Mittagessen Zeit	"ikh **hah**-be **mor**gen froo/ tsoom **mi**tak-essen tsite"
▷ **is this seat free?**	ist dieser Platz noch frei?	"ist deezer plats nokh **fry**"
freezer	die Tiefkühltruhe	"**teef**kool-troo-e"
French	französisch	"fran-**tsur**'-zish"
French beans	die grünen Bohnen	"**groo**nen **boh**nen"
frequent	häufig	"**hoy**fikh"
▷ **how frequent are the buses?**	wie oft fahren die Busse?	"vee **oft** fahren dee **boo**-se"
fresh	frisch	"frish"

▷ **are the vegetables fresh or frozen?**	ist das Gemüse frisch oder gefroren?	"ist das ge**moo**-ze **frish** oh-der ge**froh**ren"
fresh air	frische Luft	"**fri**-she **looft**"
fresh vegetables	frisches Gemüse	"**fri**-shes ge**moo**-ze"
Friday	der Freitag	"**fry**-tahk"
fridge	der Kühlschrank	"**kool**-shrank"
fried	gebraten	"ge**brah**ten"
friend (*male*) (*female*)	der Freund die Freundin	"froynt" "**froyn**-din"
from	von	"fon"
▷ **I want to stay from ... till ...**	ich möchte vom ... bis zum ... bleiben	"ikh **mur'kh**-te fom ... bis tsoom ... **bly**-ben"
front	die Vorderseite	"**for**der-zy-te"
frozen	gefroren	"ge**froh**ren"
fruit	das Obst	"ohpst"
fruit juice	der Fruchtsaft	"**frookht**-zaft"
fruit salad	der Obstsalat	"**ohpst**-zalaht"
frying pan	die Bratpfanne	"**braht**-pfa-ne"
fuel	der Kraftstoff	"**kraft**-shtof"
fuel pump	die Benzinpumpe	"bent**seen**-poom-pe"
full	voll	"fol"
▷ **I'm full (up)**	ich bin satt	"ikh bin **zat**"
full board	die Vollpension	"**fol**-pen-zyohn"
funny (*amusing*) (*odd*)	lustig komisch	"**loos**tikh" "**koh**mish"
fur	der Pelz	"pelts"
fuse	die Sicherung	"**zikh**-eroong"

ABSOLUTE ESSENTIALS

I don't understand	ich verstehe nicht	"ikh fair-**shtay**-e nikht"
I don't speak German	ich spreche kein Deutsch	"ikh **shpre**-khe kine doytch"
do you speak English?	sprechen Sie Englisch?	"**shpre**-khen zee english"
could you help me?	können Sie mir helfen?	"**kur**'nen zee meer **helfen**"

▷ **a fuse has blown**	eine Sicherung ist durchgebrannt	"ine-e **zikh**-eroong ist **durkh**-gebrant"
▷ **can you mend a fuse?**	können Sie eine Sicherung reparieren?	"**kur**'-nen zee ine-e **zikh**-eroong raypa-**ree**ren"
gallery (*art gallery*)	die Galerie	"gale**ree**"
gallon (*metric equiv = 4.55l*)	die Gallone	"ga**loh**ne"
game	das Spiel	"shpeel"
▷ **a game of chess**	eine Partie Schach	"ine-e par**tee** shakh"
gammon	der Räucherschinken	"**roy**kher-shinken"
garage	die Werkstatt	"**vairk**-shtat"
▷ **can you tow me to a garage?**	können Sie mich bis zu einer Werkstatt abschleppen?	"**kur**'-nen zee mikh bis tsoo ine-er **vairk**-shtat **ap**-shleppen"
garden	der Garten	"**gar**ten"
▷ **can we visit the gardens?**	können wir den Garten besichtigen?	"**kur**'-nen veer dayn **gar**ten be**zikh**-ti-gen"
garlic	der Knoblauch	"**knohp**-lowkh"
▷ **is there any garlic in it?**	ist da Knoblauch drin?	"ist dah **knohp**-lowkh drin"
gas	das Gas	"gahs"
▷ **I can smell gas**	ich rieche Gas	"ikh **ree**-khe gahs"
gas cylinder	die Gasflasche	"**gahs**fla-she"
gear:		
▷ **first/third gear**	erster/dritter Gang	"**air**-ster/**drit**-ter gang"
gears	das Getriebe	"ge**tree**-be"
Geneva	Genf	"genf"
gentleman	der Herr	"hair"
gents'	die Herrentoilette	"**hair**ren-twa-**le**-te"

ABSOLUTE ESSENTIALS		
I would like ...	ich möchte ...	"ikh **mur'kh**-te"
I need ...	ich brauche ...	"ikh **brow**-khe"
where is ...?	wo ist ...?	"vo ist"
I'm looking for ...	ich suche ...	"ikh **zoo**-khe"

▷ **where is the gents'?**	wo ist die Herrentoilette?	"voh ist dee **hairren**-twa-**le**-te"
genuine	echt	"ekht"
German	deutsch	"doych"
▷ **I don't speak German**	ich spreche kein Deutsch	"ikh **shpre**-khe kine doych"
German measles	die Röteln	"**rur**'-teln"
Germany	Deutschland	"**doych**-lant"
▷ **what part of Germany are you from?**	woher kommen Sie aus Deutschland?	"voh-**hair** kommen zee ows **doych**-lant"
to get (*receive, obtain*) (*fetch*)	bekommen holen	"be-**kommen**" "**hoh**-len"
▷ **please tell me when we get to ...**	würden Sie mir bitte Bescheid sagen, wenn wir nach ... kommen?	"**voorden** zee meer **bi**-te be**shite** zahgen ven veer nakh ... kommen"
▷ **I must get there by 8 o'clock**	ich muß um 8 Uhr dort sein	"ikh moos oom **akht** oor dort zine"
▷ **please get me a taxi**	bitte bestellen Sie mir ein Taxi	"**bi**-te be-**shtel**en zee meer ine **taxi**"
▷ **when do we get back?**	wann kommen wir zurück?	"van kommen veer tsoo**rook**"
to get into (*vehicle*)	einsteigen	"**ine**-shtygen"
to get off (*from vehicle*)	aussteigen	"**ows**- shtygen"
▷ **where do I get off?**	wo muß ich aussteigen?	"voh moos ikh **ows**-shtygen"
▷ **will you tell me where to get off?**	sagen Sie mir bitte, wo ich aussteigen muß	"**zahgen** zee meer **bi**-te voh ikh **ows**-shtygen moos"
gift	das Geschenk	"ge-**shenk**"
gift shop	der Souvenirladen	"zoo-ve**neer**-lahden"
to giftwrap:		
▷ **please giftwrap it**	bitte packen Sie es als Geschenk ein	"**bi**-te pa-ken zee es als ge-**shenk** ine"

ABSOLUTE ESSENTIALS

do you have ...?	haben Sie ...?	"**hah**ben zee"
is there ...?	gibt es ...?	"gipt es"
are there ...?	gibt es ...?	"gipt es"
how much is ...?	was kostet ...?	"vas kostet"

gin	der Gin	"gin"
▷ **I'll have a gin and tonic**	ich hätte gern einen Gin Tonic	"ikh het-te gairn ine-en gin tonic"
girl	das Mädchen	"**mait**-khen"
girlfriend	die Freundin	"**froyn**-din"
to **give**	geben	"**gay**ben"
to **give way**	Vorfahrt gewähren	"**for**fahrt ge**wai**ren"
▷ **he did not give way**	er hat die Vorfahrt nicht beachtet	"er hat dee **for**fahrt nihkt be-**akh**-tet"
glass	das Glas	"glahs"
▷ **a glass of lemonade, please**	ein Glas Limonade, bitte	"ine glahs leemo-**nah**-de, **bi**-te"
▷ **broken glass**	Glasscherben (*pl*)	"**glahs**-shairben"
glasses	die Brille	"**bri**-le"
▷ **can you repair my glasses?**	können Sie meine Brille reparieren?	"**kur**'-nen zee mine-e **bri**-le raypa-**ree**ren"
gloves	die Handschuhe	"**hant**-shoo-e"
glucose	der Traubenzucker	"**trow**-ben-tsooker"
glue	der Klebstoff	"**klayp**-shtof"
gluten	das Gluten	"**gloo**ten"
to **go**	gehen	"**gay**en"

I go	ich gehe	"ikh **gay**-e"
you go	Sie gehen	"zee **gay**en"
(*informal singular*)	du gehst	"doo gayst"
he/she/it goes	er/sie/es geht	"ai/zee/es gayt"
we go	wir gehen	"veer **gay**en"
they go	sie gehen	"zee **gay**en"

▷ **I'm going to the beach**	ich gehe zum Strand	"ikh **gay**-e tsoom **shtrant**"
▷ **you go on ahead**	gehen Sie vor	"**gay**en zee **for**"

ABSOLUTE ESSENTIALS

yes (please)	ja (bitte)	"ya (**bi**-te)"
no (thank you)	nein (danke)	"nine (**dang**-ke)"
hello	guten Tag	"**goo**ten tahk"
goodbye	auf Wiedersehen	"owf **vee**der-zay-en"

to **go back**	zurückgehen	"tsoo**rook**-gayen"
▷ I must go back now	ich muß jetzt zurückgehen	"ikh moos yetst tsoo**rook**-gayen"
to **go down** (*sun*)	untergehen	"**oon**ter-gayen"
to **go in**	hineingehen	"hin**ine**-gayen"
to **go out**	hinausgehen	"hin**ows**-gayen"
goggles (*for swimming*) (*for skiing*)	die Taucherbrille die Schneebrille	"**towk**her-bri-le" "**shnay**-bri-le"
gold	golden	"**gol**-den"
gold-plated	vergoldet	"fair-**gol**-det"
golf	das Golf	"golf"
▷ where can we play golf?	wo können wir Golf spielen?	"voh **kur**'-nen veer golf shpeelen"
golf ball	der Golfball	"**golf**bal"
golf club (*stick*) (*association*)	der Golfschläger der Golfklub	"**golf**shlaiger" "**golf**kloop"
golf course	der Golfplatz	"**golf**plats"
▷ is there a public golf course near here?	gibt es hier in der Nähe einen öffentlichen Golfplatz?	"gipt es heer in der **nay**-e ine-en **ur**'fent-likhen **golf**plats"
good (*pleasant*)	gut schön	"goot" "shur'n"
good afternoon	guten Tag	"**goo**ten tahk"
goodbye	auf Wiedersehen	"owf **vee**der-zayn"
good evening	guten Abend	"**goo**ten **ah**bent"
Good Friday	Karfreitag	"kar-**fry**-tahk"
good-looking	gutaussehend	"**goot**-ows-zay-ent"
good morning	guten Morgen	"**goo**ten **mor**gen"
good night	gute Nacht	"**goo**-te **nakht**"

ABSOLUTE ESSENTIALS

I don't understand	ich verstehe nicht	"ikh fair-**shtay**-e nikht"
I don't speak German	ich spreche kein Deutsch	"ikh **shpre**-khe kine doytch"
do you speak English?	sprechen Sie Englisch?	"**shpre**-khen zee **eng**lish"
could you help me?	können Sie mir helfen?	"**kur**'nen zee meer **helfen**"

goose	die Gans	"gans"
gram	das Gramm	"gram"
▷ **500 grams of mince meat**	500 Gramm Hackfleisch	"foonf-hoondert gram **hak**-flysh"
granddaughter	die Enkelin	"**enke**-lin"
grandfather	der Großvater	"**grohs**-fahter"
grandmother	die Großmutter	"**grohs**-mooter"
grandson	der Enkel	"**en**kel"
grapefruit	die Grapefruit	
grapefruit juice	der Grapefruitsaft	"-zaft"
grapes	die Trauben	"**trow**ben"
▷ **a bunch of grapes**	eine Weintraube	"ine-e **vine**-trow-be"
▷ **seedless grapes**	kernlose Trauben	"**kairn**loh-ze **trow**ben"
gravy	die Soße	"**zoh**-se"
greasy	fettig	"**fett**ikh"
▷ **the food is very greasy**	das Essen ist sehr fettig	"das **essen** ist zair **fett**ikh"
▷ **shampoo for greasy hair**	Shampoo für fettiges Haar	"**sham**poo foor **fett**iges hahr"
Greece	Griechenland	"**gree**-khen-lant"
Greek	griechisch	"**gree**-khish"
green	grün	"groon"
green card	die grüne Karte	"**groo**-ne kar-te"
green pepper	die grüne Paprikaschote	"**groo**-ne **pa**preeka-shoh-te"
grey	grau	"grow"
grilled	gegrillt	"ge-**grilt**"
grocer's (*shop*)	der Lebensmittelladen	"**lay**benz-mittel-**lah**den"

ground	der Boden	"**boh**den"
ground floor	das Erdgeschoß	"**airt**-geshoss"
▷ could I have a room on the ground floor?	kann ich ein Zimmer im Erdgeschoß haben?	"kan ikh ine **tsim**mer im **airt**-geshoss **hah**ben"
groundsheet	der Zeltboden	"**tselt**-bohden"
group	die Gruppe	"**groo**-pe"
▷ do you give discounts for groups?	geben Sie Gruppenermäßigungen?	"**gay**ben zee **groo**pen-air-**may**-sigoongen"
group passport	der Gruppenreisepaß	"**groo**pen-ry-ze-pass"
guarantee	die Garantie	"garan**tee**"
▷ it's still under guarantee	es ist noch unter Garantie	"es ist nokh oonter garan**tee**"
▷ a five-year guarantee	fünf Jahre Garantie	"foonf yahre garan**tee**"
guard	der Schaffner	"**shaf**ner"
▷ have you seen the guard?	haben Sie den Schaffner gesehen?	"**hah**ben zee dayn **shaf**ner ge**zay**-en"
guest (*in hotel*)	der Gast der Hausgast	"gast" "**hows**gast"
guesthouse	die Pension	"pen-**zyohn**"
guide[1] *n*	der Führer	"**foo**rer"
▷ is there an English-speaking guide?	gibt es einen englischsprachigen Führer?	"gipt es ine-en **eng**lish-shpra-khi-gen **foo**rer"
to **guide**[2] *vb*	führen	"**foo**ren"
guidebook	der Führer	"**foo**rer"
▷ do you have a guidebook to the cathedral?	haben Sie einen Führer durch den Dom?	"**hah**ben zee ine-en **foo**rer doorkh dain **dohm**"
▷ do you have a guidebook in English?	haben Sie einen Reiseführer auf englisch?	"**hah**ben zee ine-en **ry**-ze-foorer owf **eng**lish"

ABSOLUTE ESSENTIALS

do you have ...?	haben Sie ...?	"**hah**ben zee"
is there ...?	gibt es ...?	"gipt es"
are there ...?	gibt es ...?	"gipt es"
how much is ...?	was kostet ...?	"vas kostet"

guided tour	die Führung	"**foo**roong"
▷ **what time does the guided tour begin?**	um wieviel Uhr beginnt die Führung?	"oom vee**feel oor** be**gint** dee **foo**roong"
gum	das Gummi	"**goo**mee"
▷ **my gums are bleeding/are sore**	mein Zahnfleisch blutet/tut mir weh	"mine **tsahn**-flysh blootet/ toot meer **vay**"
gym	die Turnhalle	"**toorn**-ha-le"
gym shoes	die Turnschuhe (pl)	"**toorn**-shoo-e"
haddock	der Schellfisch	"**shel**-fish"
haemorrhoids	die Hämorrhoiden	"hemo-roh-**ee**den"
▷ **I need something for haemorrhoids**	ich brauche etwas gegen Hämorrhoiden	"ikh **brow**-khe **et**vas **gay**gen hemo-roh-**ee**den"
hair	die Haare (pl)	"**hah**-re"
▷ **my hair is naturally curly/straight**	meine Haare sind von Natur aus lockig/glatt	"mine-e **hah**-re zint fon na**toor** ows **lock**-ikh/ glat"
▷ **I have greasy/dry hair**	ich habe fettige/ trockene Haare	"ikh **hah**-be **fett**i-ge/**tro**-ke-ne **hah**-re"
hairbrush	die Haarbürste	"**hahr**-boor-ste"
haircut	der Haarschnitt	"**hahr**shnit"
hairdresser	der Friseur	"free-**zur**"
hair dryer	der Fön	"fur'n"
hairgrip	die Haarklemme	"**hahr**-kle-me"
hair spray	das Haarspray	"**hahr**-spray"
hake	der Seehecht	"**zay**-hekht"
half	halb	"halp"
▷ **a half bottle**	eine kleine Flasche	"ine-e kline-e **fla**-she"
▷ **half past two/three**	halb drei/vier	"halp **dry**/**feer**"

half board	die Halbpension	"**halp**-pen-zyohn"
half fare	der halbe Fahrpreis	"**hal**-be **fahr**-price"
half-price	zum halben Preis	"tsoom **hal**ben price"
ham	der Schinken	"**shin**ken"
hamburger	der Hamburger	
hand	die Hand	"hant"
handbag	die Handtasche	"**hant**-ta-she"
▷ my handbag's been stolen	meine Handtasche ist gestohlen worden	"mine-e **hant**-ta-she ist ge**shtoh**-len vorden"
handbrake	die Handbremse	"**hant**-brem-ze"

handicap:

▷ my handicap is ...	mein Handicap ist ...	"mine **han**dikap ist"
▷ what's your handicap?	was ist Ihr Handicap?	"was ist eer **han**dikap"
handicapped	behindert	"be**hin**dert"
handkerchief	das Taschentuch	"**tash**en-tookh"
handle	der Griff	"grif"
▷ the handle has come off	der Griff ist abgegangen	"der grif ist **ap**-gegang-en"
hand luggage	das Handgepäck	"**hant**-gepaik"
handmade	handgearbeitet	"**hant**-ge-**ar**-bytet"
▷ is this handmade?	ist das Handarbeit?	"ist das **hant**-arbite"
hang-glider	der Drachen	"**drakh**-en"

hang-gliding:

▷ I'd like to go hang-gliding	ich möchte drachenfliegen gehen	"ikh **mur'kh**-te **drakh**en-fleegen **gay**en"
hangover	der Kater	"**kah**-ter"
Hanover	Hannover	"ha**noh**-fer"

to **happen**	geschehen	"ge**shay**-en"
▷ **what happened?**	was ist passiert?	"vas ist pa**seert**"
▷ **when did it happen?**	wann ist es passiert?	"van ist es pa**seert**"
happy	glücklich	"**glook**likh"
▷ **I'm not happy with ...**	ich bin mit ... nicht zufrieden	"ikh bin mit ... nikht tsoo-**free**den"
harbour	der Hafen	"**hah**fen"
hard	hart	"hart"
hat	der Hut	"hoot"
to **have**	haben	"**hah**ben"

I have	ich habe	"ikh **hah**-be"
you have	Sie haben	"zee **hah**ben"
(informal singular)	du hast	"doo hast"
he/she/it has	er/sie/es hat	"ai/zee/es hat"
we have	wir haben	"veer **hah**ben"
they have	sie haben	"zee **hah**ben"

▷ **do you have ...?**	haben Sie ...?	"**hah**ben zee"
hay fever	der Heuschnupfen	"**hoy**-shnoopfen"
hazelnut	die Haselnuß	"**hah**zel-noos"
he	er	"air"
head	der Kopf	"kopf"
headache	die Kopfschmerzen (pl)	"**kopf**-shmairtsen"
▷ **I want something for a headache**	ich möchte etwas gegen Kopfschmerzen	"ikh **mur'kh**-te **et**vas **gay**gen **kopf**-shmairtsen"
▷ **I have a headache**	ich habe Kopfschmerzen	"ikh **hah**-be **kopf**-shmairtsen"
headlights	die Scheinwerfer (pl)	"**shine**-vair-fer"

ABSOLUTE ESSENTIALS

I would like ...	ich möchte ...	"ikh **mur'kh**-te"
I need ...	ich brauche ...	"ikh **brow**-khe"
where is ...?	wo ist ...?	"vo ist"
I'm looking for ...	ich suche ...	"ikh **zoo**-khe"

head waiter	der Oberkellner	"**oh**ber-kelner"
health food shop	der Bioladen	"**bee**-o-lah-den"
to hear	hören	"**hur'**-en"
heart	das Herz	"herts"
heart attack	der Herzanfall	"**herts**-anfal"
heart condition:		
▷ I have a heart condition	ich bin herzkrank	"ikh bin **herts**-krank"
heater	das Heizgerät	"**hyts**-gerait"
▷ the heater isn't working	die Heizung funktioniert nicht	"dee **hy**-tsoong foonk-tsyoh-**neert** nikht"
heating	die Heizung	"**hy**-tsoong"
▷ I can't turn the heating off/on	ich kann die Heizung nicht abstellen/anstellen	"ikh kan dee **hy**-tsoong nikht **ap**-shtellen/**an**-shtellen"
heavy	schwer	"shvair"
▷ this is too heavy	das ist zu schwer	"das ist tsoo shvair"
hello	hallo	"**hah**-lo"
help¹ *n*	die Hilfe	"**hil**-fe"
▷ help!	hilfe!	"**hil**-fe"
▷ fetch help quickly!	holen Sie schnell Hilfe!	"**hoh**len zee shnel **hil**-fe"
to help² *vb*	helfen	"**helf**en"
▷ can you help me?	können Sie mir helfen?	"**kur'**nen zee meer **helf**en"
▷ help yourself!	bedienen Sie sich!	"be**dee** nen zee zikh"
her	ihr	"eer"
herb	das Kraut	"krowt"
here	hier	"heer"
▷ here you are!	hier!	"heer"
herring	der Hering	"**hay**ring"

ABSOLUTE ESSENTIALS

do you have ...?	haben Sie ...?	"**hah**ben zee"
is there ...?	gibt es ...?	"gipt es"
are there ...?	gibt es ...?	"gipt es"
how much is ...?	was kostet ...?	"vas kostet"

hers:

▷ **it's hers**	es gehört ihr	"es ge**hurt** eer"
high	hoch	"hohkh"
(*number, speed*)	groß	"grohs"
▷ **how high is it?**	wie hoch ist es?	"vee **hohkh** ist es"
▷ **200 metres high**	200 Meter hoch	"**tsvy**-hoondert **may**ter hohkh"
high blood pressure	der hohe Blutdruck	"**hoh**-e **bloot**-drook"
high chair	der Kinderstuhl	"**kin**der-shtool"
highlights (*in hair*)	die Strähnchen (*pl*)	"**shtrain**-khen"
high tide	die Flut	"floot"
hill	der Hügel	"**hoo**gel"
hill walking	das Bergwandern	"**bairk**-vandern"
to hire	mieten	"**mee**ten"
▷ **I want to hire a car**	ich möchte gern ein Auto mieten	"ihk **mur'kh**-te gairn ine **ow**to **mee**ten"
▷ **can I hire a deck chair/a boat?**	kann ich hier einen Liegestuhl/ein Boot mieten?	"kan ikh heer ine-en **lee**-ge-shtool/ein **boht mee**ten"
his[1] *adj*	sein	"zine"
his[2] *pron:*		
▷ **it's his**	es gehört ihm	"es ge**hurt** eem"
to hit	schlagen	"**shlah**gen"
to hitchhike	trampen	"**tram**pen"
HIV negative	HIV-negativ	"hah-ee-fow-**nay**ga-teef"
HIV positive	HIV-positiv	"hah-ee-fow-**poh**zee-teef"
to hold	halten	"**hal**ten"
(*contain*)	enthalten	"ent-**hal**ten"
▷ **could you hold this for me?**	können Sie das für mich halten?	"**kur'**-nen zee das foor mikh **hal**ten"

hold-up (*traffic jam*)	die Stockung	"**shtok**oong"
▷ **what is causing the hold-up?**	warum kommen wir hier nicht weiter?	"va**room** kommen veer heer nikht **vy**-ter"
hole	das Loch	"lokh"
holiday	der Feiertag	"**fy**-er-tahk"
▷ **on holiday**	in den Ferien	"in dain **fay**ree-en"
▷ **I'm on holiday here**	ich bin hier auf Urlaub	"ikh bin heer owf **oor**lowp"
holiday resort	der Urlaubsort	"**oor**lowps-ort"
holiday romance	die Urlaubsromanze	"**oor**lowps-ro**man**tse"
home	das Zuhause	"tsoo-**how**-ze"
▷ **when do you go home?**	wann fahren Sie nach Hause?	"van **fah**ren zee nakh **how**-ze"
▷ **I'm going home tomorrow/on Tuesday**	ich fahre morgen/ Dienstag nach Hause	"ikh **fah**-re **mor**gen/ **deens**tahk nakh **how**-ze"
▷ **I want to go home**	ich will nach Hause	"ikh vil nakh **how**-ze"
homesick:		
▷ **to be homesick**	heimweh haben	"**hime**-vay **hah**ben"
honey	der Honig	"**hoh**nikh"
honeymoon	die Flitterwochen (*pl*)	"**flitter**-vo-khen"
▷ **we are on our honeymoon**	wir sind auf unserer Hochzeitsreise	"veer zint owf **oon**zerer **hokh**-tsites-ry-ze"
to **hope**	hoffen	"**hof**fen"
▷ **I hope so**	hoffentlich	"**hof**fent-likh"
▷ **I hope not**	hoffentlich nicht	"**hof**fent-likh nikht"
hors d'œuvre	die Vorspeise	"**for**-shpy-ze"
horse	das Pferd	"pfairt"
horse riding	das Reiten	"**ry**-ten"
▷ **to go horse riding**	reiten gehen	"**ry**-ten **gay**en"
hose	der Schlauch	"shlowkh"

ABSOLUTE ESSENTIALS

I don't understand	ich verstehe nicht	"ikh fair-**shtay**-e nikht"
I don't speak German	ich spreche kein Deutsch	"ikh **shpre**-khe kine doytch"
do you speak English?	sprechen Sie Englisch?	"**shpre**-khen zee **eng**lish"
could you help me?	können Sie mir helfen?	"**kur**'nen zee meer **hel**fen"

hospital	das Krankenhaus	"**kranken**-hows"
▷ we must get him to hospital	wir müssen ihn ins Krankenhaus bringen	"veer **moossen** een ins **kranken**-hows bringen"
▷ where's the nearest hospital?	wo ist das nächste Krankenhaus?	"voh ist das **nekh**-ste **kranken**-hows"
hot	heiß	"hice"
▷ I'm hot	mir ist heiß	"meer ist hice"
▷ it's hot (*weather*)	es ist heiß	"es ist hice"
▷ a hot curry	ein scharfes Currygericht	"ine **shar**-fes **kur'**ree-gerikht"
hotel	das Hotel	"ho**tel**"
▷ can you recommend a (cheap) hotel?	können Sie uns ein (preiswertes) Hotel empfehlen?	"**kur'**-nen zee oons ine (**price**-ver-tes) ho**tel** emp-**faylen**"
hour	die Stunde	"**shtoon**-de"
▷ an hour ago	vor einer Stunde	"for ine-er **stoon**-de"
▷ in two hours' time	in zwei Stunden	"in tsvy **stoon**-den"
▷ the journey takes two hours	die Fahrt dauert zwei Stunden	"dee fahrt dow-ert tsvy **stoon**-den"
house	das Haus	"hows"
house wine	der Hauswein	"**hows**-vine"
▷ a bottle/carafe of house wine	eine Flasche/Karaffe Hauswein	"ine-e **fla**-she/ka**ra**-fe **hows**-vine"
hovercraft	das Luftkissenboot	"**looft**-kissen-boht"
▷ we came by hovercraft	wir sind mit dem Luftkissenboot gekommen	"veer zind mit daim **looft**-kissen-boht ge**kom**men"
how	wie	"vee"
▷ how much?	wieviel?	"vee**feel**"
▷ how many?	wieviele?	"vee**fee**-le"
▷ how are you?	wie geht es Ihnen?	"vee gayt es **ee**-nen"
▷ how are you feeling now?	wie fühlen Sie sich jetzt?	"vee **foo**len zee zikh **yetst**"

ABSOLUTE ESSENTIALS		
I would like ...	ich möchte ...	"ikh **mur'kh**-te"
I need ...	ich brauche ...	"ikh **brow**-khe"
where is ...?	wo ist ...?	"vo ist"
I'm looking for ...	ich suche ...	"ikh **zoo**-khe"

hundred	hundert	"**hoon**dairt"
hungry:		
▷ **I am hungry**	ich habe Hunger	"ikh **hah**-be **hoong**-er"
hurry:		
▷ **I'm in a hurry**	ich habe es eilig	"ikh **hah**-be es **eye**-likh"
to hurt (*feel pain*)	schmerzen	"**shmert**-sen"
▷ **he is hurt**	er ist verletzt	"air ist fair-**letst**"
▷ **my back hurts**	mir tut der Rücken weh	"meer toot der **rook**en vay"
▷ **he has hurt himself**	er hat sich verletzt	"air hat zikh fair-**letst**"
▷ **he has hurt his leg/ arm**	er hat sich am Bein/Arm verletzt	"air hat zikh am bine/arm fair-**letst**"
husband	der Ehemann	"**ay**-e-man"
hydrofoil	das Tragflügelboot	"**trak**-floogelboht"
I	ich	"ikh"
ice	das Eis	"ice"
ice cream	das Eis	"ice"
iced	eisgekühlt	"**ice**-gekoolt"
ice rink	die Schlittschuhbahn	"**shlit**shoo-bahn"
ice skates	die Schlittschuhe (*pl*)	"**shlit**shoo-e"
ice skating	das Schlittschuhlaufen	"**shlit**shoo-lowfen"
▷ **can we go ice skating?**	können wir Schlittschuhlaufen gehen?	"**kur**'-nen veer **shlit**shoo-lowfen **gay**en"
icy	vereist	"fair-**yst**"
▷ **icy roads**	vereiste Straßen	"fair-**ys**-te **shtrah**sen"
if	wenn	"ven"
ignition	die Zündung	"**tsoon**-doong"
ill	krank	"krank"

immediately	sofort	"zoh-**fort**"
important	wichtig	"**vikh**-tikh"
impossible	unmöglich	"**oon**-mur'klikh"
in	in	
inch (*metric equiv = 2.54 cm*)	der Zoll	"tsol"
included	eingeschlossen	"**ine**-ge-shlossen"
▷ **is service included?**	ist die Bedienung im Preis inbegriffen?	"ist dee be**dee**-noong im price **in**begriffen"
indicator (*on car*)	der Blinker	"**blinker**"
▷ **the indicator isn't working**	der Blinker funktioniert nicht	"der **blin**ker foonk-tsyoh-**neert** nikht"
indigestion	die Magenverstimmung	"**mah**gen-fair-shtimmoong"
indoor:		
▷ **indoor swimming pool/indoor tennis**	das Hallenbad/das Hallentennis	"**hal**len-baht/**hal**len-tennis"
indoors (*at home*)	drinnen zu Hause	"**drin**nen" "tsoo **how**-ze"
infectious	ansteckend	"**an**-shteckent"
▷ **is it infectious?**	ist es ansteckend?	"ist es **an**-shteckent"
information	die Auskunft	"**ows**koonft"
▷ **I'd like some information about ...**	ich hätte gern eine Auskunft über ...	"ikh het-te gairn ine-e **ows**koonft **oo**ber"
information office	das Informationsbüro	"infor-mat**syohnz**-booroh"
injection	die Spritze	"**shprit**-se"
▷ **please give me an injection**	geben Sie mir bitte eine Spritze	"**gay**ben zee meer **bi**-te ine-e **shprit**-se"
injured (*person*)	verletzt	"fair-**letst**"
▷ **he is seriously injured**	er ist schwer verletzt	"air ist shvair fair-**letst**"

ink	die Tinte	"**tin**-te"
insect	das Insekt	"in**zekt**"
insect bite	der Insektenstich	"in**zek**-ten-shtikh"
insect repellent	das Insektenschutzmittel	"in**zek**-ten-shoots-mittel"
inside	in	
▷ **let's go inside**	laßt uns hineingehen	"last oons hin**ine**-gayen"
instant coffee	der Pulverkaffee	"**pool**ver-kafay"
instead	statt dessen	"shtat **dessen**"
instructor (*for skiing: male*)	der Skilehrer	"**shee**-lairer"
(*: female*)	die Skilehrerin	"**shee**-lairerin"
insulin	das Insulin	"inzoo-**leen**"
insurance	die Versicherung	"fair**zikh**-eroong"
▷ **will the insurance pay for it?**	zahlt das die Versicherung?	"tsahlt das dee fair**zikh**-eroong"
insurance certificate	die Versicherungs-bescheinigung	"fair**zikh**-eroongz-be**shy**-nigoong"
▷ **can I see your insurance certificate?**	kann ich Ihre Versicherungspapiere sehen?	"kan ikh ee-re fair**zikh**-eroongz-pa**pee**-re **zay**en"
to insure:		
▷ **can I insure my luggage?**	kann ich mein Gepäck versichern?	"kan ikh mine ge**pek** fair**zikh**-ern"
interesting	interessant	"intay-res**sant**"
▷ **can you suggest somewhere interesting to go?**	können Sie ein interessantes Ausflugsziel vorschlagen?	"**kur**'-nen zee ine intay-res**san**-tes **ows**flooks-tseel **for**-shlagen"
international	international	"inter-natsyoh-**nahl**"
interpreter	der Dolmetscher	"**dol**-metcher"

ABSOLUTE ESSENTIALS

I don't understand	ich verstehe nicht	"ikh fair-**shtay**-e nikht"
I don't speak German	ich spreche kein Deutsch	"ikh **shpre**-khe kine doytch"
do you speak English?	sprechen Sie Englisch?	"**shpre**-khen zee **e**nglish"
could you help me?	können Sie mir helfen?	"**kur**'nen zee meer **hel**fen"

▷ **could you act as an interpreter for us, please?**	können Sie bitte für uns dolmetschen?	"**kur**'-nen zee **bi**-te foor oons **dol**-metchen"
into	in	
invitation	die Einladung	"**ine**-lahdoong"
to invite	einladen	"**ine**-lahden"
▷ **it's very kind of you to invite me**	es ist sehr nett von Ihnen, mich einzuladen	"es ist zair net fon eenen mikh **ine**-tsoo-lahden"
invoice	die Rechnung	"**rekh**-noong"
Ireland	Irland	"**eer**lant"
▷ **Northern Ireland**	Nordirland	"**nort**-eerlant"
▷ **Republic of Ireland**	die Republik Irland	"repoo**bleek eer**lant"
Irish	irisch	"**eer**ish"
iron[1] *n (for clothes)*	das Bügeleisen	"**boo**gel-ize-en"
▷ **I need an iron**	ich brauche ein Bügeleisen	"ikh **brow**-khe ine **boo**gel-ize-en"
▷ **I want to use my iron**	ich möchte mein Bügeleisen benützen	"ikh **mur'kh**-te mine **boo**gel-ize-en be**noot**-sen"
to iron[2] *vb*	bügeln	"**boo**geln"
▷ **where can I get this skirt ironed?**	wo kann ich diesen Rock bügeln lassen?	"voh kan ikh deezen **rok boo**geln lassen"
ironmonger's	die Eisenwarenhandlung	"**ize**-en-vahren-hantloong"
is	ist	"ist"
▷ **he/she/it is**	er/sie/es ist	"air/zee/es ist"
island	die Insel	"**inzel**"
it	es	"es"
Italian	italienisch	"italee-**ay**nish"
Italy	Italien	"**ital**-yen"

itch	das Jucken	"**yoo**ken"
jack (*for car*)	der Wagenheber	"**vah**gen-hayber"
jacket	die Jacke	"**ya**-ke"
jam	die Marmelade	"mar-me**lah**-de"
▷ **strawberry jam**	Erdbeermarmelade	"**airt**-bair-mar-me**lah**-de"
jammed (*camera, lock*)	blockiert	"blo**keert**"
▷ **the drawer is jammed**	die Schublade klemmt	"dee **shoop**-lah-de klemt"
▷ **the controls have jammed**	die Steuerung hat blockiert	"dee **shtoy**-eroong hat blo**keert**"
January	der Januar	"**ya**-noo-ar"
jar (*container*)	das Gefäß	"ge**fess**"
▷ **a jar of coffee**	ein Glas Kaffeepulver	"ine glahs **ka**fay-poolver"
jazz	der Jazz	
jazz festival	das Jazzfestival	"jazz-**fes**teevel"
jeans	die Jeans (*pl*)	
jelly (*dessert*)	die rote Grütze	"**roh**-te **groot**-se"
jellyfish	die Qualle	"**kva**-le"
▷ **I've been stung by a jellyfish**	ich bin von einer Qualle verbrannt worden	"ikh bin fon ine-er **kva**-le fair**brant** vorden"
jersey	der Pullover	"poo-**loh**ver"
jet lag	das Jet-lag	
▷ **I'm suffering from jet lag**	ich habe Jet-lag	"ikh **hah**-be **jet**-lag"
jet ski	der Jetski	"**jet**-shee"
jet skiing:		
▷ **I'd like to go jet skiing**	ich möchte gern Jetskilaufen	"ikh **mur'kh**-te gairn **jet**-shee-lowfen"

jeweller's	der Juwelier	"yoovay-**leer**"
jewellery	der Schmuck	"shmook"
▷ **I would like to put my jewellery in the safe**	ich möchte meinen Schmuck in den Safe legen	"ikh **mur'kh**-te mine-en **shmook** in dain **saif lay**gen"
Jewish	jüdisch	"**yoo**dish"
job (*employment*)	die Stelle	"**shte**-le"
▷ **what's your job?**	was machen Sie beruflich?	"vas **ma**khen zee be**roof**-likh"
joke	der Witz	"vits"
journey	die Reise	"**ry**-ze"
▷ **how was your journey?**	wie war die Reise?	"vee var dee **ry**-ze"
jug	der Krug	"krook"
▷ **a jug of water**	ein Krug Wasser	"ine krook **vas**ser"
juice	der Saft	"zaft"
July	der Juli	"**yoo**-lee"
jump leads	das Starthilfekabel	"**shtart**-hil-fe-**kah**bel"
junction (*roads*)	die Kreuzung	"**kroyt**soong"
▷ **go left at the next junction**	fahren Sie an der nächsten Kreuzung links	"**fah**ren zee an der **nekh**sten **kroyt**soong **links**"
June	der Juni	"**yoo**-nee"
just:		
▷ **just two**	nur zwei	"noor tsvy"
▷ **I've just arrived**	ich bin gerade angekommen	"ikh bin ge**rah**-de **an**-ge-kommen"
to keep	behalten	"be-**hal**ten"
▷ **keep the door locked**	halten Sie die Tür verschlossen	"**hal**ten zee dee **toor** fair-**shlo**ssen"
▷ **may I keep it?**	darf ich es behalten?	"darf ikh es be-**hal**ten"

▷ could you keep me a loaf of bread?	könnten Sie mir ein Brot zurücklegen?	"**kur'n**-ten zee meer ine **broht** tsoorook-laygen"
▷ how long will it keep?	wie lange hält es sich?	"vee lang-e **helt** es zikh"
▷ keep to the path	halten Sie sich an den Weg	"**halt**en zee zikh an dain **vaik**"
kettle	der Wasserkocher	"**vass**er-kokher"
key	der Schlüssel	"**shloos**sel"
▷ which is the key for the front door?	welcher Schlüssel ist für die Haustür?	"**vel**-kher **shloos**sel ist foor dee **hows**toor"
▷ I've lost my key	ich habe meinen Schlüssel verloren	"ikh **hah**-be mine-en **shloos**sel fairloh-ren"
▷ can I have my key, please?	kann ich meinen Schlüssel haben, bitte?	"kan ikh mine-en **shloos**sel hahben **bi**-te"
kidneys (as food)	die Nieren (pl)	"**nee**ren"
kilo	das Kilo	"**kee**lo"
kilogram	das Kilogramm	"keelo-**gram**"
kilometre	der Kilometer	"keelo-**may**ter"
kind[1] n (sort, type)	die Art	"art"
▷ what kind of ...?	welche Art ...?	"**vel**-khe art"
kind[2] adj (person)	nett	"net"
▷ that's very kind of you	das ist sehr nett von Ihnen	"das ist zair **net** fon eenen"
to kiss	küssen	"**koos**en"
kitchen	die Küche	"**koo**-khe"
knife	das Messer	"**mess**er"
to know (facts) (be acquainted with)	wissen kennen	"**viss**en" "**ken**nen"
▷ do you know a good restaurant?	kennen Sie ein gutes Restaurant?	"**ken**nen zee ine **goo**-tes restoh-**rong**"

ABSOLUTE ESSENTIALS

I don't understand	ich verstehe nicht	"ikh fair-**shtay**-e nikht"
I don't speak German	ich spreche kein Deutsch	"ikh **shpre**-khe kine doytch"
do you speak English?	sprechen Sie Englisch?	"**shpre**-khen zee **eng**lish"
could you help me?	können Sie mir helfen?	"**kur**'nen zee meer **helf**en"

▷ **do you know where I can ...?**	wissen Sie, wo ich ... kann?	"**vis**sen zee vo ikh ... kan"
▷ **do you know him?**	kennen Sie ihn?	"**ken**nen zee een"
▷ **do you know how to do this?**	wissen Sie, wie man das macht?	"**vis**sen zee vee man das **makht**"
▷ **I don't know**	ich weiß nicht	"ikh **vice** nikht"
lace (*of shoe*)	der Schnürsenkel	"**shnoor**-zenkel"
ladder	die Leiter	"**ly**ter"
ladies'	die Damentoilette	"**dah**men-twa-**le**-te"
▷ **where is the ladies'?**	wo ist die Damentoilette?	"voh ist dee **dah**men-twa-**le**-te"
lady	die Dame	"**dah**-me"
lager	das helle Bier	"**he**-le beer"
lake	der See	"zay"
lamb	das Lammfleisch	"**lam**-flysh"
lamp (*for table*)	die Lampe	"**lam**-pe"
▷ **the lamp is not working**	die Lampe funktioniert nicht	"dee **lam**-pe foonk-tsyoh-**neert** nikht"
lane (*of road*) (*of motorway*)	das Sträßchen die Spur	"**shtress**-khen" "**shpoor**"
▷ **you're in the wrong lane**	Sie haben sich falsch eingeordnet	"zee **hah**ben zikh falsh **ine**-ge-ortnet"
language	die Sprache	"**shpra**-khe"
▷ **what languages do you speak?**	welche Sprachen sprechen Sie?	"**vel**-khe **shpra**-khen **shpre**-khen zee"
large	groß	"grohs"
larger	größer	"**grur**'-ser"
▷ **do you have a larger one?**	haben Sie ein größeres?	"**hah**ben zee ine **grur**'-seres"
last[1] *adj* (*final*)	letzte	"**let**-ste"

ABSOLUTE ESSENTIALS		
I would like ...	ich möchte ...	"ikh **mur'kh**-te"
I need ...	ich brauche ...	"ikh **brow**-khe"
where is ...?	wo ist ...?	"vo ist"
I'm looking for ...	ich suche ...	"ikh **zoo**-khe"

▷ **last week**	letzte Woche	"**let**-ste **vo**-khe"
to **last²** *vb*	dauern	"**dow**-ern"
▷ **how long will it last?**	wie lange dauert es?	"vee lang-e **dow**-ert es"
late	spät	"shpait"
▷ **the train is late**	der Zug hat Verspätung	"der tsook hat fair-**shpay**-toong"
▷ **sorry we are late**	es tut uns leid daß wir zu spät gekommen sind	"es toot oons lite das veer tsoo shpait ge-**kom**men zint"
▷ **we went to bed late**	wir sind spät ins Bett gegangen	"veer zint **shpait** ins **bet** gegangen"
▷ **late last night**	gestern am späten Abend	"**gest**ern am **shpait**-en **ah**bent"
▷ **it's too late**	es ist zu spät	"es ist tsoo **shpait**"
▷ **we are ten minutes late**	wir sind zehn Minuten zu spät	"veer zint tsain min**oo**-ten tsoo **sphait**"
later	später	"**shpai**ter"
▷ **shall I come back later?**	soll ich später wiederkommen?	"zoll ikh **shpai**ter **vee**derkommen"
▷ **see you later**	bis später	"bis **shpai**ter"
launderette	der Waschsalon	"**vash**-zalong"
laundry service	der Wäschedienst	"**ve**-she-deenst"
▷ **is there a laundry service?**	gibt es hier einen Wäschedienst?	"gipt es heer ine-en **ve**-she-deenst"
lavatory	die Toilette	"twa-**le**-te"
lawyer	der Rechtsanwalt	"**rekhts**-anvalt"
laxative	das Abführmittel	"**ap**foor-mittel"
layby	die Parkbucht	"**park**bookht"
lead¹ *n (electric)*	das Kabel	"**kah**bel"
to **lead²** *vb*	führen	"**foo**ren"
▷ **you lead the way**	gehen Sie vor	"**gay**en zee **for**"

ABSOLUTE ESSENTIALS

do you have ...?	haben Sie ...?	"**hah**ben zee"
is there ...?	gibt es ...?	"gipt es"
are there ...?	gibt es ...?	"gipt es"
how much is ...?	was kostet ...?	"vas kostet"

leader	der Führer	"**foo**rer"
leak	das Leck	"lek"
▷ there is a leak in the petrol tank/radiator	der Tank/der Kühler ist leck	"der tank/der **koo**ler ist lek"
to **learn**	lernen	"**lair**nen"

least:

▷ at least	mindestens	"**min**-destens"
leather	das Leder	"**lay**der"
to **leave** (*leave behind*)	zurücklassen	"tsoo**rook**-lassen"
▷ when does the train leave?	wann fährt der Zug ab?	"van fairt der **tsook** ap"
▷ I shall be leaving tomorrow morning at eight	ich reise morgen früh um acht Uhr ab	"ikh ry-ze **mor**gen **froo** oom akht oor ap"
▷ I've been left behind	ich bin zurückgelassen worden	"ikh bin tsoo-**rook**-gelassen vorden"
▷ I left my bags in the taxi	ich habe meine Taschen im Taxi gelassen	"ikh **hah**-be mine-e **ta**shen im **ta**xi gelassen"
▷ I left the keys in the car	ich habe die Schlüssel im Auto gelassen	"ikh **hah**-be dee **shloos**sel im **ow**to gelassen"

left:

▷ on/to the left	links/nach links	"links/nakh links"
▷ take the third street on the left	nehmen Sie die dritte Straße links	"naymen zee dee **drit**-te **shtrah**-se links"
left-luggage (office)	die Gepäckaufbewahrung	"ge**pek**-owf-be**vah**-roong"
leg	das Bein	"bine"
lemon	die Zitrone	"tsi**troh**-ne"
lemonade	die Limonade	"leemo-**nah**-de"
lemon tea	der Zitronentee	"tsi-**trohn**en-tay"

ABSOLUTE ESSENTIALS

yes (please)	ja (bitte)	"ya (**bi**-te)"
no (thank you)	nein (danke)	"nine (**dang**-ke)"
hello	guten Tag	"**goo**ten tahk"
goodbye	auf Wiedersehen	"owf **vee**der-zay-en"

to **lend**	leihen	"**ly**-en"
▷ could you lend me some money?	können Sie mir etwas Geld leihen?	"**kur**'-nen zee meer etvas **gelt ly**-en"
▷ could you lend me a towel?	können Sie mir ein Handtuch leihen?	"**kur**'-nen zee meer ine **hant**-tookh **ly**-en"
lens	die Linse	"**lin**-ze"
▷ I wear contact lenses	ich trage Kontaktlinsen	"ikh **trah**-ge kon**takt**-linzen"
less	weniger	"**vay**-nigger"
lesson	die Unterrichtsstunde	"**oon**ter-rikhts-**shtoon**-de"
▷ do you give lessons?	geben Sie Unterricht?	"**gay**ben zee **oon**ter-rikht"
▷ can we take lessons?	können wir Unterricht nehmen?	"**kur**'-nen veer **oon**ter-rikht **nay**men"
to **let** (*allow*)	erlauben	"air-**low**ben"
(*hire out*)	vermieten	"fair-**mee**ten"
letter (*written*)	der Brief	"breef"
▷ how much is a letter to England?	wieviel kostet ein Brief nach England?	"vee**feel** kostet ine breef nakh **eng**lant"
▷ are there any letters for me?	ist Post für mich da?	"ist **post** foor mikh da"
lettuce	der Kopfsalat	"**kopf**-zalaht"
level crossing	der Bahnübergang	"**bahn**-oober-gang"
library	die Bibliothek	"biblio-**tek**"
licence (*driving licence*)	der Führerschein	"**foo**rer-shine"
(*for gun*)	der Waffenschein	"**vaf**fen-shine"
lid	der Deckel	"**de**ckel"
to **lie down**	sich hinlegen	"zikh **hin**-laygen"
lifeboat	das Rettungsschiff	"**re**toongs-shif"
▷ call out the lifeboat!	rufen Sie das Rettungsschiff!	"**roo**fen zee das **re**toongs-shif"

ABSOLUTE ESSENTIALS

I don't understand	ich verstehe nicht	"ikh fair-**shtay**-e nikht"
I don't speak German	ich spreche kein Deutsch	"ikh **shpre**-khe kine doytch"
do you speak English?	sprechen Sie Englisch?	"**shpre**-khen zee **eng**lish"
could you help me?	können Sie mir helfen?	"**kur**'nen zee meer **helfen**"

lifeguard	der Rettungsschwimmer	"**re**toongs-shvimmer"
▷ **get the lifeguard!**	holen Sie den Bademeister!	"**hoh**-len zee dain **bah**-de-myster"
life jacket	die Schwimmweste	"**shvim**-ves-te"
lift	der Aufzug	"**owf**took"
▷ **is there a lift in the building?**	gibt es in dem Gebäude einen Aufzug?	"gipt es in daim ge**boy**-de ine-en **owf**took"
▷ **can you give me a lift to the garage?**	können Sie mich zur Werkstatt mitnehmen?	"**kur**'-nen zee mikh tsoor **vairk**-shtat **mit**naymen"
lift pass (*on ski slopes*)	der Liftpaß	"**lift**pass"
light[1] *n*	das Licht	"likht"
▷ **have you got a light?**	können Sie mir Feuer geben?	"**kur**'-nen zee meer **foyer gay**ben"
▷ **may I take it over to the light?**	kann ich es ans Licht nehmen?	"kan ikh es ans **likht nay**men"
▷ **do you mind if I turn off the light?**	haben Sie etwas dagegen, wenn ich das Licht ausmache?	"**hah**ben zee **et**vas da**gay**-gen ven ikh das **likht ows**-ma-khe"
light[2] *adj*:		
▷ **light blue/green**	hellblau/hellgrün	"hel**blow**/hel**groon**"
light bulb	die Glühbirne	"**gloo**-beer-ne"
lighter	das Feuerzeug	"**foyer**-tsoyk"
lighter fuel	das Feuerzeugbenzin	"**foyer**-tsoyk-ben**tseen**"
like[1] *prep*	wie	"vee"
▷ **like you**	wie Sie	"vee zee"
▷ **like this**	so	"zoh"
to like[2] *vb*	mögen	"**mur**'gen"
▷ **I like coffee**	ich trinke gern Kaffee	"ikh **tring**-ke gairn **ka**fay"
▷ **I would like a newspaper**	ich möchte eine Zeitung	"ikh **mur'kh**-te ine-e **tsite**-oong"

ABSOLUTE ESSENTIALS		
I would like ...	ich möchte ...	"ikh **mur'kh**-te"
I need ...	ich brauche ...	"ikh **brow**-khe"
where is ...?	wo ist ...?	"vo ist"
I'm looking for ...	ich suche ...	"ikh **zoo**-khe"

lime (*fruit*)	die Limone	"lee**moh**-ne"
line (*row, of railway*)	die Linie	"**lee**-nee-e"
(*queue*)	die Schlange	"**shlang**-e"
(*telephone*)	die Leitung	"**lite**-oong"
▷ **I'd like an outside line, please**	geben Sie mir bitte ein Amt	"**gay**ben zee meer **bi**-te ine amt"
▷ **the line's engaged**	es ist besetzt	"es ist be**zetst**"
▷ **it's a bad line**	die Verbindung ist schlecht	"dee fair**bin**-doong ist shlekht"
lip salve	der Lippen-Fettstift	"**lip**pen-**fet**-shtift"
lipstick	der Lippenstift	"**lip**pen-shtift"
liqueur	der Likör	"lee**kur**"
▷ **what liqueurs do you have?**	was für Liköre haben Sie?	"vas foor lee**kur**-e **hah**ben zee"
Lisbon	Lissabon	"li-sa**bon**"
to **listen**	zuhören	"**tsoo**-hur-ren"
litre	der Liter	"**lee**ter"
little	klein	"kline"
▷ **a little milk**	etwas Milch	"**et**vas milkh"
to **live** (*exist*)	leben	"**lay**ben"
(*reside*)	wohnen	"**voh**nen"
▷ **I live in London**	ich wohne in London	"ikh **voh**-ne in **lon**don"
▷ **where do you live?**	wo wohnen Sie?	"voh **voh**nen zee"
liver	die Leber	"**lay**ber"
living room	das Wohnzimmer	"**vohn**-tsimmer"
loaf	das Brot	"broht"
lobby	das Foyer	"fwa-**yay**"
▷ **I'll meet you in the lobby**	wir treffen uns im Foyer	"veer **tref**fen oonz im fwa-**yay**"
lobster	der Hummer	"**hoo**mer"

ABSOLUTE ESSENTIALS

do you have ...?	haben Sie ...?	"**hah**ben zee"
is there ...?	gibt es ...?	"gipt es"
are there ...?	gibt es ...?	"gipt es"
how much is ...?	was kostet ...?	"vas kostet"

local (*wine, speciality*)   hiesig   "**hee**zikh"

▷ **what's the local speciality?**   was ist die hiesige Spezialität?   "vas ist dee **hee**zi-ge shpe-tsee-ali-**tait**"

▷ **I'd like to order something local**   ich möchte eine hiesige Spezialität bestellen   "ikh **mur'kh**te ine-e **hee**zi-ge shpe-tsee-ali-**tait** be-**shtell**en"

lock¹ *n* (*on door, box*)   das Schloß   "shloss"

▷ **the lock is broken**   das Schloß ist kaputt   "das shloss ist ka**poot**"

to lock² *vb*   zuschließen   "**tsoo**-shleesen"

▷ **I have locked myself out of my room**   ich habe mich aus meinem Zimmer ausgesperrt   "ikh **hah**-be mikh ows mine-em tsimmer **ows**-ge-shpairt"

locker   das Schließfach   "**shlees**-fakh"

▷ **are there any luggage lockers?**   gibt es hier Gepäckschließfächer?   "gipt es heer ge**pek**-shlees-fekher"

▷ **where are the clothes lockers?**   wo sind die Schließfächer für die Kleider?   "voh zint dee **shlees**-fekher foor dee **kly**-der"

lollipop   der Lutscher   "**loot**cher"

London   London   "**lon**don"

long   lang   "lang"

▷ **for a long time**   lange Zeit   "**lang**-e tsite"

▷ **how long will it take to get to ...?**   wie lange braucht man nach ...?   "vee **lang**-e **browkht** man nakh"

▷ **will it be long?**   dauert es lange?   "**dow**-ert es **lang**-e"

▷ **how long will it be?**   wie lange wird es dauern?   "vee **lang**-e veert es **dow**-ern"

long-sighted:

▷ **I'm long-sighted**   ich bin weitsichtig   "ikh bin **vite**-zikh-tikh"

to look   schauen   "**show**en"

▷ **I'm just looking**   ich schaue mich nur um   "ikh **show**-e mikh noor oom"

to look after   sich kümmern um   "zikh **koom**ern oom"

ABSOLUTE ESSENTIALS		
yes (please)	ja (bitte)	"ya (**bi**-te)"
no (thank you)	nein (danke)	"nine (**dang**-ke)"
hello	guten Tag	"**goo**ten tahk"
goodbye	auf Wiedersehen	"owf **veeder**-zay-en"

▷ could you look after my case for a minute?	können Sie einen Moment auf meinen Koffer aufpassen?	"**kur**'-nen zee ine-en mo-**ment** owf mine-en **kof**fer owf-**pass**en"
▷ I need someone to look after the children tonight	ich brauche jemanden, der sich heute abend um die Kinder kümmert	"ikh **brow**-khe **yay**-man-den der zikh **hoy**-te **ah**bent oom dee **kin**der **koom**ert"
to **look for**	suchen	"**zoo**-khen"
▷ we're looking for a hotel/a guest house	wir suchen ein Hotel/ eine Pension	"veer **zoo**-khen ine ho**tel**/ ine-e pen-**zyohn**"
lorry	der Lastwagen	"**last**-vahgen"
to **lose**	verlieren	"fair-**lee**ren"
lost (*object*)	verloren	"fair-**loh**ren"
▷ I have lost my wallet	ich habe meine Brieftasche verloren	"ikh **hah**-be mine-e **breef**-ta-she fair-**loh**ren"
▷ I am lost (*on foot*)	ich habe mich verlaufen	"ikh **hah**-be mikh fair-**low**fen"
(*by car*)	ich habe mich verfahren	"ikh **hah**-be mikh fair-**fah**ren"
▷ my son is lost	mein Sohn ist verschwunden	"mine zohn ist fair-**shvoon**den"
lost property office	das Fundbüro	"**foont**-booroh"
lot:		
▷ a lot	viel	"feel"
lotion	die Lotion	"loh-**tsyohn**"
loud	laut	"lowt"
▷ it's too loud	es ist zu laut	"es ist **tsoo** lowt"
lounge (*in hotel*)	der Aufenthaltsraum	"**owf**ent-halts-rowm"
▷ could we have coffee in the lounge?	können wir im Aufenthaltsraum Kaffee trinken?	"**kur**'-nen veer im **owf**ent-halts-rowm **ka**fay **trin**ken"
to **love**	lieben	"**lee**ben"
▷ I love swimming	ich schwimme gern	"ikh **shvi**-me gairn"

ABSOLUTE ESSENTIALS

I don't understand	ich verstehe nicht	"ikh fair-**shtay**-e nikht"
I don't speak German	ich spreche kein Deutsch	"ikh **shpre**-khe kine doytch"
do you speak English?	sprechen Sie Englisch?	"**shpre**-khen zee **eng**lish"
could you help me?	können Sie mir helfen?	"**kur**'nen zee meer **helf**en"

▷ **I love seafood**	ich esse gern Meeresfrüchte	"ikh **e**-se gairn **may**res-frookh-te"
lovely	hübsch	"hoopsh"
▷ **it's a lovely day**	es ist ein herrlicher Tag	"es ist ine **hair**-likh-er tahk"
low *(standard, quality)*	niedrig minderwertig	"**nee**drikh" "**min**der-vairtikh"
low tide	die Ebbe	"**e**-be"
lucky	glücklich	"**glook**likh"
luggage	das Gepäck	"ge**pek**"
▷ **can you help me with my luggage, please?**	können Sie mir bitte mit meinem Gepäck helfen?	"**kur**'-nen zee meer **bi**-te mit mine-em ge**pek** **helf**en"
▷ **please take my luggage to a taxi**	bitte tragen Sie mein Gepäck zu einem Taxi	"**bi**-te **trah**-gen zee mine ge**pek** tsoo ine-em **taxi**"
▷ **I sent my luggage on in advance**	ich habe mein Gepäck vorausgeschickt	"ikh **hah**-be mine ge**pek** for**ows**-geshikt"
▷ **our luggage has not arrived**	unser Gepäck ist nicht angekommen	"**oonzer** ge**pek** ist nikht **an**-gekommen"
▷ **where do I check in my luggage?**	wo kann ich mein Gepäck abfertigen lassen?	"voh kan ikh mine ge**pek** **ap**-fair-ti-gen lassen"
▷ **could you have my luggage taken up?**	könnten Sie bitte mein Gepäck hinaufbringen lassen?	"**kur'n**-ten zee **bi**-te mine ge**pek** hin**owf**-bringen lassen"
▷ **please send someone to collect my luggage**	schicken Sie bitte jemanden für mein Gepäck	"shicken zee **bi**-te **yay**-manden foor mine ge**pek**"
luggage allowance	das Höchstgewicht	"**hur'khst**-gevikht"
▷ **what's the luggage allowance?**	wieviel Freigepäck ist zugelassen?	"vee**feel** **fry**-gepek ist **tsoo**gelassen"
luggage rack	die Gepäckablage	"ge**pek**-ap-lah-ge"
luggage tag	der Kofferanhänger	"**koff**er-an-henger"
luggage trolley	der Kofferkuli	"**koff**er-koolee"

ABSOLUTE ESSENTIALS		
I would like ...	ich möchte ...	"ikh **mur'kh**-te"
I need ...	ich brauche ...	"ikh **brow**-khe"
where is ...?	wo ist ...?	"vo ist"
I'm looking for ...	ich suche ...	"ikh **zoo**-khe"

▷ **are there any luggage trolleys?**	gibt es hier Kofferkulis?	"gipt es heer **koffer**-koolees"
lunch	das Mittagessen	"**mit**ak-essen"
▷ **what's for lunch?**	was gibt es zum Mittagessen?	"vas gipt es tsoom **mit**ak-essen"
Luxembourg	Luxemburg	"**look**sem-boork"
luxury	Luxus-	"**look**soos"
macaroni	die Makkaroni (*pl*)	"maka-**roh**nee"
machine	die Maschine	"ma**shee**-ne"
mackerel	die Makrele	"ma**kray**-le"
madam	gnädige Frau	"**gnay**di-ge frow"
Madrid	Madrid	"ma**drit**"
magazine	die Zeitschrift	"**tsite**shrift"
▷ **do you have any English magazines?**	haben Sie englische Zeitschriften?	"**hah**ben zee **eng**lish-e **tsite**shriften"
maid (*in hotel*)	das Zimmermädchen	"**tsim**mer-**mait**khen"
▷ **when does the maid come?**	wann kommt das Zimmermädchen?	"van komt das **tsim**mer-**mait**khen"
main	Haupt-	"howpt"
▷ **the main station**	der Hauptbahnhof	"**howpt**-bahn-hohf"
main course	das Hauptgericht	"**howpt**-gerikht"
mains (*switch*)	der Hauptschalter	"**howpt**-shalter"
▷ **turn it off at the mains**	machen Sie es am Hauptschalter aus	"**ma**khen zee es am **howpt**-shalter ows"
to make (*meal*)	machen zubereiten	"**ma**khen" "**tsoo**-be-ryten"
make-up (*cosmetics*)	das Make-up	
make-up remover	der Make-up-Entferner	"-ent**fair**ner"

mallet	der Holzhammer	"**holts**-hammer"
man	der Mann	"man"
manager	der Geschäftsführer	"ge**shefts**-foorer"
▷ **I'd like to speak to the manager**	ich möchte mit dem Geschäftsführer sprechen	"ikh **mur'kh**-te mit dem ge**shefts**-foorer **shpre**-khen"
many	viele	"**fee**-le"
map	die Karte	"**kar**-te"
▷ **can you show me on the map?**	können Sie es mir auf der Karte zeigen?	"**kur**'-nen zee es meer owf der **kar**-te **tsy**-gen"
▷ **I want a street map of the city**	ich hätte gern einen Stadtplan	"ikh **het**-te gairn ine-en **shtat**-plahn"
▷ **I need a road map of ...**	ich brauche eine Straßenkarte von ...	"ikh **brow**-khe ine-e **shtrah**-sen-kar-te fon"
▷ **where can I buy a map of the area?**	wo kann ich eine Landkarte von dieser Gegend kaufen?	"voh kan ikh ine-e **lant**kar-te fon **dee**zer **gay**gent kowfen"
March	der März	"mairts"
margarine	die Margarine	"marga-**ree**-ne"
mark (*stain*)	der Fleck	"flek"
market	der Markt	"markt"
market day	der Markttag	"**markt**-tahk"
▷ **when is market day?**	an welchem Tag ist Markt?	"an **vel**-khem tahk ist **markt**"
marmalade (*orange*)	die Orangenmarmelade	"**oron**-jen-mar-melah-de"
married	verheiratet	"fair-**hy**rah-tet"
mascara	die Wimperntusche	"**vim**pern-too-she"
mass (*in church*)	die Messe	"**me**-se"
▷ **when is mass?**	wann ist die Messe?	"van ist dee **me**-se"
matches	die Streichhölzer (*pl*)	"**shtrykh**-hur'l-tser"

ABSOLUTE ESSENTIALS		
yes (please)	ja (bitte)	"ya (**bi**-te)"
no (thank you)	nein (danke)	"nine (**dang**-ke)"
hello	guten Tag	"**goo**ten tahk"
goodbye	auf Wiedersehen	"owf **vee**der-zay-en"

material	der Stoff	"shtoff"
▷ **what is the material?**	aus welchem Material ist es?	"ows **vel**-khem matay-ree-**ahl** ist es"
matter¹ *n:*		
▷ **what's the matter?**	was ist los?	"vas ist lohs"
to **matter²** *vb:*		
▷ **it doesn't matter**	es macht nichts	"es makht nikhts"
May	der Mai	"my"
mayonnaise	die Mayonnaise	"mayo-**ne**-ze"
meal	das Essen	"essen"
to **mean**	bedeuten	"be-**doy**ten"
▷ **what does this mean?**	was bedeutet das?	"vas be-**doy**tet das"
measles	die Masern (*pl*)	"**mah**zern"
to **measure**	messen	"**mes**sen"
▷ **can you measure me, please?**	können Sie bitte bei mir Maß nehmen?	"**kur'n**-en zee **bi**-te by meer **mahs** naymen"
meat	das Fleisch	"flysh"
▷ **I don't eat meat**	ich esse kein Fleisch	"ikh **es**-se kine **flysh**"
mechanic	der Mechaniker	"mekha-ni-ker"
▷ **can you send a mechanic?**	können Sie einen Mechaniker herschicken?	"**kur**'-nen zee ine-en mekha-ni-ker **hair**-shicken"
medicine	die Medizin	"maydi-**tseen**"
medium	mittlere	"**mit**-le-re"
medium rare	halbdurch	"halp**doorkh**"
to **meet** (*by accident*)	treffen	"**treffen**"
(*by arrangement*)	sich treffen	"zikh **tref**fen"
▷ **pleased to meet you**	freut mich!	"**froyt** mikh"
▷ **shall we meet afterwards?**	sollen wir uns nachher treffen?	"zollen veer oons **nakh**-hair **tref**fen"

▷ where can we meet?	wo können wir uns treffen?	"voh **kur**'-nen veer oons **treff**en"
melon	die Melone	"mel**oh**-ne"
member	das Mitglied	"**mit**gleet"
▷ do we need to be members?	müssen wir Mitglieder sein?	"**mooss**en veer **mit**-gleeder zine"
men	die Männer	"**men**-er"
to **mention**	erwähnen	"air-**vay**-nen"
▷ don't mention it!	bitte!	"**bi**-te"
menu	die Speisekarte	"**shpy**-ze-kar-te"
▷ may we see the menu, please?	können wir bitte die Speisekarte haben?	"**kur**'-nen veer **bi**-te dee **shpy**-ze-kar-te **hah**ben"
▷ do you have a special menu for children?	haben Sie ein spezielles Kindermenü?	"**hah**ben zee ine shpe-tsee-**el**-es **kin**der-me-**noo**"
▷ we'll have the menu at ... marks	wir hätten gern das Menü zu ... Mark	"veer **het**ten gairn das me**noo** tsoo ... **mark**"
message	die Nachricht	"**nakh**-rikht"
▷ can I leave a message with his secretary?	kann ich eine Nachricht für ihn bei seiner Sekretärin hinterlassen?	"kan ikh ine-e **nakh**-rikht foor een by zine-er zekray-**tay**rin **hinter**-lassen"
▷ could you take a message, please?	können Sie bitte etwas ausrichten?	"**kur**'-nen zee **bi**-te **et**vas **ows**-rikhten"
metal	das Metall	"may**tal**"
meter (*electricity etc*)	der Zähler	"**tsay**ler"
▷ the meter is broken	der Zähler ist kaputt	"der **tsay**ler ist ka**poot**"
▷ do you have change for the meter?	haben Sie Kleingeld für den Zähler?	"**hah**ben zee **kline**-gelt foor dain **tsay**ler"
metre	der Meter	"**may**ter"
migraine	die Migräne	"mee-**gre**-ne"

mile (*metric equiv = 1.6km*)	die Meile	"**my**-le"
milk	die Milch	"milkh"
▷ **skimmed milk**	Magermilch	"**mah**ger-milkh"
▷ **semi-skimmed milk**	teilentrahmte Milch	"**tile**-entrahm-te milkh"
milkshake	der Milchshake	"**milkh**-shaik"
millilitre	der Milliliter	"mili-leeter"
millimetre	der Millimeter	"mili-**mayter**"
million	die Million	"mil**yohn**"
mince	das Hackfleisch	"**hak**-flysh"
to mind:		
▷ **do you mind if I ...?**	haben Sie etwas dagegen, wenn ich ...?	"**hah**ben zee **et**vas da**gay**-gen, ven ikh"
▷ **I don't mind**	ich habe nichts dagegen	"ikh **hah**-be **nikhts** da**gay**-gen"
mine:		
▷ **it's mine**	es gehört mir	"es ge**hurt** meer"
▷ **this is not mine**	das gehört mir nicht	"das ge**hurt** meer nikht"
mineral water	das Mineralwasser	"mine**rahl**-vasser"
minimum	das Minimum	"**mee**-nimoom"
minister (*in church*)	der Pfarrer	"**pfa**-rer"
minor road	die Nebenstraße	"**nay**ben-shtrah-se"
mint (*herb*)	die Minze	"**mint**-se"
(*sweet*)	das Pfefferminzbonbon	"pfeffer**mints**-bonbon"
minute	die Minute	"mi**noo**-te"
▷ **wait a minute**	einen Moment bitte!	"**ine**-en mo**ment** **bi**-te"
mirror	der Spiegel	"**shpee**gel"
to miss (*train etc*)	verpassen	"fair-**pass**en"

▷ **I've missed my train**	ich habe meinen Zug verpaßt	"ikh **hah**-be mine-en **tsook** fair-**past**"
Miss	Fräulein	"**froy**line"

missing:

▷ **my son is missing**	mein Sohn ist vermißt	"mine zohn ist fair-**mist**"
▷ **my handbag is missing**	meine Handtasche ist verschwunden	"mine-e **hant**-ta-she ist fair-**shvoon**den"
mistake	der Fehler	"**fay**ler"
▷ **there must be a mistake**	da muß ein Irrtum vorliegen	"da moos ine **eer**toom **for**lee-gen"
▷ **you've made a mistake in the change**	Sie haben sich beim Wechselgeld vertan	"zee **hah**ben zikh bime **vek**sel-gelt fair-**tahn**"
misty	dunstig	"**doon**stikh"

misunderstanding:

▷ **there's been a misunderstanding**	wir haben uns mißverstanden	"veer **hah**ben oons misfair-**shtan**den"
modern	modern	"mo-**dairn**"
moisturizer	die Feuchtigkeitscreme	"**foykh**-tikh-kites-kraim"
monastery	das Kloster	"**kloh**ster"
Monday	der Montag	"**mohn**-tahk"
money	das Geld	"gelt"
▷ **I have run out of money**	ich habe kein Geld mehr	"ikh **hah**-be kine gelt mair"
▷ **I have no money**	ich habe kein Geld	"ikh **hah**-be kine **gelt**"
▷ **can I borrow some money?**	kann ich etwas Geld leihen?	"kan ikh **et**vas **gelt ly**-en"
▷ **can you arrange to have some money sent over urgently?**	können Sie dringend Geld überweisen lassen?	"**kur**'-nen zee **dring**-ent **gelt** oober-**vy**-zen lassen"
money belt	die Gürteltasche	"**goor**tel-tash-e"
money order	die Postanweisung	"**post**-an-vyzoong"

ABSOLUTE ESSENTIALS		
yes (please)	ja (bitte)	"ya (**bi**-te)"
no (thank you)	nein (danke)	"nine (**dang**-ke)"
hello	guten Tag	"**goo**ten tahk"
goodbye	auf Wiedersehen	"owf **vee**der-zay-en"

month	der Monat	"**moh**nat"
monument	das Monument	"monoo-**ment**"
mop *(for floor)*	der Mop	"mop"
more	mehr	"mair"
▷ more wine, please	noch etwas Wein, bitte	"nokh **etvas** **vine** **bi**-te"
morning	der Morgen	"**mor**gen"
▷ in the morning	morgens	"**mor**gens"
mosquito	die Stechmücke	"**shtekh**-moo-ke"
mosquito bite	der Mückenstich	"**moo**-ken-shtikh"
most:		
▷ the most popular discotheque	die populärste Disko	"dee popoo**lair**-ste disko"
mother	die Mutter	"**moo**ter"
motor	der Motor	"**moh**-tor"
motor boat	das Motorboot	"**moh**-tor-boht"
▷ can we rent a motor boat?	können wir ein Motorboot mieten?	"**kur**'-nen veer ine **moh**-tor-boht **mee**ten"
motor cycle	das Motorrad	"**moh**-tor-raht"
motorway	die Autobahn	"**ow**to-bahn"
▷ how do I get on to the motorway?	wie komme ich auf die Autobahn?	"vee **ko**-me ikh owf dee **ow**to-bahn"
▷ is there a toll on this motorway?	muß man für diese Autobahn eine Mautgebühr zahlen?	"moos man foor dee-ze **ow**to-bahn ine-e **mowt**-geboor **tsah**len"
mountain	der Berg	"bairk"
mountain bike	das Mountainbike	
mousse	die Cremespeise	"**krai**m-shpy-ze"
mouth	der Mund	"moont"

ABSOLUTE ESSENTIALS

I don't understand	ich verstehe nicht	"ikh fair-**shtay**-e nikht"
I don't speak German	ich spreche kein Deutsch	"ikh **shpre**-khe kine doytch"
do you speak English?	sprechen Sie Englisch?	"**shpre**-khen zee **english**"
could you help me?	können Sie mir helfen?	"**kur**'nen zee meer **helfen**"

to **move**	bewegen	"be**vay**-gen"
▷ he can't move	er kann sich nicht bewegen	"air kan zikh nikht be**vay**-gen"
▷ he can't move his leg	er kann sein Bein nicht bewegen	"air kan zine bine nikht be**vay**-gen"
▷ don't move him	bewegen Sie ihn nicht	"be**vay**-gen zee een nikht"
▷ could you move your car, please?	können Sie ihren Wagen bitte wegfahren?	"**kur**'-nen zee eeren **vah**-gen bi-te **vek**-fahren"
Mr	Herr	"hair"
Mrs	Frau	"frow"
much	viel	"feel"
▷ it costs too much	es kostet zuviel	"es **kos**tet tsoo**feel**"
▷ that's too much	das ist zuviel	"das ist tsoo**feel**"
▷ there's too much ... in it	es enthält zuviel ...	"es ent**helt** tsoo**feel**"
muesli	das Müsli	"**moos**li"
mumps	der Mumps	"**moomps**"
Munich	München	"**moon**-khen"
museum	das Museum	"moo-**zay**-oom"
▷ the museum is open in the morning/afternoon	das Museum ist vormittags/nachmittags geöffnet	"das moo-**zay**-oom ist **for**-mitaks/**nakh**-mitaks ge-**ur'f**-net"
mushrooms	die Pilze	"**pilt**-se"
music	die Musik	"moo**zeek**"
▷ the music is too loud	die Musik ist zu laut	"dee moo**zeek** ist tsoo lowt"
Muslim	der Moslem	"**mos**lem"
mussel	die Muschel	"**moo**shel"

must	müssen	"**moo**sen"

I must	ich muß	"ikh moos"
you must	Sie müssen	"zee **moo**sen"
(informal singular)	du mußt	"doo moost"
he/she/it must	er/sie/es muß	"air/zee/es mooss"
we must	wir müssen	"veer **moo**sen"
they must	sie müssen	"zee **moo**sen"

▷ **I must make a phone call**	ich muß telefonieren	"ikh moos taylay-foh**nee**-ren"
mustard	der Senf	"zenf"
my	mein	"mine"
nail	der Nagel	"**nah**gel"
nail file	die Nagelfeile	"**nah**gel-fy-le"
nail polish	der Nagellack	"**nah**gel-lak"
nail polish remover	der Nagellackentferner	"**nah**gel-lak-ent**fair**-ner"
naked	nackt	"nakt"
name	der Name	"**nah**-me"
▷ **what's your name?**	wie heißen Sie?	"vee **hy**-sen zee"
▷ **my name is ...**	ich heiße ...	"ikh **hy**-se"
napkin	die Serviette	"zairvi-**e**-te"
nappy	die Windel	"**vin**del"
narrow	eng	"eng"
nationality	die Nationalität	"natsyoh-nalee-**tait**"
navy blue	marineblau	"ma**ree**-ne-blow"
near *(place, time)*	nahe	"**nah**-e"
▷ **near the bank**	in der Nähe der Bank	"in der **nay**-e der **bank**"
necessary	notwendig	"**noht**-vendikh"

ABSOLUTE ESSENTIALS

do you have ...?	haben Sie ...?	"**hah**ben zee"
is there ...?	gibt es ...?	"gipt es"
are there ...?	gibt es ...?	"gipt es"
how much is ...?	was kostet ...?	"vas kostet"

neck	der Hals	"hals"
necklace	die Halskette	"halsket-e"
to need:		
▷ **I need an aspirin**	ich brauche ein Aspirin	"ikh **brow**-khe ine aspi-**reen**"
▷ **do you need anything?**	brauchen Sie etwas?	"**brow**-khen zee **et**vas"
needle	die Nadel	"**nah**del"
▷ **do you have a needle and thread?**	haben Sie Nadel und Faden?	"**hah**ben zee **nah**del oont **fah**den"
negative (*photography*)	das Negativ	"nayga-**teef**"
neighbour	der Nachbar	"**nakh**-bar"
never	nie	"nee"
▷ **I never drink wine**	Wein trinke ich nie	"vine **tring**-ke ikh nee"
▷ **I've never been to Italy**	ich war noch nie in Italien	"ikh vahr nokh **nee** in **italee**-en"
new	neu	"noy"
news	die Nachrichten (*pl*)	"**nakh**-rikhten"
newsagent	der Zeitungshändler	"**tsy**toongs-**hent**ler"
newspaper	die Zeitung	"**tsy**toong"
▷ **do you have any English newspapers?**	haben Sie englische Zeitungen?	"**hah**ben zee **engl**ish-e **tsy**toongen"
New Year	das neue Jahr	"**noy**-e yahr"
▷ **Happy New Year!**	ein gutes Neues Jahr!	"ine **goo**-tes **noy**-es yahr"
New Zealand	Neuseeland	"noy-**zayl**ant"
next	nächste	"**nekh**-ste"
▷ **the next stop**	die nächste Haltestelle	"dee **nekh**-ste **hal**-te-**shte**-le"
▷ **next week**	nächste Woche	"**nekh**-ste **vo**-khe"
▷ **when's the next bus to town?**	wann fährt der nächste Bus in die Stadt?	"van fairt der **nekh**-ste **boos** in dee **shtat**"

take the next turning on the left	nehmen Sie die nächste Straße links	"**nay**men zee dee **nekh**-ste **shtrah**-se **links**"
nice (*person*)	nett	"net"
(*pleasant*)	angenehm	"**an**-genaim"
we are having a nice time	wir amüsieren uns gut	"veer amoo-**zee**ren oons **goot**"
it doesn't taste very nice	es schmeckt nicht sehr gut	"es shmekt nikht zair **goot**"
yes, that's very nice	ja, das ist sehr schön	"ya, das ist zair **shur'n**"
nice to have met you	nett, Sie kennengelernt zu haben	"net, zee **ken**nen-ge**lairnt** tsoo **hah**ben"
night	die Nacht	"nakht"
at night	nachts	"nakhts"
on Saturday night	Samstag abend	"**zams**takh **ah**bent"
last night	gestern abend	"**ges**tairn **ah**bent"
tomorrow night	morgen abend	"**mor**gen **ah**bent"
night club	der Nachtclub	"**nakht**-kloop"
nightdress	das Nachthemd	"**nakht**-hemt"
nine	neun	"noyn"
nineteen	neunzehn	"**noyn**-tsayn"
ninety	neunzig	"**noyn**-tsikh"
no	nein	"nine"
no thank you	nein danke	"nine **dang**-ke"
there's no coffee	es ist kein Kaffee da	"es ist kine **ka**fay dah"
nobody	niemand	"**nee**mant"
noisy	laut	"lowt"
it's too noisy	es ist zu laut	"es ist tsoo **lowt**"
non-alcoholic	nichtalkoholisch	"nikht-alko**hoh**lish"
what non-alcoholic drinks do you have?	was für alkoholfreie Getränke haben Sie?	"vas foor alko**hohl**-fry-e ge**treng**-ke **hah**ben zee"
none	keine	"**kine**-e"

ABSOLUTE ESSENTIALS

I don't understand	ich verstehe nicht	"ikh fair-**shtay**-e nikht"
I don't speak German	ich spreche kein Deutsch	"ikh **shpre**-khe kine doytch"
do you speak English?	sprechen Sie Englisch?	"**shpre**-khen zee **eng**lish"
could you help me?	können Sie mir helfen?	"**kur**'nen zee meer **helfen**"

▷ there's none left	es ist nichts übrig	"es ist nikhts **oo**brikh"
non-smoking	Nichtraucher-	"**nikht-row**-kher"
▷ is this a non-smoking area?	ist rauchen hier verboten?	"ist **row**-khen heer fair**boh**-ten"
▷ I would like a seat in a non-smoking compartment	ich möchte gern einen Platz in einem Nichtraucherabteil	"ikh **mur'kh**-te gairn ine-en plats in ine-em **nikht-row**-kher-**ap**-tile"
north	der Norden	"**nor**den"
Northern Ireland	Nordirland	"**nort**-irlant"
not	nicht	"nikht"
▷ I don't know	ich weiß nicht	"ikh vice nikht"
▷ I am not coming	ich komme nicht	"ikh **ko**-me nikht"
note (banknote)	der Geldschein	"**gelt**shine"
(letter)	die Notiz	"no**teets**"
▷ do you have change of this note?	können Sie diesen Geldschein wechseln?	"**kur**'-nen zee deezen **gelt**shine **vek**seln"
note pad	der Notizblock	"no**teets**-blok"
nothing	nichts	"nikhts"
▷ nothing to declare	nichts zu verzollen	"nikhts tsoo fair-**tso**-len"
notice (sign)	das Schild	"shilt"
November	der November	"no-**vem**-ber"
now	jetzt	"yetst"
number	die Zahl	"tsahl"
▷ car number	Autonummer	"**owto**-noomer"
▷ what's your room number?	welche Zimmernummer haben Sie?	"**vel**-khe **tsimm**er-noomer **hah**ben zee"
▷ what's the telephone number?	was ist die Telefonnummer?	"vas ist dee taylay-**fohn**-noomer"
▷ sorry, wrong number	ich habe mich verwählt	"ikh **hah**-be mikh fair**vailt**"
Nuremberg	Nürnberg	"**noorn**-bairk"
nurse	die Krankenschwester	"**kran**ken-shvester"

ABSOLUTE ESSENTIALS		
I would like ...	ich möchte ...	"ikh **mur'kh**-te"
I need ...	ich brauche ...	"ikh **brow**-khe"
where is ...?	wo ist ...?	"vo ist"
I'm looking for ...	ich suche ...	"ikh **zoo**-khe"

nursery slope	der Anfängerhügel	"**an**-fenger-**hoo**gel"
nut (*to eat*)	die Nuß	"noos"
(*for bolt*)	die Schraubenmutter	"**shrow**ben-mooter"
occasionally	gelegentlich	"ge**lay**-gent-likh"
o'clock:		
▷ **at two o'clock**	um zwei Uhr	"oom **tsvy** oor"
▷ **it's ten o'clock**	es ist zehn Uhr	"es ist **tsain** oor"
October	der Oktober	"ok-**toh**-ber"
of	von	"fon"
of course	natürlich	"na**toor**-likh"
off (*not on*)	aus	"ows"
(*rotten*)	schlecht	"shlekht"
▷ **let me off here, please**	lassen Sie mich bitte hier aussteigen	"**las**sen zee mikh **bi**-te heer **ows**-shty-gen"
▷ **the lights are off**	das Licht ist aus	"das **likht** ist ows"
to offer	anbieten	"**an**-beeten"
office	das Büro	"boo**roh**"
▷ **I work in an office**	ich arbeite in einem Büro	"ikh **ar**-by-te in ine-em boo**roh**"
often	oft	"oft"
oil	das Öl	"ur'l"
oil filter	der Ölfilter	"**ur'l**-filter"
ointment	die Salbe	"**zal**-be"
OK	okay	
old	alt	"alt"
▷ **how old are you?**	wie alt sind Sie?	"vee **alt** zint zee"
old-age pensioner		
(*male*)	der Rentner	"**rent**ner"
(*female*)	die Rentnerin	"**rent**-ne-rin"

ABSOLUTE ESSENTIALS

do you have ...?	haben Sie ...?	"**hah**ben zee"
is there ...?	gibt es ...?	"**gipt** es"
are there ...?	gibt es ...?	"**gipt** es"
how much is ...?	was kostet ...?	"vas **kostet**"

olive oil	das Olivenöl	"oleeven-ur'l"
olives	die Oliven	"oleeven"
omelette	das Omelett	"omlet"
on¹ *adj* (*light, engine*)	an	"an"
on² *prep*	auf	"owf"
▷ **on the table**	auf dem Tisch	"owf daim tish"
once	einmal	"ine-mal"
▷ **once a day/year**	einmal am Tag/im Jahr	"ine-mal am tahk/im yahr"
one	ein	"ine"
	eine	"ine-e"
(*number*)	eins	"ines"
one-way street	die Einbahnstraße	"inebahn-shtrah-se"
onions	die Zwiebeln	"tsveebeln"
only	nur	"noor"
▷ **we only want three**	wir möchten nur drei	"veer **mur'kh**-ten noor **dry**"
open¹ *adj*	geöffnet	"ge-**ur'f**-net"
▷ **are you open?**	haben Sie geöffnet?	"**hah**ben zee ge-**ur'f**-net"
▷ **is the castle open to the public?**	ist das Schloß der Öffentlichkeit zugänglich?	"ist das shlos der **ur'**-fent-likh-kite **tsoo**-geng-likh"
to open² *vb*	öffnen	"**ur'f**-nen"
▷ **what time does the museum open?**	um wieviel Uhr macht das Museum auf?	"oom vee**feel oor** makht das moo-**zay**-oom owf"
▷ **I can't open the window**	ich kann das Fenster nicht öffnen	"ikh kan das fenster nikht **ur'f**-nen"
opera	die Oper	"**oh**-per"
operator	die Vermittlung	"fair-**mit**loong"

opposite:

▷ **opposite the hotel**	dem Hotel gegenüber	"daim ho**tel** gay-gen-**oo**ber"

or	oder	"**oh**-der"
orange[1] *n*	die Orange	"**oron**-je"
orange[2] *adj*	orange	"**oron**-je"
orange juice	der Orangensaft	"**oron**-jen-zaft"
to **order**	bestellen	"be-**shtel**len"
▷ **can you order me a taxi, please?**	können Sie mir bitte ein Taxi bestellen?	"**kur**'-nen zee meer **bi**-te ine **taxi** be-**shtel**len"
▷ **can I order now please?**	kann ich jetzt bestellen?	"kann ikh yetst be-**shtel**len"
oregano	der Origano	"oree-**gah**-no"
original	das Original	"oree-gee**nahl**"

other:

▷ **the other one**	der/die/das andere	"der/dee/das **an**-de-re"
▷ **do you have any others?**	haben Sie noch andere da?	"**hah**ben zee nokh **an**-de-re dah"

ounce (*metric equiv = 28.35g*)	die Unze	"**oonts**-e"
our	unser	"**oon**-zer"
out (*light etc*)	aus	"ows"
▷ **she's out**	sie ist nicht da	"zee ist nikht dah"
outdoor (*pool etc*)	im Freien	"im **fry**-en"
▷ **what are the outdoor activities?**	was kann man im Freien unternehmen?	"vas kan man im **fry**-en oonter-**nay**men"
outside	draußen	"**drow**-sen"
▷ **let's go outside**	lassen Sie uns nach draußen gehen	"lassen zee oonz nakh **drow**-sen gay**en**"

ABSOLUTE ESSENTIALS

I don't understand	ich verstehe nicht	"ikh fair-**shtay**-e nikht"
I don't speak German	ich spreche kein Deutsch	"ikh **shpre**-khe kine doytch"
do you speak English?	sprechen Sie Englisch?	"**shpre**-khen zee **eng**lish"
could you help me?	können Sie mir helfen?	"**kur**'nen zee meer **helf**en"

▷ an outside line please	geben Sie mir bitte ein Amt	"**gay**ben zee meer **bi**-te ine **amt**"
oven	der Herd	"hairt"
over (*on top of, above*)	über	"**oo**ber"
to overcharge	zuviel berechnen	"tsoo**feel** be**rekh**-nen"
▷ I've been overcharged	man hat mir zuviel berechnet	"man hat meer tsoo**feel** be**rekh**-net"
to overheat:		
▷ the engine is overheating	der Motor wird zu heiß	"dair **moh**tor veert tsoo hice"
overnight	über Nacht	"**oo**ber nakht"
to owe	schulden	"**shool**den"
▷ I owe you ...	ich schulde Ihnen ...	"ikh **shool**-de **ee**nen"
▷ what do I owe you?	was schulde ich Ihnen?	"vas **shool**-de ikh **ee**nen"
owner	der Besitzer	"be-**zit**ser"
▷ could I speak to the owner, please?	kann ich bitte mit dem Besitzer sprechen?	"kan ikh **bi**-te mit daim be-**zit**ser **shpre**-khen"
to pack (*luggage*)	packen	"**pa**cken"
▷ I need to pack now	ich muß jetzt packen	"ikh moos yetst **pa**cken"
package	das Paket	"pa**kait**"
package tour	die Pauschalreise	"pow**shahl**-ry-ze"
packed lunch	das Lunchpaket	"**lunch**-pa**kait**"
packet	das Paket	"pa**kait**"
▷ a packet of cigarettes	eine Schachtel Zigaretten	"ine-e **shakh**-tel tsiga-**re**-ten"
paddling pool	das Planschbecken	"**plansh**-becken"
▷ is there a paddling pool for the children?	gibt es hier ein Planschbecken für die Kinder?	"gipt es heer ine **plansh**-becken foor dee **kin**der"
paid	bezahlt	"be**tsahlt**"

ABSOLUTE ESSENTIALS		
I would like ...	ich möchte ...	"ikh **mur'kh**-te"
I need ...	ich brauche ...	"ikh **brow**-khe"
where is ...?	wo ist ...?	"vo ist"
I'm looking for ...	ich suche ...	"ikh **zoo**-khe"

pain	der Schmerz	"shmairts"
▷ **I have a pain here/in my chest**	ich habe hier/in der Brust Schmerzen	"ikh **hah**-be **heer**/in der broost **shmair**-tsen"
painful	schmerzhaft	"**shmairts**-haft"
painkiller	das schmerzstillende Mittel	"**shmairts**-shtillen-de **mit**tel"
painting	das Bild	"bilt"
pair	das Paar	"pahr"
▷ **a pair of sandals**	ein Paar Sandalen	"ine pahr zan**dah**-len"
palace	der Palast	"pa**last**"
▷ **is the palace open to the public?**	ist der Palast der Öffentlichkeit zugänglich?	"ist der pa**last** der **ur**'-fent-likh-kite **tsoo**-geng-likh"
pan (*pot*)	der Topf	"topf"
pancake	der Pfannkuchen	"**pfan**-koo-khen"
pants (*underwear*)	der Slip	"slip"
paper	das Papier	"pa**peer**"
paraffin	das Paraffin	"para**feen**"
paragliding:		
▷ **where can we go paragliding?**	wo können wir Gleitschirm fliegen?	"voh **kur**'-nen veer **glite**-sheerm **flee**gen"
parasol	der Sonnenschirm	"**zon**nen-sheerm"
parcel	das Paket	"pa**kait**"
▷ **I want to send this parcel**	ich möchte gern dieses Paket aufgeben	"ikh **mur'kh**-te gairn deezez pa**kait owf**-gayben"
pardon (*please repeat that*)	wie bitte?	"vee **bi**-te"
▷ **I beg your pardon!** (*excuse me*)	Entschuldigung!	"ent**shool**-digoong"

parents	die Eltern (*pl*)	"**el**tern"
Paris	Paris	"pah-**rees**"
park[1] *n*	der Park	"park"
to **park**[2] *vb*	parken	"**par**ken"
▷ **can we park our caravan there?**	können wir unseren Wohnwagen dort hinstellen?	"**kur'n**-en veer oon-ze-ren **vohn**vahgen **dort hin**-shtellen"
▷ **where can I park?**	wo kann ich parken?	"voh kan ikh **par**ken"
▷ **can I park here?**	darf ich hier parken?	"darf ikh **heer par**ken"
parking disc	die Parkscheibe	"**park**-shy-be"
parking meter	die Parkuhr	"**park**-oor"
parsley	die Petersilie	"payter-**zee**lee-e"
part	der Teil	"tile"
party (*of tourists*) (*celebration*)	die Reisegruppe die Party	"**ry**-ze-groo-pe"
passenger	der Fahrgast	"**fahr**gast"
passport	der Reisepaß	"**ry**-ze-pass"
▷ **I have forgotten my passport**	ich habe meinen Paß vergessen	"ikh **hah**-be mine-en pass fair-**ges**sen"
▷ **please give me my passport back**	geben Sie mir bitte meinen Paß zurück	"**gay**ben zee meer **bi**-te mine-en pass tsoo**rook**"
▷ **my wife/husband and I have a joint passport**	meine Frau/mein Mann und ich haben einen gemeinsamen Paß	"mine-e frow/mine man oont ikh **hah**ben ine-en gemine-zahmen pass"
▷ **the children are on this passport**	dieser Paß gilt auch für die Kinder	"**dee**zer pass gilt owkh foor dee **kin**der"
▷ **my passport number is ...**	meine Paßnummer ist ...	"mine-e **pass**-noomer ist"
▷ **I've lost my passport**	ich habe meinen Reisepaß verloren	"ikh **hah**-be mine-en **ry**-ze-pass fair-**loh**ren"
▷ **my passport has been stolen**	mein Paß ist gestohlen worden	"mine pass ist ge**shtoh**len vorden"

ABSOLUTE ESSENTIALS

yes (please)	ja (bitte)	"ya (**bi**-te)"
no (thank you)	nein (danke)	"nine (**dang**-ke)"
hello	guten Tag	"**goo**ten tahk"
goodbye	auf Wiedersehen	"owf **vee**der-zay-en"

▷ I've got a visitors' passport	ich habe einen Besucherpaß	"ikh **hah**-be ine-en be**zoo**-kher-pass"
passport control	die Paßkontrolle	"**pass**-kontro-le"
pasta	die Teigwaren *(pl)*	"**tike**-vahren"
pastry *(cake)*	der Teig	"tike"
	das Gebäck	"ge**bek**"
pâté	die Pastete	"pas**tay**-te"
path	der Weg	"vaik"
▷ where does this path lead?	wohin führt dieser Weg?	"voh-**hin** foort **dee**zer **vaik**"
to pay	zahlen	"**tsah**len"
▷ do I pay now or later?	soll ich jetzt oder später zahlen?	"zol ikh **yetst** oh-der **shpai**-ter **tsah**len"
payment	die Bezahlung	"be-**tsah**loong"
peach	der Pfirsich	"**pfeer**zikh"
peanuts	die Erdnüsse	"**airt**-noo-se"
pear	die Birne	"**beer**-ne"
peas	die Erbsen	"**airp**sen"
peg *(for clothes)*	die Wäscheklammer	"**ve**-she-klammer"
pen	der Füller	"**fool**er"
▷ do you have a pen I could borrow?	können Sie mir einen Füller leihen?	"**kur**'nen zee meer ine-en **fool**er **ly**-en"
pencil	der Bleistift	"**bly**-shtift"
penicillin	das Penizillin	"peni-tsi-**leen**"
▷ I am allergic to penicillin	ich bin gegen Penizillin allergisch	"ikh bin **gay**-gen peni-tsi-**leen** a**lair**-gish"
penknife	das Taschenmesser	"**tash**en-messer"
pensioner *(male)*	der Pensionär	"penzyo-**nair**"
(female)	die Pensionärin	"penzyo-**nair**in"

ABSOLUTE ESSENTIALS

I don't understand	ich verstehe nicht	"ikh fair-**shtay**-e nikht"
I don't speak German	ich spreche kein Deutsch	"ikh **shpre**-khe kine doytch"
do you speak English?	sprechen Sie Englisch?	"**shpre**-khen zee **eng**lish"
could you help me?	können Sie mir helfen?	"**kur**'nen zee meer **hel**fen"

▷ **are there reductions for pensioners?**	gibt es Ermäßigungen für Rentner?	"gipt es air**may**-sigoong-en foor **rent**ner"
pepper (*spice*) (*red/green pepper*)	der Pfeffer die Paprikaschote	"**pfeff**er" "**pa**preeka-shoh-te"
per:		
▷ **per hour**	pro Stunde	"pro **shtoon**-de"
▷ **per week**	pro Woche	"pro **vo**-khe"
▷ **60 miles per hour**	sechzig Meilen pro Stunde	"**zekh**-tsikh **my**-len pro **shtoon**-de"
perfect	perfekt	"pair**fekt**"
performance	die Vorstellung	"**for**-shtelloong"
▷ **what time does the performance begin?**	wann beginnt die Vorstellung?	"van be**gint** dee **for**-shtelloong"
▷ **how long does the performance last?**	wie lange dauert die Vorstellung?	"vee **lang**-e **dow**-ert dee **for**-shtelloong"
perfume	das Parfüm	"par**foom**"
perhaps	vielleicht	"fee-**lykht**"
period (*menstruation*)	die Periode	"payree-**oh**-de"
perm	die Dauerwelle	"**dow**er-ve-le"
▷ **my hair is permed**	ich habe eine Dauerwelle	"ikh **hah**-be ine-e **dow**er-ve-le"
permit	die Genehmigung	"ge**nay**-migoong"
▷ **do I need a fishing permit?**	brauche ich einen Angelschein?	"**brow**-khe ikh ine-en **ang**-el-shine"
person	die Person	"pair-**zohn**"
petrol	das Benzin	"ben-**tseen**"
▷ **20 litres of unleaded petrol**	zwanzig Liter bleifreies Benzin	"**tsvan**-tsikh leeter **bly**-fry-es ben-**tseen**"
▷ **I have run out of petrol**	ich habe kein Benzin mehr	"ikh **hah**-be kine ben-**tseen** mair"
petrol station	die Tankstelle	"**tank**-shte-le"

pheasant	der Fasan	"fa**zahn**"
phone[1] *n*	das Telefon	"taylay-**fohn**"
to phone[2] *vb*	telefonieren	"taylay-foh**nee**-ren"
▷ **can I phone from here?**	kann ich hier telefonieren?	"kann ikh heer taylay-foh**nee**-ren"
phone box	die Telefonzelle	"taylay-**fohn**-tse-le"
phone card	die Telefonkarte	"taylay-**fohn**-kar-te"
▷ **do you sell phone cards?**	verkaufen Sie Telefonkarten?	"fair-**kow**fen zee taylay-**fohn**-kar-ten"
photo	das Foto	"**foto**"
▷ **when will the photos be ready?**	wann werden die Bilder fertig sein?	"van **vair**den dee bilder **fair**tikh zine"
▷ **can I take photos here?**	darf ich hier fotografieren?	"darf ikh heer fotogra-**feeren**"
▷ **would you take a photo of us?**	würden Sie ein Bild von uns machen?	"**voor**den zee ine **bilt** fon oons **ma**-khen"
photocopy[1] *n*	die Fotokopie	"foto-ko**pee**"
▷ **I'd like a photocopy of this please**	ich hätte gern eine Fotokopie hiervon	"ikh **het**-te gairn ine-e foto-ko**pee** heer-fon"
to photocopy[2] *vb*	fotokopieren	"foto-ko**pee**-ren"
▷ **where can I get some photocopying done?**	wo kann ich Fotokopien machen lassen?	"voh kan ikh fohto-ko-**pee**-en **ma**-khen lassen"
picnic	das Picknick	"**pic**nic"
▷ **a picnic lunch**	ein Picknick	"ine **pic**nic"
picture (*painting*) (*photo*)	das Bild das Foto	"bilt" "**foto**"
pie	die Pastete	"pas**tay**-te"
piece	das Stück	"shtook"
▷ **a piece of cake**	ein Stück Kuchen	"ine shtook **koo**-khen"
pill	die Pille	"**pi**-le"

pillow	das Kopfkissen	"**kopf**-kissen"
▷ **I would like an extra pillow**	ich hätte gern noch ein Kopfkissen	"ikh het-te gairn nokh ine **kopf**-kissen"
pillowcase	der Kopfkissenbezug	"**kopf**-kissen-be**tsook**"
pin	die Stecknadel	"**shtek**-nahdel"
pineapple	die Ananas	"**a**-nanas"
pink	rosa	"**rohz**a"
pint (*metric equiv = 0.56l*):		
▷ **a pint of beer**	eine Halbe	"ine-e **hal**-be"
pipe	die Pfeife	"**pfy**-fe"
pipe tobacco	der Pfeifentabak	"**pfy**-fen-ta**bak**"
pistachio	die Pistazie	"pis-**ta**-tsee-e"
plane	das Flugzeug	"**flook**-tsoyk"
▷ **my plane leaves at ...**	mein Flug geht um ...	"mine **flook** gait oom"
▷ **I've missed my plane**	ich habe meinen Flug verpaßt	"ikh **hah**-be mine-en **flook** fair-**past**"
plaster (*sticking plaster*)	das Pflaster	"**pflas**ter"
plastic	das Plastik	"**plas**tik"
plate	der Teller	"**tell**er"
platform	die Plattform	"**plat**form"
▷ **which platform for the train to ...?**	von welchem Gleis fährt der Zug nach ... ab?	"fon **vel**-khem **glice** fairt der tsook nakh ... ap"
to **play**	spielen	"**shpee**len"
▷ **we'd like to play tennis**	wir möchten gern Tennis spielen	"veer **mur'kh**-ten gairn **ten**nis shpeelen"
playroom	das Spielzimmer	"**shpeel**-tsimmer"
please (*in polite request*)	bitte	"**bi**-te"
▷ **yes, please**	ja bitte!	"ya **bi**-te"

pleased	erfreut	"air**froyt**"
▷ pleased to meet you	freut mich	"**froyt** mikh"
pliers	die Zange	"**tsang**-e"
plug (*electrical*)	der Stecker	"**shtek**-er"
(*in bath*)	der Stöpsel	"**shtur'p**-sel"
plum	die Pflaume	"**pflow**-me"
plumber	der Installateur	"insta-la**tur**"
points (*in car*)	die Unterbrecherkontakte	"**oon**ter-bre-kher-kon**tak**-te"
police	die Polizei	"poli-**tsy**"
▷ police!	Polizei!	"poli-**tsy**"
▷ we will have to report it to the police	wir müssen das der Polizei melden	"veer **moo**-sen das der poli-**tsy** melden"
▷ get the police!	holen Sie die Polizei!	"**hoh**len zee dee poli-**tsy**"
policeman	der Polizist	"poli-**tsist**"
police station	das Polizeirevier	"poli-**tsy**-rayveer"
▷ where is the police station?	wo ist das Polizeirevier?	"voh ist das poli-**tsy**-rayveer"
polish (*for shoes*)	die Schuhcreme	"**shoo**-kraim"
polluted	verschmutzt	"fair-**shmootst**"
pony trekking	das Pony reiten	"**poh**ni ryten"
▷ we'd like to go pony trekking	wir möchten gern Pony reiten	"veer **mur'kh**-ten gairn **poh**ni ryten"
pool	das Schwimmbecken	"**shvim**becken"
▷ is there a children's pool?	gibt es hier ein Kinderbecken?	"gipt es heer ine **kinder**-becken"
▷ is the pool heated?	ist das Becken beheizt?	"ist das becken be**hytst**"
▷ is it an outdoor pool?	ist es ein Freibad?	"ist es ine **fry**-baht"
popular	beliebt	"be**leept**"
pork	das Schweinefleisch	"**shvine**-e-flysh"

ABSOLUTE ESSENTIALS

I don't understand	ich verstehe nicht	"ikh fair-**shtay**-e nikht"
I don't speak German	ich spreche kein Deutsch	"ikh **shpre**-khe kine doytch"
do you speak English?	sprechen Sie Englisch?	"**shpre**-khen zee **eng**lish"
could you help me?	können Sie mir helfen?	"**kur'**nen zee meer **hel**fen"

port (*seaport*)	der Hafen	"**hah**fen"
(*wine*)	der Portwein	"**port**-vine"
porter	der Portier	"port**yay**"
(*in station*)	der Gepäckträger	"ge**pek**-traiger"
Portugal	Portugal	"**por**-too-gal"
Portuguese	portugiesisch	"por-too-**gee**-zish"
possible	möglich	"**mur'k**-likh"
▷ **as soon as possible**	so bald wie möglich	"zoh balt vee **mur'k**-likh"
to **post**	aufgeben	"**owf**-gayben"
▷ **where can I post these cards?**	wo kann ich diese Karten aufgeben?	"**voh** kan ikh dee-ze **kar**-ten **owf**-gayben"
postbox	der Briefkasten	"**breef**-kasten"
postcard	die Ansichtskarte	"**an**zikhts-kar-te"
▷ **do you have any postcards?**	haben Sie Ansichtskarten?	"**hah**ben zee **an**-zikhts-kar-ten"
▷ **where can I buy some postcards?**	wo kann ich Ansichtskarten kaufen?	"voh kan ikh **an**-zikhts-kar-ten **kow**fen"
postcode	die Postleitzahl	"**post**-lite-tsahl"
post office	das Postamt	"**post**amt"
pot (*for cooking*)	der Topf	"topf"
potatoes	die Kartoffeln	"kar-**toff**eln"
pottery	die Tonwaren	"**tohn**-vahren"
pound	das Pfund	"pfoont"
powdered milk	das Milchpulver	"**milkh**-poolfer"
pram	der Kinderwagen	"**kin**der-vahgen"
prawn	die Garnele	"gar**nay**-le"
to **prefer**	vorziehen	"**for**-tsee-en"

ABSOLUTE ESSENTIALS		
I would like ...	ich möchte ...	"ikh **mur'kh**-te"
I need ...	ich brauche ...	"ikh **brow**-khe"
where is ...?	wo ist ...?	"vo ist"
I'm looking for ...	ich suche ...	"ikh **zoo**-khe"

▷ I'd prefer to go ...	ich möchte lieber ... gehen	"ikh **mur'kh**-te **lee**-ber ... **gay**en"
▷ I prefer ... to ...	ich habe lieber ... als ...	"ikh **hah**-be **lee**ber ... als"
pregnant	schwanger	"**shvang**-er"
to prepare	vorbereiten	"**vor**-be-ry-ten"
prescription	das Rezept	"ray-**tsept**"
▷ where can I get this prescription made up?	wo kann ich dieses Rezept bekommen?	"voh kan ikh dee-zes ray-**tsept** be**kom**men"
present	das Geschenk	"ge**shenk**"
▷ I want to buy a present for my husband/my wife	ich möchte gern ein Geschenk für meinen Mann/meine Frau kaufen	"ikh **mur'kh**-te gairn ine ge**shenk** foor mine-en **man**/mine-e **frow** **kow**fen"
pretty	hübsch	"**hoopsh**"
price	der Preis	"price"
price list	die Preisliste	"**price**-lis-te"
priest	der Priester	"**pree**ster"
▷ I want to see a priest	ich möchte gern einen Priester sprechen	"ikh **mur'kh**-te gairn ine-en **pree**ster **shpre**-khen"
private	privat	"pree**vaht**"
▷ can I speak to you in private?	kann ich Sie unter vier Augen sprechen?	"kan ikh zee **oon**ter feer **ow**gen **shpre**-khen"
▷ this is private	das ist privat	"das ist pree**vaht**"
▷ I have private health insurance	ich bin privat versichert	"ikh bin pree**vaht** fair**zikh**ert"
probably	wahrscheinlich	"vahr-**shine**-likh"
problem	das Problem	"pro**blaim**"
programme	das Programm	"pro**gram**"
to pronounce	aussprechen	"**ows**-shpre-khen"

ABSOLUTE ESSENTIALS

do you have ...?	haben Sie ...?	"**hah**ben zee"
is there ...?	gibt es ...?	"gipt es"
are there ...?	gibt es ...?	"gipt es"
how much is ...?	was kostet ...?	"vas kostet"

▷ **how do you pronounce it?**	wie spricht man das aus?	"vee shprikht man das **ows**"
Protestant	protestantisch	"protestantish"
prunes	die Backpflaumen	"bak-**pflow**men"
public[1] *n*: ▷ **is the castle open to the public?**	ist das Schloß der Öffentlichkeit zugänglich?	"ist das shlos der **ur**'-fent-likh-kite **tsoo**-geng-likh"
public[2] *adj*	öffentlich	"**ur**'fent-likh"
public holiday	der gesetzliche Feiertag	"ge**zets**-li-khe **fy**er-tahk"
pudding	der Pudding	"**pud**ding"
to pull (*drag, draw*)	ziehen	"**tsee**-en"
pullover	der Pullover	"poo-**loh**ver"
puncture	die Reifenpanne	"**ry**fen-pa-ne"
▷ **I have a puncture**	ich habe eine Reifenpanne	"ikh **hah**-be ine-e **ry**fen-pa-ne"
purple	violett	"vee-o-**let**"
purse	das Portemonnaie	"port-mo**nay**"
▷ **my purse has been stolen**	mein Portemonnaie ist gestohlen worden	"mine port-mo**nay** ist ge**stoh**-len vorden"
▷ **I've lost my purse**	ich habe mein Portemonnaie verloren	"ikh **hah**-be mine port-mo**nay** fair-**lohren**"
push[1] *n*: ▷ **my car's broken down, can you give me a push?**	mein Wagen ist liegengeblieben, können Sie mich anschieben?	"mine **vah**-gen ist **lee**gen-ge-bleeben, **kur**'-nen zee mikh **an**-shee-ben"
to push[2] *vb*	stoßen	"**shtoh**-sen"
to put (*place*)	tun	"**toon**"

to **put down**	stellen	"**shtel**len"
▷ **put it down over there please**	stellen Sie es bitte dort drüben hin	"**shtel**len zee es **bi**-te dort **droo**ben hin"
pyjamas	der Pyjama	"poo-**jah**-ma"
quarter	das Viertel	"**feer**tel"
▷ **quarter to ten**	Viertel vor zehn	"**feer**tel for **tsain**"
▷ **quarter past three**	Viertel nach drei	"**feer**tel nakh **dry**"
queue	die Schlange	"**shlang**-e"
▷ **is this the end of the queue?**	sind Sie der letzte in der Schlange?	"zint zee der **let**-ste in der **shlang**-e"
quick	schnell	"**shnel**"
quickly	schnell	"**shnel**"
quiet	ruhig	"**roo**-ikh"
quilt	die Bettdecke	"**bet**-de-ke"
quite (*rather*)	ziemlich	"**tseem**likh"
(*completely*)	ganz	"gants"
rabbit	das Kaninchen	"kaneen-khen"
racket	der Schläger	"**shlay**ger"
▷ **can we hire rackets?**	können wir Schläger leihen?	"**kur**'-nen veer **shlay**ger **ly**-en"
radiator	der Heizkörper	"**hyts**-kur'r-per"
radio	das Radio	"**rah**dee-o"
▷ **is there a radio/radio cassette in the car?**	ist ein Radio/Radio mit Kassettenrecorder im Auto?	"ist ein **rah**dee-o/**rah**dee-o mit ka-**set**ten ray-**kor**der im **ow**to"
railway station	der Bahnhof	"**bahn**hohf"
rain[1] *n*	der Regen	"**ray**gen"
to **rain**[2] *vb*:		
▷ **is it going to rain?**	wird es wohl regnen?	"veert es vohl **rayg**nen"

ABSOLUTE ESSENTIALS

I don't understand	ich verstehe nicht	"ikh fair-**shtay**-e nikht"
I don't speak German	ich spreche kein Deutsch	"ikh **shpre**-khe kine doytch"
do you speak English?	sprechen Sie Englisch?	"**shpre**-khen zee **english**"
could you help me?	können Sie mir helfen?	"**kur**'nen zee meer **helfen**"

raincoat	der Regenmantel	"**ray**gen-mantel"
raining:		
▷ **it's raining**	es regnet	"es **rayg**net"
raisins	die Rosinen	"**rozee**-nen"
rare (*unique*)	selten	"**zelten**"
(*steak*)	blutig	"**bloo**tikh"
rash:		
▷ **I have a rash**	ich habe einen Ausschlag	"ikh **hah**-be ine-en **ows**shlag"
raspberries	die Himbeeren	"**him**-bayren"
rate (*ratio*)	die Rate	"**rah**-te"
(*price*)	der Preis	"price"
▷ **what is the daily/ weekly rate?**	was kostet es für einen Tag/eine Woche?	"vas kostet es foor ine-en tahk/ine-e **vo**-khe"
▷ **do you have a special rate for children?**	gibt es eine Ermäßigung für Kinder?	"gipt es ine-e air**may**-sigoong foor **kin**der"
▷ **what is the rate for sterling/dollars?**	wie steht der Kurs für das Pfund Sterling/den Dollar?	"vee shtait der koors foor das pfoont **shtair**-ling/ dain **dol**lar"
rate of exchange	der Wechselkurs	"**vek**sel-koors"
raw	roh	"roh"
razor	der Rasierapparat	"razeer-apa**raht**"
razor blades	die Rasierklingen	"razeer**klingen**"
ready	fertig	"**fair**tikh"
▷ **are you ready?**	sind Sie fertig?	"zint zee **fair**tikh"
▷ **I'm ready**	ich bin fertig	"ikh bin **fair**tikh"
▷ **when will lunch/dinner be ready?**	wann ist das Mittagessen/ Abendessen fertig?	"van ist das **mitak**-essen/ **ah**bent-essen **fair**tikh"
real	echt	"ekht"
receipt	die Quittung	"**kvi**toong"

ABSOLUTE ESSENTIALS		
I would like ...	ich möchte ...	"ikh **mur'kh**-te"
I need ...	ich brauche ...	"ikh **brow**-khe"
where is ...?	wo ist ...?	"vo ist"
I'm looking for ...	ich suche ...	"ikh **zoo**-khe"

▷ I'd like a receipt, please	ich hätte gern eine Quittung	"ikh het-te gairn ine-e **kvi**toong"
recently	kürzlich	"**koorts**likh"
reception	der Empfang	"emp**fang**"
recipe	das Rezept	"ray**tsept**"
to **recommend**	empfehlen	"emp-**faylen**"
▷ what do you recommend?	was können Sie empfehlen?	"vas **kur**'-nen zee emp-**faylen**"
▷ can you recommend a cheap hotel/a good restaurant?	können Sie ein preiswertes Hotel/ein gutes Restaurant empfehlen?	"**kur**'-nen zee ine **price**-vair-tes ho**tel**/ine **goo**-tes restoh-**rong** emp-**faylen**"
record (*music*)	die Schallplatte	"**shal**-pla-te"
red	rot	"roht"
reduction	die Ermäßigung	"air**may**-sigoong"
▷ is there a reduction for children/for senior citizens/for a group?	gibt es eine Ermäßigung für Kinder/Rentner/Gruppen?	"gipt es ine-e air**may**-sigoong foor **kin**der/**rent**ner/**groo**-pen"
refill (*for pen*) (*for lighter*)	die Ersatzmine die Nachfüllpatrone	"air**zats**-mee-ne" "**nakh**-fool-pa**troh**-ne"
▷ do you have a refill for my gas lighter?	haben Sie eine Nachfüllpatrone für mein Gasfeuerzeug?	"**hah**ben zee ine-e **nakh**-fool-pa**troh**-ne foor mine **gas**-foyer-tsoyk"
refund	die Rückerstattung	"**rook**air-shtattoong"
▷ I'd like a refund	ich möchte mein Geld zurück	"ikh **mur'kh**-te mine **gelt** tsoo**rook**"
to **register**:		
▷ where do I register?	wo melde ich mich an?	"voh mel-de ikh mikh **an**"
registered (*mail*)	eingeschrieben	"**ine**-geshreeben"
registered delivery	das Einschreiben	"**ine**-shry-ben"
regulation	die Regelung	"**ray**-geloong"

ABSOLUTE ESSENTIALS

do you have ...?	haben Sie ...?	"**hah**ben zee"
is there ...?	gibt es ...?	"gipt es"
are there ...?	gibt es ...?	"gipt es"
how much is ...?	was kostet ...?	"vas kostet"

▷ I'm very sorry, I didn't know the regulations	es tut mir leid, ich kannte die Vorschrift nicht	"es toot meer **lite, ikh kan**-te dee for**shrift** nikht"
to **reimburse**	entschädigen	"ent-**shay**-digen"
relation (family)	der/die Verwandte	"fair-**vant**-te"
to **relax**	sich entspannen	"zikh ent-**shpan**-nen"
reliable (person)	zuverlässig	"**tsoo**fair-lessikh"
(secure, sound)	verläßlich	"fair-**les**likh"
to **remain**	bleiben	"**bly**ben"
to **remember**	sich erinnern	"zikh air-**innern**"
to **rent**	mieten	"**mee**ten"
▷ I'd like to rent a room/villa	ich möchte ein Zimmer/Haus mieten	"ikh **mur'kh**-te ine **tsimmer/hows mee**ten"
rental (house)	die Miete	"**mee**-te"
to **repair**	reparieren	"raypa-**ree**ren"
▷ can you repair this?	können Sie das reparieren?	"**kur'**-nen zee das raypa-**ree**ren"
to **repeat**	wiederholen	"veeder-**hoh**len"
▷ please repeat that	bitte wiederholen Sie das	"**bi**-te veeder-**hoh**len zee das"
reservation	die Reservierung	"rayzair-**vee**roong"
▷ I'd like to make a reservation for 7.30/ for two people	ich möchte einen Tisch für halb acht/für zwei Personen reservieren	"ikh **mur'kh**-te ine-en **tish** foor halp **akht**/foor tsvy pair-**soh**nen rayzair-**vee**ren"
to **reserve**	reservieren	"rayzair-**vee**ren"
▷ we'd like to reserve two seats for tonight	wir möchten gern zwei Plätze für heute abend reservieren	"veer **mur'kh**-ten gairn tsvy **plet**-se foor **hoy**-te **ah**bent rayzair-**vee**ren"
▷ I have reserved a room in the name of ...	ich habe ein Zimmer auf den Namen ... reserviert	"ikh **hah**-be ine tsimmer owf dain **nah**-men ... rayzair-**veert**"

▷ **I want to reserve a single room/a double room/a hotel room**	ich möchte gern ein Einzelzimmer/ein Doppelzimmer/ein Hotelzimmer reservieren	"ikh **mur'kh**-te gairn ine **ine**-tsel-tsimmer/ine **dopel**-tsimmer/ine hotel-tsimmer rayzair-**vee**ren"
reserved	reserviert	"rayzair-**veert**"
rest[1] *n (relaxation)*	die Ruhe	"**roo**-e"
▷ **the rest of the wine**	der Rest des Weins	"dair rest des vines"
to **rest**[2] *vb*	ruhen	"**roo**-en"
restaurant	das Restaurant	"restoh-**rong**"
restaurant car	der Speisewagen	"**shpy**-ze-vahgen"
to **return** (*go back*) (*give back*)	zurückgehen zurückgeben	"tsoo**rook**-gayen" "tsoo**rook**-gayben"
return ticket	die Rückfahrkarte	"**rook**fahr-kar-te"
▷ **a return ticket to ..., first class**	eine Rückfahrkarte nach ..., erster Klasse	"ine-e **rook**fahr-kar-te nakh ... **air**-ster **kla**-se"
reverse charge call	das R-Gespräch	"**air**-geshprekh"
▷ **I'd like to make a reverse charge call**	ich möchte ein R-Gespräch führen	"ikh **mur'kh**-te ine **air**-geshprekh fooren"
rheumatism	der Rheumatismus	"royma-**tis**moos"
rhubarb	der Rhabarber	"ra-**bar**ber"
rice	der Reis	"rice"
ride[1] *n:*		
▷ **to go for a ride** (*on horse*) (*in car*)	reiten gehen eine Fahrt machen	"**ry**-ten **gay**en" "ine-e fahrt **ma**khen"
to **ride**[2] *vb* (*horse*) (*in car*)	reiten fahren	"**ry**-ten" "**fahren**"
riding	das Reiten	"**ry**-ten"
▷ **can we go horse riding?**	können wir hier reiten?	"**kur**'-nen veer heer **ry**-ten"

right¹ *n (legal)*	das Recht	"rekht"
(side)	die rechte Seite	"dee rekh-te **zy**-te"
▷ **on the right**	rechts	"rekhts"
▷ **to the right**	nach rechts	"nakh rekhts"
▷ **right of way**	die Vorfahrt	"**for**fahrt"
right² *adj*	richtig	"**rikh**-tikh"
ring	der Ring	"ring"
ripe	reif	"rife"
river	der Fluß	"floos"
▷ **can one swim in the river?**	kann man in dem Fluß schwimmen?	"kan man in daim floos **shvim**men"
▷ **am I allowed to fish in the river?**	darf ich in dem Fluß angeln?	"darf ikh in daim floos **ang**-eln"
road *(route)*	der Weg	"vaik"
(street)	die Straße	"**shtrah**-se"
▷ **is the road to ... snowed up?**	ist die Straße nach ... eingeschneit?	"ist dee **shtrah**-se nakh ... **ine**-geshnite"
▷ **which road do I take for ...?**	welche Straße führt nach ...?	"**vel**-khe **shtrah**-se foort nakh"
▷ **when will the road be clear?**	wann wird die Straße frei sein?	"van veert dee **shtrah**-se **fry** zine"
road map	die Straßenkarte	"**shtrah**sen-kar-te"
roast	gebraten	"ge**brah**ten"
to rob *(person)*	bestehlen	"be**shtay**-len"
(bank)	ausrauben	"**ows**rowben"
▷ **I've been robbed**	ich bin bestohlen worden	"ikh bin be**shtoh**-len vorden"
rock climbing:		
▷ **we want to go rock climbing**	wir wollen klettern gehen	"veer volen **klet**tern **gay**en"
roll *(bread)*	das Brötchen	"**brur't**-khen"
roller skates	die Rollschuhe	"**rol**-shoo-e"

roller skating:

▷ where can we go roller skating?	wo können wir hier Rollschuh laufen?	"voh **kur**'-nen veer heer **rol**-shoo-lowfen"
Rome	Rom	"rohm"
roof	das Dach	"dakh"
▷ the roof leaks	das Dach ist undicht	"das **dakh** ist **oon**-dikht"
roof rack	der Dachträger	"**dakh**-traiger"
room (in house, hotel)	das Zimmer	"**tsim**mer"
(space)	der Platz	"plats"
room service	der Zimmerservice	"tsimmer-**sur**vis"
rope	das Seil	"zile"
rosé (wine)	der Rosé(wein)	"ro**zay**(vine)"
rough	rauh	"row"
▷ is the sea rough today?	ist die See heute stürmisch?	"ist dee zay **hoy**-te **shtoor**-mish"
▷ the crossing was rough	die Überfahrt war stürmisch	"dee **oo**ber-fahrt var **shtoor**-mish"
round[1] n	die Runde	"**roon**-de"
▷ whose round is it?	wer ist dran?	"vair ist dran"
▷ a round of golf	eine Runde Golf	"ine-e roon-de **golf**"
round[2] adj	rund	"roont"
round[3] prep:		
▷ round the corner	um die Ecke	"oom dee **e**-ke"
route	die Route	"**roo**-te"
▷ is there a route that avoids the traffic?	gibt es eine Umgehungsstraße?	"gipt es ine-e **oom**-gayoongz-shtrah-se"
rowing boat	das Ruderboot	"**roo**der-boht"
▷ can we rent a rowing boat?	können wir hier ein Ruderboot mieten?	"**kur**'-nen veer ine **roo**der-boht **mee**ten"
rubber (eraser)	der Radiergummi	"ra**deer**-goomee"

ABSOLUTE ESSENTIALS

do you have ...?	haben Sie ...?	"**hah**ben zee"
is there ...?	gibt es ...?	"gipt es"
are there ...?	gibt es ...?	"gipt es"
how much is ...?	was kostet ...?	"vas kostet"

(*material*)	das Gummi	"**goo**mee"
rubber band	das Gummiband	"**goo**mee-bant"
rubbish	der Abfall	"**ap**fal"
rucksack	der Rucksack	"**rook**zak"
rug	der Teppich	"**tepp**ikh"
rugby	das Rugby	
ruin	der Ruin	"roo-**een**"
rum	der Rum	"room"
run[1] *n* (*skiing*)	die Abfahrt	"**ap**fahrt"
▷ **which are the easiest runs?**	welche sind die leichtesten Abfahrten?	"**vel**-khe zint dee **lykh**-testen **ap**-fahrten"
to **run**[2] *vb*	laufen	"**low**fen"
▷ **the bus runs every 20 minutes**	der Bus geht alle zwanzig Minuten	"der boos gayt **al**-le **tswan**-sikh mi**noo**ten"
▷ **I run my own business**	ich habe eine eigene Firma	"ikh **hah**-be ine-e **eye**-ge-ne **feer**mah"
running:		
▷ **to go running**	Jogging machen	"jogging **makh**en"
rush hour	die Hauptverkehrszeit	"**howpt**-verkairs-tsite"
saccharine	das Saccharin	"za-kha-**reen**"
safe[1] *n*	der Safe	"saif"
▷ **please put this in the hotel safe**	bitte legen Sie das in den Hotelsafe	"**bi**-te **lay**gen zee das in dain hotel-saif"
safe[2] *adj* (*not dangerous*)	ungefährlich	"**oon**-gefair-likh"
▷ **is it safe to swim here?**	kann man hier bedenkenlos schwimmen?	"kan man heer be**deng**-ken-lohs **shvim**men"
▷ **is it safe for children?** (*medicine*)	kann man es bedenkenlos Kindern geben?	"kan man es be**deng**-ken-lohs **kin**dern **gay**ben"

safe sex	Safer Sex	
safety pin	die Sicherheitsnadel	"**zi**-kher-hites-**nah**del"
▷ **I need a safety pin**	ich brauche eine Sicherheitsnadel	"ikh **brow**-khe ine-e **zi**-kher-hites-**nah**del"
to sail	segeln	"**zay**geln"
▷ **when do we sail?**	wann fahren wir ab?	"van **fah**ren veer **ap**"
sailboard	das Windsurfbrett	"**vint**-surf-bret"
sailboarding:		
▷ **I'd like to go sailboarding**	ich möchte windsurfen gehen	"ikh **mur'kh**-te **vint**-surfen **gay**en"
sailing (*sport*)	das Segeln	"**zay**geln"
▷ **what time is the next sailing?**	um wieviel Uhr fährt die nächste Fähre?	"oom vee**feel** oor fairt dee **nekh**-ste **fay**-re"
▷ **I'd like to go sailing**	ich möchte segeln gehen	"ikh **mur'kh**-te **zay**geln **gay**en"
salad	der Salat	"za**laht**"
▷ **a mixed salad**	ein gemischter Salat	"ine ge**mish**-ter za**laht**"
salad dressing	die Salatsoße	"za**laht**-zoh-se"
saline solution (*for contact lenses*)	die Kochsalzlösung	"**kokh**-zalts-**lur'**-zoong"
salmon	der Lachs	"laks"
salt	das Salz	"zalts"
▷ **pass the salt, please**	kann ich bitte das Salz haben?	"kan ikh **bi**-te das **zalts hah**ben"
same	gleich	"glykh"
▷ **I'll have the same**	ich nehme das gleiche	"ikh **nay**-me das **gly**-khe"
sand	der Sand	"zant"
sandals	die Sandalen	"zan**dah**-len"
sandwich	das Sandwich	"**zant**-vich"

ABSOLUTE ESSENTIALS

I don't understand	ich verstehe nicht	"ikh fair-**shtay**-e nikht"
I don't speak German	ich spreche kein Deutsch	"ikh **shpre**-khe kine doytch"
do you speak English?	sprechen Sie Englisch?	"**shpre**-khen zee **english**"
could you help me?	können Sie mir helfen?	"**kur**'nen zee meer **helfen**"

▷ **what kind of sandwiches do you have?**	was für Sandwichs haben Sie?	"vas foor **zant**-vichs **hah**ben zee"
sandy:		
▷ **a sandy beach**	ein Sandstrand	"ine **zant**-shtrant"
sanitary towels	die Damenbinden	"**dah**men-binden"
sardine	die Sardine	"zar**dee**-ne"
Saturday	der Samstag	"**zams**-tahk"
sauce	die Soße	"**zoh**-se"
saucepan	der Kochtopf	"**kokh**topf"
saucer	die Untertasse	"**oon**ter-ta-se"
sauna	die Sauna	"**zow**na"
sausage	die Wurst	"voorst"
savoury (*appetizing*)	schmackhaft	"**shmak**haft"
to **say**	sagen	"**zah**gen"
scallop	die Jakobsmuschel	"**yah**kops-**moo**shel"
scampi	die Scampi	"skampi"
scarf (*for neck*)	das Kopftuch das Halstuch	"**kopf**-tookh" "**hals**-tookh"
school	die Schule	"**shoo**-le"
scissors	die Schere	"**shay**-re"
Scotland	Schottland	"**shot**lant"
Scottish	schottisch	"**shot**tish"
▷ **I'm Scottish**	ich komme aus Schottland	"ikh **ko**-me ows **shot**lant"
screw	die Schraube	"**shrow**-be"
▷ **the screw has come loose**	die Schraube hat sich gelöst	"dee **shrow**-be hat zikh ge**lur'st**"

ABSOLUTE ESSENTIALS		
I would like ...	ich möchte ...	"ikh **mur'kh**-te"
I need ...	ich brauche ...	"ikh **brow**-khe"
where is ...?	wo ist ...?	"vo ist"
I'm looking for ...	ich suche ...	"ikh **zoo**-khe"

screwdriver	der Schraubenzieher	"**shrow**ben-tsee-er"
scuba diving:		
▷ **where can we go scuba diving?**	wo können wir hier sporttauchen?	"voh **kur**'-nen veer heer **shport**-tow-khen"
sculpture	die Skulptur	"skoolp-**toor**"
sea	die See	"zay"
seafood	die Meeresfrüchte	"**may**res-frookh-te"
▷ **do you like seafood?**	essen Sie gern Meeresfrüchte?	"**ess**en zee gairn **may**res-frookh-te"
seasickness	die Seekrankheit	"**zay**-krank-hite"
season ticket	die Zeitkarte	"**tsite**-kar-te"
seat (*chair*)	der Sitz	"zits"
(*in bus, train, theatre*)	der Platz	"plats"
▷ **is this seat free?**	ist dieser Platz noch frei?	"ist **dee**zer plats nokh **fry**"
▷ **is this seat taken?**	ist dieser Platz besetzt?	"ist **dee**zer plats be**zetst**"
▷ **we'd like to reserve two seats for tonight**	wir möchten gern zwei Plätze für heute abend reservieren	"veer **mur'kh**-ten gairn tsvy **plet**-se foor **hoy**-te **ah**bent rayzair-**vee**ren"
▷ **I have a seat reservation**	ich habe eine Platzreservierung	"ikh **hah**-be ine-e **plats**-rayzair-**vee**roong"
second	zweite	"**tsvy**-te"
second class (*seat*)	zweiter Klasse	"**tsvy**-ter **kla**-se"
to see	sehen	"**zay**-en"
▷ **see you soon**	bis bald	"bis balt"
▷ **what is there to see here?**	was ist hier sehenswert?	"vas ist heer **zay**-enz-vairt"
self-service	die Selbstbedienung	"**zelpst**-bedee-noong"
to sell	verkaufen	"fair-**kow**fen"

ABSOLUTE ESSENTIALS

do you have ...?	haben Sie ...?	"**hah**ben zee"
is there ...?	gibt es ...?	"gipt es"
are there ...?	gibt es ...?	"gipt es"
how much is ...?	was kostet ...?	"vas kostet"

▷ **do you sell stamps/ hair spray?**	verkaufen Sie Briefmarken/ Haarspray?	"fair-**kow**fen zee **breef**-marken/**hahr**-spray"
Sellotape ®	der Tesafilm ®	"**tay**za-film"
semi-skimmed milk	die teilentrahmte Milch	"**tile**-entrahm-te milkh"
to **send**	schicken	"**shi**ken"
▷ **please send my mail/ luggage on to this address**	bitte schicken Sie meine Post/mein Gepäck an diese Adresse	"**bi**-te **shi**cken zee mine-e **post**/mine ge**pek** an dee-ze a-**dre**-se"
senior citizen	der Rentner	"**rent**ner"
▷ **is there a reduction for senior citizens?**	gibt es eine Ermäßigung für Rentner?	"gipt es ine-e air**may**-sigoong foor **rent**ner"
separate (*apart*)	getrennt	"ge**trent**"
(*different*)	verschieden	"fair-**shee**den"
September	der September	"zep-**tem**ber"
serious	schlimm	"shlim"
seriously:		
▷ **he is seriously injured**	er ist schwer verletzt	"air ist shvair fair-**letst**"
to **serve** (*in shop etc*)	bedienen	"be**dee**-nen"
▷ **we are still waiting to be served**	wir werden noch nicht bedient	"veer vairden nokh nikht be**deent**"
service	die Bedienung	"be**dee**-noong"
▷ **is service included?**	ist die Bedienung inbegriffen?	"ist dee be**dee**-noong **in**-be-griffen"
▷ **what time is the service?** (*church*)	um wieviel Uhr ist der Gottesdienst?	"oom vee**feel** oor ist der **go**-tes-deenst"
service charge	die Bedienung	"be**dee**-noong"
service station	die Tankstelle	"**tank**-shte-le"
set menu	das Tagesgericht	"**tah**ges-ge**rikht**"
▷ **we'll take the set menu**	wir hätten gern das Tagesgericht	"veer hetten gairn das **tah**ges-ge**rikht**"

ABSOLUTE ESSENTIALS		
yes (please)	ja (bitte)	"ya (**bi**-te)"
no (thank you)	nein (danke)	"nine (**dang**-ke)"
hello	guten Tag	"**goo**ten tahk"
goodbye	auf Wiedersehen	"owf **vee**der-zay-en"

shock absorber

▷ **do you have a set menu?**	haben Sie ein Tagesgericht?	"**hah**ben zee ine **tah**ges-ge**rikht**"
▷ **how much is the set menu?**	was kostet das Tagesgericht?	"vas kostet das **tah**ges-ge**rikht**"
seven	sieben	"**zee**ben"
seventeen	siebzehn	"**zeep**-tsayn"
seventy	siebzig	"**zeep**-tsikh"
shade (of colour)	der Ton	"tohn"
▷ **in the shade**	im Schatten	"im **sha**ten"
shallow	seicht	"zykht"
shampoo	das Shampoo	
▷ **a shampoo and set, please**	Waschen und Legen, bitte	"**va**shen oont **lay**gen, **bi**-te"
shandy	das Bier mit Limonade	"beer mit leemo-**nah**-de"
to share	teilen	"**ty**-len"
▷ **we could share a taxi**	wir könnten uns ein Taxi teilen	"veer **kur'n**-ten oons ine taxi **ty**-len"
to shave	rasieren	"ra**zee**-ren"
shaving brush	der Rasierpinsel	"ra**zeer**-pinzel"
shaving cream	die Rasiercreme	"ra**zeer**-kraim"
she	sie	"zee"
sheet (on bed)	das Bettuch	"**bet**-tookh"
shellfish	die Schaltiere	"**shal**-tee-re"
sherry	der Sherry	
ship	das Schiff	"shif"
shirt	das Hemd	"hemt"
shock absorber	der Stoßdämpfer	"**shtohs**-dempfer"

ABSOLUTE ESSENTIALS

I don't understand	ich verstehe nicht	"ikh fair-**shtay**-e nikht"
I don't speak German	ich spreche kein Deutsch	"ikh **shpre**-khe kine doytch"
do you speak English?	sprechen Sie Englisch?	"**shpre**-khen zee **eng**lish"
could you help me?	können Sie mir helfen?	"**kur**'nen zee meer **hel**fen"

shoe	der Schuh	"shoo"
▷ **there is a hole in my shoe**	in meinem Schuh ist ein Loch	"in mine-em shoo ist ine lokh"
▷ **can you reheel these shoes?**	können Sie neue Absätze auf diese Schuhe machen?	"kur'-nen zee noy-e ap-zet-se owf dee-ze shoo-e makhen"
shoe laces	die Schnürsenkel (pl)	"shnoor-zenkel"
shoe polish	die Schuhcreme	"shoo-kraim"
shop	der Laden	"lah-den"
▷ **what time do the shops close?**	um wieviel Uhr schließen die Geschäfte?	"oom veefeel oor shlee-sen dee geshef-te"
shopping	das Einkaufen	"ine-kowfen"
▷ **to go shopping**	einkaufen gehen	"ine-kowfen gayen"
▷ **where is the main shopping area?**	wo ist hier das Einkaufsviertel?	"voh ist heer das ine-kowfs-feertel"
shopping centre	das Einkaufszentrum	"ine-kowfs-tsentroom"
short	kurz	"koorts"
short cut	die Abkürzung	"ap-koortsoong"
shorts	die Shorts	
short-sighted:		
▷ **I'm short-sighted**	ich bin kurzsichtig	"ikh bin koorts-sikh-tikh"
shoulder	die Schulter	"shoolter"
▷ **I've hurt my shoulder**	ich habe mir die Schulter verletzt	"ikh hah-be meer dee shoolter fairletst"
show¹ n	die Aufführung	"owf-fooroong"
to show² vb	zeigen	"tsy-gen"
▷ **could you show me please?**	können Sie mir das bitte zeigen?	"kur'-nen zee meer das bi-te tsy-gen"
▷ **could you show us around?**	können Sie uns herumführen?	"kur'-nen zee oons heroom-fooren"

ABSOLUTE ESSENTIALS		
I would like ...	ich möchte ...	"ikh mur'kh-te"
I need ...	ich brauche ...	"ikh brow-khe"
where is ...?	wo ist ...?	"vo ist"
I'm looking for ...	ich suche ...	"ikh zoo-khe"

shower (*bath*)	die Dusche	"**doo**-she"
▷ how does the shower work?	wie funktioniert die Dusche?	"vee foonk-tsyo-**neert** dee **doo**-she"
▷ I'd like a room with a shower	ich hätte gern ein Zimmer mit Dusche	"ikh het-te gairn ine **tsim**mer mit **doo**-she"
shrimp	die Garnele	"gar**nay**-le"
sick (*ill*)	krank	"krank"
▷ she has been sick	sie hat sich übergeben	"zee hat zikh **oo**ber-gayben"
▷ I feel sick	mir ist schlecht	"meer ist **shlekht**"
sightseeing	die Besichtigungen	"be**zikh**-ti-goongen"
▷ are there any sightseeing tours?	gibt es hier irgendwelche Rundfahrten?	"gipt es heer eer-gent-**vel**-khe **roont**-fahr-ten"
sign¹ *n*	das Schild	"shilt"
to sign² *vb*	unterschreiben	"oonter-**shry**ben"
▷ where do I sign?	wo unterschreibe ich?	"voh oonter-**shry**-be ikh"
signature	die Unterschrift	"**oon**ter-shrift"
silk	die Seide	"**zy**-de"
silver	das Silber	"**zil**ber"
similar	ähnlich	"**ain**-likh"
simple	einfach	"**ine**-fakh"
single (*unmarried*)	ledig	"**lay**dikh"
(*not double*)	Einzel-	"**ine**-tsel"
(*ticket*)	einfach	"**ine**-fakh"
▷ a single to ..., second class	einmal einfach nach ..., zweiter Klasse	"**ine**-mal **ine**-fakh nakh ... **tsvy**-ter **kla**-se"
single bed	das Einzelbett	"**ine**-tsel-bett"
single room	das Einzelzimmer	"**ine**-tsel-tsimmer"

ABSOLUTE ESSENTIALS

do you have ...?	haben Sie ...?	"**hah**ben zee"
is there ...?	gibt es ...?	"gipt es"
are there ...?	gibt es ...?	"gipt es"
how much is ...?	was kostet ...?	"vas kostet"

▷ **I want to reserve a single room**	ich möchte ein Einzelzimmer reservieren	"ikh **mur'kh**-te ine **ine**-tsel-tsimmer rayzair-**vee**ren"
sir	mein Herr	"mine **hair**"
sister	die Schwester	"**shve**ster"
to **sit**	sitzen	"**zit**sen"
▷ **please sit down**	bitte setzen Sie sich	"**bi**-te **zet**sen zee zikh"
six	sechs	"**zeks**"
sixteen	sechzehn	"**zekh**-tsayn"
sixty	sechzig	"**zekh**-tsikh"
size	die Größe	"**grur'**-se"
▷ **I take a continental size 40**	ich trage Größe vierzig	"ikh **trah**-ge **grur'**-se **feer**-tsikh"
▷ **do you have this in a bigger/smaller size?**	haben Sie das in einer größeren/kleineren Größe?	"**hah**ben zee das in ine-er **grur'**-seren/**kline**-eren **grur'**-se"
skateboard	das Skateboard	"**skate**bohrt"
skateboarding:		
▷ **I'd like to go skateboarding**	ich möchte Skateboard fahren	"ikh **mur'kh**-te **skate**bohrt **fahren**"
skates	die Schlittschuhe	"**shlit**shoo-e"
▷ **where can we hire skates?**	wo können wir hier Schlittschuhe leihen?	"voh **kur'**-nen veer heer **shlit**shoo-e **ly**-en"
skating	der Eislauf	"**ice**lowf"
▷ **where can we go skating?**	wo können wir hier eislaufen?	"voh **kur'**-nen veer heer **ice**-lowfen"
ski[1] *n*	der Ski	"**shee**"
▷ **can we hire skis here?**	können wir hier Skier leihen?	"**kur'**-nen veer heer **shee**-er **ly**-en"
to **ski**[2] *vb*	skifahren	"**shee**-fahren"

ABSOLUTE ESSENTIALS		
yes (please)	ja (bitte)	"ya (**bi**-te)"
no (thank you)	nein (danke)	"nine (**dang**-ke)"
hello	guten Tag	"**goo**ten tahk"
goodbye	auf Wiedersehen	"owf **vee**der-zay-en"

ski boot	der Skistiefel	"**shee**-shteefel"
to skid:		
▷ **the car skidded**	der Wagen schleuderte	"der **vah**-gen **shloy**-der-te"
skiing	das Skilaufen	"**shee**-lowfen"
(*downhill*)	der Abfahrtslauf	"**ap**farts-lowf"
(*cross-country*)	der Langlauf	"**lang**-lowf"
▷ **I'd like to go skiing**	ich möchte skilaufen	"ikh **mur'kh**-te **shee**-lowfen"
skiing lessons	der Skiunterricht	"**shee**-oonter-rikht"
▷ **do you organize skiing lessons?**	arrangieren Sie Skiunterricht?	"arang-**jee**ren zee **shee**-oonter-rikht"
ski instructor (*male*)	der Skilehrer	"**shee**lairer"
(*female*)	die Skilehrerin	"**shee**-lairerin"
ski jacket	die Skijacke	"**shee**-ya-ke"
ski lift	der Skilift	"**shee**-lift"
skimmed milk	die Magermilch	"**mah**ger-milkh"
skin	die Haut	"howt"
skin diving	das Tauchen	"**tow**-khen"
ski pants	die Skihose	"**shee**-hoh-ze"
ski pass	der Skipaß	"**shee**pass"
ski pole	der Skistock	"**shee**-shtock"
skirt	der Rock	"rock"
ski run	die Abfahrt	"**ap**-fahrt"
ski suit	der Skianzug	"**shee**-an-tsook"
sledge	der Schlitten	"**shlit**ten"
sledging:		
▷ **where can we go sledging?**	wo können wir hier Schlitten fahren?	"voh **kur'**-nen veer heer **shlit**ten **fah**ren"

ABSOLUTE ESSENTIALS

I don't understand	ich verstehe nicht	"ikh fair-**shtay**-e nikht"
I don't speak German	ich spreche kein Deutsch	"ikh **shpre**-khe kine doytch"
do you speak English?	sprechen Sie Englisch?	"**shpre**-khen zee **eng**lish"
could you help me?	können Sie mir helfen?	"**kur'**nen zee meer **helfen**"

to **sleep**	schlafen	"**shlah**fen"
▷ **I can't sleep for the noise/heat**	ich kann bei dem Lärm/ der Hitze nicht schlafen	"ikh kan by daim **lairm**/der **hit**-se nikht **shlah**fen"
sleeper (berth)	der Schlafwagenplatz	"**shlahf**-vahgen-plats"
▷ **can I reserve a sleeper?**	kann ich einen Schlafwagenplatz reservieren?	"kan ikh ine-en **shlahf**-vahgen-plats rayzair-**vee**ren"
sleeping bag	der Schlafsack	"**shlahf**-zak"
sleeping car	der Schlafwagen	"**shlahf**-vahgen"
sleeping pills	die Schlaftabletten (pl)	"**shlahf**-ta-ble-ten"
slice	die Scheibe	"**shy**-be"
slide (photograph)	das Dia	"**dee**-a"
slow	langsam	"**lang**zahm"
▷ **slow down**	langsamer fahren	"**lang**-zahmer **fah**ren"
slowly	langsam	"**lang**zahm"
▷ **please speak slowly**	bitte sprechen Sie langsam	"**bi**-te **shpre**-khen zee **lang**zahm"
small	klein	"kline"
smaller	kleiner	"**kline**-er"
smell (unpleasant)	der Geruch der Gestank	"ge**rookh**" "ge**shtank**"
smoke[1] n	der Rauch	"rowkh"
to **smoke**[2] vb	rauchen	"**row**-khen"
▷ **do you mind if I smoke?**	macht es Ihnen etwas aus, wenn ich rauche?	"makht es **ee**-nen etvas ows ven ikh **row**-khe"
▷ **do you smoke?**	rauchen Sie?	"**row**-khen zee"
smoked	geräuchert	"ge-**roy**-khert"

smoking:

▷ I'd like a no smoking room/seat	ich hätte gern ein Nichtraucherzimmer/ einen Platz für Nichtraucher	"ikh het-te gairn ine **nikht**-rowkher-tsimmer/ ine-en plats foor **nikht**-rowkher"
▷ I'd like a seat in the smoking area	ich hätte gern einen Platz für Raucher	"ikh het-te gairn ine-en plats foor **rowk**her"

smoky:

▷ it's too smoky here	hier ist es zu verraucht	"heer ist es tsoo fair**rowkht**"

snack bar   die Snackbar

snorkel	der Schnorchel	"**shnor**-khel"

snorkelling:

▷ let's go snorkelling	wollen wir schnorcheln gehen?	"**voll**en veer **shnor**-kheln **gay**en"

snow¹ n	der Schnee	"shnay"
▷ the snow is very icy/ heavy	der Schnee ist sehr vereist/pappig	"der shnay ist zair fair-**iced**/**pa**-pikh"
▷ what are the snow conditions?	wie sind die Schneebedingungen?	"vee zint dee **shnay**-beding-oongen"

to **snow²** vb	schneien	"**shny**-en"
▷ is it going to snow?	wird es wohl schneien?	"veert es vohl **shny**-en"
▷ it's snowing	es schneit	"es shnite"

snowboard	das Snowboard	"**snow**bohrt"

snowboarding:

▷ where can we go snowboarding?	wo können wir hier Snowboard fahren?	"voh **kur**'-nen veer heer **snow**bohrt **fah**ren"

snowed up	eingeschneit	"**ine**-geshnite"

so	so	"zoh"
▷ so much	so viel	"zoh **feel**"

ABSOLUTE ESSENTIALS

do you have ...?	haben Sie ...?	"**hah**ben zee"
is there ...?	gibt es ...?	"gipt es"
are there ...?	gibt es ...?	"gipt es"
how much is ...?	was kostet ...?	"vas kostet"

soaking solution (*for contact lenses*)	die Aufbewahrungslösung	"**owf**be-vahroongs-**lur**'-zoong"
soap	die Seife	"**zy**-fe"
▷ there is no soap	es gibt hier keine Seife	"es gipt heer kine-e **zy**-fe"
soap powder	das Seifenpulver	"**zy**-fen-poolver"
sober	nüchtern	"**nookh**-tern"
socket (*electrical*)	die Steckdose	"**shtek**-doh-ze"
▷ where is the socket for my electric razor?	wo gibt es eine Steckdose für meinen Rasierapparat?	"voh gipt es ine-e **shtek**-doh-ze foor mine-en razeer-apa**raht**"
socks	die Socken (*pl*)	"**zocken**"
soda	das Soda	"**zoh**-da"
soft	weich	"**vykh**"
soft drink	der Soft Drink	
sole	die Seezunge	"**zay**-tsoong-e"
soluble aspirin	das lösliche Aspirin	"**lur's**-likh-e aspi-**reen**"
solution:		
▷ saline solution for contact lenses	Kochsalzlösung für Kontaktlinse	"**kokh**-zalts-**lur**'-zoong foor kon**takt**-linzen"
▷ cleansing solution for contact lenses	Reinigungslösung für Kontaktlinsen	"**ry**-nigoongs-**lur**'-zoong foor kon**takt**-linzen"
▷ soaking solution for contact lenses	Aufbewahrungslösung für Kontaktlinsen	"**owf**be-vahroongs-**lur**'-zoong foor kon**takt**-linzen"
some	einige	"**eye**-ni-ge"
someone	irgend jemand	"**irgent yay**mant"
something	etwas	"**etvas**"
sometimes	manchmal	"**mankh**-mal"
son	der Sohn	"**zohn**"

song	das Lied	"leet"
soon	bald	"balt"
sore	weh	"vay"
▷ **I have a sore throat**	ich habe Halsschmerzen	"ikh **hah**-be **hals**-shmairtsen"
▷ **my feet/eyes are sore**	mir tun die Füße/Augen weh	"meer toon dee **foo**-se/ **ow**-gen vay"
sorry:		
▷ **I'm sorry!**	tut mir leid!	"toot meer **lite**"
sort	die Art	"art"
▷ **what sort of cheese?**	was für Käse?	"vas foor **kay**-ze"
soup	die Suppe	"**zoo**-pe"
▷ **what is the soup of the day?**	welche Tagessuppe gibt es?	"**vel**-khe **tah**ges-zoo-pe gipt es"
south	der Süden	"**zoo**den"
souvenir	das Souvenir	"zoo-ve**neer**"
space	der Platz	"plats"
▷ **parking space**	der Parkplatz	"**park**-plats"
spade	der Spaten	"**shpah**-ten"
Spain	Spanien	"**shpah**-nee-en"
Spanish	spanisch	"**shpah**nish"
spanner	der Schraubenschlüssel	"**shrow**ben-shloo-ssel"
spare wheel	der Ersatzreifen	"**airzats**-ry-fen"
sparkling wine	der Schaumwein	"**showm**vine"
spark plugs	die Zündkerzen (*pl*)	"**tsoont**-kairtsen"
to speak	sprechen	"**shpre**-khen"
▷ **can I speak to ...?**	kann ich bitte ... sprechen?	"kan ikh **bi**-te ... **shpre**-khen"

ABSOLUTE ESSENTIALS

I don't understand	ich verstehe nicht	"ikh fair-**shtay**-e nikht"
I don't speak German	ich spreche kein Deutsch	"ikh **shpre**-khe kine doytch"
do you speak English?	sprechen Sie Englisch?	"**shpre**-khen zee **eng**lish"
could you help me?	können Sie mir helfen?	"**kur'**nen zee meer **hel**fen"

▷ please speak louder/ slowly	bitte sprechen Sie lauter/langsam	"**bi**-te **shpre**-khen zee **low**ter/**lang**zahm"
special	besondere	"be**zon**-de-re"
▷ do you have a special menu for children?	haben Sie ein spezielles Kindermenü?	"**hah**ben zee ine shpe-tsee-**el**-es **kin**der-me-**noo**"
speciality	die Spezialität	"shpe-tsee-ali-**tait**"
▷ is there a local speciality?	gibt es eine Spezialität dieser Gegend?	"gipt es ine-e shpe-tsee-ali-**tait** dee**zer gay**gent"
▷ what is the chef's speciality?	was ist die Spezialität des Hauses?	"vas ist dee shpe-tsee-ali-**tait** des **how**zes"
speed	die Geschwindigkeit	"ge**shvin**-dikh-kite"
speed limit	die Geschwindigkeits-begrenzung	"ge**shvin**-dikh-kites-be**gren**-tsoong"
▷ what is the speed limit on this road?	was ist die Höchstgeschwindigkeit auf dieser Straße?	"vas ist dee **hur'khst**-ge**shvin**-dikh-kite owf **dee**zer **shtrah**-se"
speedometer	der Tachometer	"**takho**-mayter"
to **spell**	buchstabieren	"bookh-shta-**beer**en"
▷ how do you spell it?	wie buchstabiert man das?	"vee bookh-shta-**beert** man das"
spicy	würzig	"**voort**-sikh"
spinach	der Spinat	"**shpee**-naht"
spirits	die Spirituosen	"shpee-ree-too-**ohz**en"
sponge	der Schwamm	"shvam"
spoon	der Löffel	"**lur'**-fel"
sport	der Sport	"shport"
▷ which sports activities are available here?	welche Sportmöglichkeiten gibt es hier?	"**vel**-khe **shport**-mur'glikh-kite-en gipt es heer"
spring (season)	der Frühling	"**froo**ling"

square (*in town*)	der Platz	"plats"
squash (*game, drink*)	das Squash	
stain	der Fleck	"flek"
▷ **this stain is coffee/ blood**	das ist ein Kaffeefleck/ Blutfleck	"das ist ine **kafay**-flek/ **bloot**flek"
▷ **can you remove this stain?**	können Sie diesen Fleck entfernen?	"**kur**'-nen zee deezen flek ent-**fairnen**"
stairs	die Treppe	"**tre**-pe"
stalls (*in theatre*)	das Parkett	"**parket**"
stamp	die Briefmarke	"**breef**-mar-ke"
▷ **do you sell stamps?**	verkaufen Sie Briefmarken?	"fair-**kow**fen zee **breef**- marken"
▷ **I'd like six stamps for postcards to America, please**	ich hätte gern sechs Briefmarken für Ansichtskarten nach Amerika bitte	"ikh het-te gairn zeks **breef**-marken foor **an**- zikhts-karten nakh **amay**-reeka **bi**-te"
▷ **twelve one mark stamps, please**	zwölf Briefmarken zu einer Mark bitte	"tsvur'lf **breef**-marken tsoo ine-er mark **bi**-te"
▷ **where can I buy stamps?**	wo kann ich hier Briefmarken kaufen?	"voh kan ikh heer **breef**- marken **kow**fen"
to start (*begin*)	anfangen	"**an**-fangen"
▷ **when does the film/ show start?**	wann fängt der Film/die Vorstellung an?	"van fengt der **film**/dee **for**-shtelloong an"
starter	die Vorspeise	"**for**-shpy-ze"
(*in car*)	der Anlasser	"**an**-lasser"
station	der Bahnhof	"**bahn**-hohf"
▷ **to the main station, please**	zum Hauptbahnhof bitte!	"tsoom **howpt**-bahn-hohf **bi**-te"
stationer's	die Schreibwarenhandlung	"**shripe**-vahren- **hant**loong"
to stay	bleiben	"**bly**-ben"

▷ **I'm staying at a hotel**	ich wohne in einem Hotel	"ikh **voh**-ne in ine-em ho**tel**"
▷ **I want to stay an extra night**	ich möchte noch eine Nacht bleiben	"ikh **mur**'-khte **nokh** ine-e nakht **bly**-ben"
▷ **where are you staying?**	wo wohnen Sie?	"voh **voh**nen zee"
steak	das Steak	"stayk"
steep	steil	"shtile"
sterling	das Pfund Sterling	"das pfoont **shtair**ling"
▷ **pounds sterling**	Pfund Sterling	"pfoont **shtair**ling"
▷ **what is the rate for sterling?**	wie steht der Kurs für das Pfund Sterling?	"vee shtait der koors foor das pfoont **shtair**ling"
stew	das Eintopfgericht	"**ine**-topf-ge**rikht**"
steward (*on plane*)	der Steward	"**styoo**-art"
stewardess	die Stewardeß	"**styoo**-ardess"
sticking plaster	das Heftpflaster	"**heft**-pflaster"
still (*motionless*)	still	"shtil"
sting	der Stachel	"**shtakh**-el"
stockings	die Strümpfe	"**shtroomp**-fe"
stolen	gestohlen	"ge**shtoh**-len"
▷ **my passport/my watch has been stolen**	mein Paß/meine Armbanduhr ist gestohlen worden	"mine pass/mine-e **arm**bant-oor ist ge**shtoh**-len vorden"
stomach	der Magen	"**mah**gen"
stomach ache	die Magenschmerzen (*pl*)	"**mah**gen-shmairtsen"
stomach upset	der verdorbene Magen	"fair-**dor**-be-ne **mah**gen"
▷ **I have a stomach upset**	ich habe eine Magenverstimmung	"ikh **hah**-be ine-e **mah**gen-fair-shtimmoong"
to stop	halten	"**hal**ten"

▷ **is there a supplement to pay?**	muß man einen Zuschlag zahlen?	"moos man ine-en **tsoo**-shlahk **tsah**-len"
sure (*definite*)	bestimmt	"be**shtimt**"
surface mail	die Post auf dem Landweg/Seeweg	"post owf daim **lant**vaik/**zay**vaik"
surfboard	das Surfbrett	"**surf**-bret"
▷ **can I rent a surfboard?**	kann ich ein Surfbrett leihen?	"kan ikh ine **surf**-bret **ly**-en"
surfer	der Surfer	
surfing	das Surfen	"**surf**en"
▷ **I'd like to go surfing**	ich möchte surfen	"ikh **mur**'-khte **surf**en"
surname	der Nachname	"**nakh**-nah-me"
suspension (*in car*)	die Federung	"**fay**-deroong"
sweater	der Pullover	"poo-**lohv**er"
sweet	süß	"zoos"
sweetener	der Süßstoff	"**zoos**-shtoff"
sweets	die Süßigkeiten	"**zoo**sikh-kite-en"
to swim	schwimmen	"**shvim**men"
▷ **can one swim in the river?**	kann man in dem Fluß schwimmen?	"kan man in daim floos **shvim**men"
▷ **is it safe to swim here?**	kann man hier bedenkenlos schwimmen?	"kan man heer be**deng**ken-lohs **shvim**men"
▷ **can you swim?**	können Sie schwimmen?	"**kur**'-nen zee **shvim**men"
swimming:		
▷ **let's go swimming**	wollen wir schwimmen gehen?	"vollen veer **shvim**men **gay**en"
swimming pool	das Schwimmbad	"**shvim**baht"
▷ **is there a swimming pool?**	gibt es hier ein Schwimmbad?	"gipt es heer ine **shvim**baht"

ABSOLUTE ESSENTIALS

do you have ...?	haben Sie ...?	"**hah**ben zee"
is there ...?	gibt es ...?	"gipt es"
are there ...?	gibt es ...?	"gipt es"
how much is ...?	was kostet ...?	"vas kostet"

▷ **where is the municipal swimming pool?**	wo ist das städtische Schwimmbad?	"voh ist das **shtai**tish-e **shvim**baht"
swimsuit	der Badeanzug	"**bah**-de-antsook"
Swiss	schweizerisch	"**shvites**-erish"
switch	der Schalter	"**shal**ter"
to **switch off** (light)	ausschalten	"**ows**-shalten"
(machine)	abschalten	"**ap**-shalten"
(gas, water)	abstellen	"**ap**-shtellen"
▷ **can I switch the light/ radio off?**	kann ich das Licht/Radio ausmachen?	"kan ikh das **likht**/ **rah**dee-o **ows**-makhen"
to **switch on** (light, machine)	einschalten	"**ine**-shalten"
(gas, water)	anstellen	"**an**-shtellen"
▷ **can I switch the light/ radio on?**	kann ich das Licht/Radio anmachen?	"kan ikh das **likht**/ **rah**dee-o **an**-makhen"
Switzerland	die Schweiz	"**shvites**"
synagogue	die Synagoge	"zoona-**goh**-ge"
table	der Tisch	"tish"
▷ **a table for four, please**	einen Tisch für vier bitte!	"ine-en tish foor feer **bi**-te"
▷ **the table is booked for ... o'clock this evening**	der Tisch ist für heute abend um ... bestellt	"der tish ist foor **hoy**-te **ah**bent oom ... be-**shtelt**"
tablecloth	die Tischdecke	"**tish**-de-ke"
tablespoon	der Eßlöffel	"**ess**-lur'fel"
tablet	die Tablette	"ta-**ble**-te"
table tennis	das Tischtennis	"**tish**-tennis"
to **take**	nehmen	"**nay**men"
▷ **how long does the journey take?**	wie lange dauert die Reise?	"vee **lang**-e **dow**-ert dee **ry**-ze"

▷ I take a continental size 40	ich trage Größe vierzig	"ikh **trah**-ge **grur'**-se **feer**-tsikh"
▷ I'd like to take a shower	ich möchte gern duschen	"ikh **mur'kh**-te gairn **doo**shen"
▷ could you take a photograph of us?	könnten Sie ein Foto von uns machen?	"**kur'n**-ten zee ine **fo**to fon oonz **ma**khen"
talc	der Körperpuder	"**kur**per-pooder"
to **talk**	sprechen	"**shpre**-khen"
tall	groß	"grohs"
▷ how tall are you?	wie groß sind Sie?	"vee **grohs** zind zee"
▷ how tall is it?	wie hoch ist es?	"vee **hohkh** ist es"
▷ I am 1m 80 tall	ich bin 1,80 m groß	"ikh bin ine mayter **akh**-tsikh **grohs**"
▷ it is 10m tall	es ist 10 m hoch	"es ist **tsain** mayter **hohkh**"
tampons	die Tampons (*pl*)	
tape (*cassette*)	die Kassette	"ka**set**-te"
(*video*)	das Videoband	"**vee**day-oh-bant"
(*ribbon*)	das Band	"bant"
tape recorder	das Tonbandgerät	"**tohn**bant-ge**rait**"
tart	das Törtchen	"**turt**-khen"
tartar sauce	die Remouladensauce	"remoo-**lah**den-**zoh**-se"
taste[1] *n*	der Geschmack	"ge**shmak**"
to **taste**[2] *vb*	probieren	"pro**beer**-en"
▷ can I taste it?	kann ich es probieren?	"kan ikh es pro**bee**-ren"
tax	die Steuer	"**shtoy**-er"
taxi	das Taxi	"**ta**xi"
▷ can you order me a taxi, please?	können Sie mir bitte ein Taxi bestellen?	"**kur'**-nen zee meer **bi**-te ine **ta**xi be-**shtel**len"
taxi rank	der Taxistand	"**ta**xi-shtant"

ABSOLUTE ESSENTIALS

I don't understand	ich verstehe nicht	"ikh fair-**shtay**-e nikht"
I don't speak German	ich spreche kein Deutsch	"ikh **shpre**-khe kine doytch"
do you speak English?	sprechen Sie Englisch?	"**shpre**-khen zee **eng**lish"
could you help me?	können Sie mir helfen?	"**kur'**nen zee meer **hel**fen"

tea	der Tee	"tay"
tea bag	der Teebeutel	"**tay**-boytel"
to **teach**	unterrichten	"oonter-**rikh**ten"
teacher (*male*)	der Lehrer	"**lay**rer"
(*female*)	die Lehrerin	"**lay**-rerin"
team	die Mannschaft	"**man**shaft"
team games	die Mannschaftsspiele (*pl*)	"**man**shafts-shpee-le"
teapot	die Teekanne	"**tay**-ka-ne"
teaspoon	der Teelöffel	"**tay**-lur'fel"
teat	die Brustwarze	"**broost**-vart-se"
(*on bottle*)	der Sauger	"**zow**ger"
tee shirt	das T-shirt	
teeth	die Zähne (*pl*)	"**tsay**-ne"
telegram	das Telegramm	"taylay-**gram**"
▷ **where can I send a telegram from?**	wo kann ich hier ein Telegramm aufgeben?	"voh kan ikh heer ine taylay-**gram owf**-gayben"
▷ **I want to send a telegram**	ich möchte ein Telegramm aufgeben	"ikh **mur'kh**-te ine taylay-**gram owf**-gayben"
telephone[1] *n*	das Telefon	"taylay-**fohn**"
to **telephone**[2] *vb*	telefonieren	"taylay-foh-**nee**ren"
▷ **how much is it to telephone Britain/the USA?**	wieviel kostet es, nach Großbritannien/in die USA zu telefonieren?	"vee**feel** kostet es nakh grohs-bri**tah**-nee-en/in dee oo-es-**ah** tsoo taylay-foh-**nee**ren"
telephone book	das Telefonbuch	"taylay-**fohn**-bookh"
telephone box	die Telefonzelle	"taylay-**fohn**-tse-le"
telephone call	der Anruf	"**an**roof"

ABSOLUTE ESSENTIALS		
I would like ...	ich möchte ...	"ikh **mur'kh**-te"
I need ...	ich brauche ...	"ikh **brow**-khe"
where is ...?	wo ist ...?	"vo ist"
I'm looking for ...	ich suche ...	"ikh **zoo**-khe"

▷ **I'd like to make a telephone call**	ich möchte gern telefonieren	"ikh **mur'kh**te gairn taylay-foh-**nee**ren"
telephone directory	das Telefonbuch	"taylay-**fohn**-bookh"
television	das Fernsehen	"**fairn**-zayen"
television lounge	der Fernsehraum	"**fairn**-zay-rowm"
▷ **is there a television lounge?**	gibt es hier einen Fernsehraum?	"gipt es heer ine-en **fairn**-zay-rowm"
television set	der Fernsehapparat	"**fairn**-zay-apa**raht**"
telex	das Telex	"**tay**lex"
to **tell**	erzählen	"air-**tsay**len"
temperature	die Temperatur	"tempera**toor**"
▷ **to have a temperature**	Fieber haben	"**fee**ber **hah**ben"
▷ **what is the temperature?**	wieviel Grad sind es?	"vee**feel** graht zint es"
temporary	provisorisch	"provee-**zoh**-rish"
ten	zehn	"tsayn"
tennis	das Tennis	
▷ **where can we play tennis?**	wo können wir Tennis spielen?	"voh **kur'n**-en veer tennis **shpee**len"
tennis ball	der Tennisball	"**ten**nis-bal"
tennis court	der Tennisplatz	"**ten**nis-plats"
▷ **how much is it to hire a tennis court?**	was kostet es, einen Tennisplatz zu mieten?	"vas kostet es ine-en **ten**nis-plats tsoo **mee**ten"
tennis racket	der Tennisschläger	"**ten**nis-**shlay**ger"
tent	das Zelt	"tselt"
▷ **can we pitch our tent here?**	können wir unser Zelt hier aufschlagen?	"**kur'n**-en veer oonzer tselt heer **owf**-shlagen"
tent peg	der Hering	"**hay**ring"

ABSOLUTE ESSENTIALS

do you have ...?	haben Sie ...?	"**hah**ben zee"
is there ...?	gibt es ...?	"gipt es"
are there ...?	gibt es ...?	"gipt es"
how much is ...?	was kostet ...?	"vas kostet"

terminus	die Endstation	"**ent**-shtatsyon"
terrace	die Terrasse	"tay-**ra**-se"
▷ can I eat on the terrace?	kann ich auf der Terrasse essen?	"kan ikh owf der tay-**ra**-se essen"
than	als	"als"
▷ better than this	besser als das	"besser als das"
thank you	danke	"**dang**-ke"
▷ thank you very much	vielen Dank	"**fee**-len dank"
▷ no, thank you	nein danke!	"nine **dang**-ke"
that	das	"das"
▷ that one	das dort	"das dort"
to thaw:		
▷ it's thawing	es taut	"es towt"
theatre	das Theater	"tay-**ah**ter"
their	ihr	"eer"
then	dann	"dan"
there	dort	"dort"
▷ there is/there are	es gibt	"es gipt"
thermometer	das Thermometer	"termo-**may**ter"
these	diese	"**dee**-ze"
they	sie	"zee"
thief	der Dieb	"deep"
thing	das Ding	"ding"
▷ my things	meine Sachen	"**mine**-e **zakh**-en"
to think	denken	"**den**ken"
third	dritte	"**dri**-te"
thirsty	durstig	"**door**-stikh"

ABSOLUTE ESSENTIALS		
yes (please)	ja (bitte)	"ya (**bi**-te)"
no (thank you)	nein (danke)	"nine (**dang**-ke)"
hello	guten Tag	"**goo**ten tahk"
goodbye	auf Wiedersehen	"owf **veeder**-zay-en"

▷ **I'm thirsty**	ich habe Durst	"ikh **hah**-be **doorst**"
thirteen	dreizehn	"**dry**-tsayn"
thirty	dreißig	"**dry**-sikh"
this	dies	"dees"
▷ **this one**	das hier	"das heer"
those	jene	"**yay**-ne"
thousand	tausend	"**tow**zent"
thread	der Faden	"**fah**den"
three	drei	"dry"
throat	die Kehle	"**kay**-le"
▷ **I want something for a sore throat**	ich möchte etwas gegen Halsschmerzen	"ikh **mur'kh**-te **et**vas **gay**gen **hals**-shmairtsen"
throat lozenges	die Halspastillen	"**hals**-pas-**till**en"
through	durch	"doorkh"
▷ **I can't get through**	ich komme nicht durch	"ikh **ko**-me nikht doorkh"
▷ **is it/this a through train?**	fährt der/dieser Zug durch?	"fairt der/deezer tsook **doorkh**"
to thunder:		
▷ **I think it's going to thunder**	ich glaube, es donnert gleich	"ikh **glow**-be es **don**nert glykh"
thunderstorm	das Gewitter	"ge**vi**-ter"
▷ **will there be a thunderstorm?**	wird es ein Gewitter geben?	"veert es ine ge**vi**-ter **gay**ben"
Thursday	der Donnerstag	"**don**ners-tahk"
ticket	die Karte	"**kar**-te"
▷ **can you book the tickets for us?**	können Sie bitte für uns die Karten reservieren?	"**kur'n**-en zee **bi**-te foor oons dee **kar**ten rayzair-**veer**en"

▷ where do I buy a ticket?	wo kann ich eine Fahrkarte kaufen?	"voh kan ikh ine-e **fahr**-kar-te **kow**fen"
▷ can I buy the tickets here?	kann ich hier die Tickets kaufen?	"kan ikh heer dee **tickets** **kow**fen"
▷ a single ticket	eine einfache Fahrkarte	"ine-e **ine**-fa-khe **fahr**-kar-te"
▷ a return ticket	eine Rückfahrkarte	"ine-e **rook**fahr-kar-te"
▷ two tickets for the opera/theatre	zwei Karten für die Oper/das Theater	"tsvy **kar**-ten foor dee **oh**-per/das tay-**ah**ter"
▷ a book of tickets	ein Fahrscheinheft	"ine **fahr**-shine-heft"
ticket collector	der Schaffner	"**shaf**-ner"
ticket office	der Fahrkartenschalter	"**far**-karten-shalter"
tide	die Gezeiten (*pl*)	"ge-**tsite**-ten"
tie	die Krawatte	"krava-te"
tights	die Strumpfhose (*sing*)	"**shtroompf**-hoh-ze"
till[1] *n*	die Kasse	"**ka**-se"
till[2] *prep*	bis	"bis"
▷ I want to stay three nights from ... till ...	ich möchte drei Nächte vom ... bis zum ... bleiben	"ikh **mur'kh**-te dry **nekh**-te fom ... bis tsoom ... **bly**-ben"
time	die Zeit	"tsite"
▷ this time	diesmal	"**dees**mal"
▷ what time is it?	wieviel Uhr ist es?	"vee**feel** oor ist es"
▷ do we have time to visit the town?	haben wir Zeit, um die Stadt zu besichtigen?	"**hah**ben veer tsite oom dee shtat tsoo be-**zikh**-tigen"
▷ what time do we get to ...?	wann kommen wir in ... an?	"van **kom**men veer in ... an"
▷ is it time to go?	ist es Zeit zu gehen?	"ist es tsite tsoo **gay**en"
timetable	der Fahrplan	"**fahr**-plan"
▷ can I have a timetable?	kann ich einen Fahrplan haben?	"kann ikh ine-en **fahr**-plan **hah**ben"

timetable board	der Fahrplan	"**fahr**-plan"
tin	die Dose	"**doh**-ze"
tinfoil	die Alufolie	"ahloo-**fohlee**-e"
tin-opener	der Dosenöffner	"**doh**zen-ur'fner"
tinted	getönt	"ge**tur'nt**"
▷ **my hair is tinted**	ich habe getönte Haare	"ikh **hah**-be ge**tur'n**-te **hah**-re"
tip (*to waiter etc*)	das Trinkgeld	"**trink**-gelt"
▷ **is it usual to give a tip?**	gibt man normalerweise ein Trinkgeld?	"gipt man nor**maler**-vy-ze ine **trink**-gelt"
▷ **how much should I give as a tip?**	wieviel Trinkgeld soll ich geben?	"vee**feel trink**-gelt zol ikh **gay**ben"
▷ **is the tip included?**	ist Trinkgeld inbegriffen?	"ist **trink**-gelt **in**-be-griffen"
tipped (*cigarettes*)	Filter-	"**filter**"
tired	müde	"**moo**-de"
tiring	anstrengend	"**an**-shtreng-ent"
tissues	die Papiertaschentücher (*pl*)	"pa**peer**-tashen-too-kher"
to	zu	"tsoo"
(*with names of places*)	nach	"nakh"
toast	der Toast	"tohst"
▷ **two slices of toast**	zwei Scheiben Toast	"tsvy **shy**-ben **tohst**"
tobacco	der Tabak	"**tabak**"
tobacconist	die Tabakwarenhandlung	"tabak-**vahren**-**hant**loong"
today	heute	"**hoy**-te"
▷ **is it open today?**	hat es heute geöffnet?	"hat es **hoy**-te ge-**ur'f**-net"
together	zusammen	"tsoo-**zamen**"
toilet	die Toilette	"twa-**le**-te"

ABSOLUTE ESSENTIALS

do you have ...?	haben Sie ...?	"**hahben** zee"
is there ...?	gibt es ...?	"**gipt** es"
are there ...?	gibt es ...?	"**gipt** es"
how much is ...?	was kostet ...?	"**vas** kostet"

▷ is there a toilet for the disabled?	gibt es hier eine Toilette für Behinderte?	"gipt es heer ine-e twa-le-te foor behin-der-te"
▷ where are the toilets, please?	wo sind die Toiletten bitte?	"voh zint dee twa-le-ten bi-te"
▷ is there a toilet on board?	gibt es eine Toilette im Bus?	"gipt es ine-e twa-le-te im boos"
▷ the toilet won't flush	die Toilettenspülung funktioniert nicht	"dee twa-le-ten-shpooloong foonk-tsyoh-neert nikht"
toilet paper	das Toilettenpapier	"twa-le-ten-papeer"
▷ there is no toilet paper	es gibt kein Toilettenpapier	"es gipt kine twa-le-ten-papeer"
toll	die Maut	"mowt"
▷ is there a toll on this motorway?	muß man für diese Autobahn eine Mautgebühr zahlen?	"moos man foor dee-ze owto-bahn ine-e mowt-geboor tsahlen"
tomato	die Tomate	"tomah-te"
tomato juice	der Tomatensaft	"tomah-ten-zaft"
tomato soup	die Tomatensuppe	"tomah-ten-zoo-pe"
tomorrow	morgen	"morgen"
▷ tomorrow morning	morgen früh	"morgen froo"
▷ tomorrow afternoon	morgen nachmittag	"morgen nakh-mitak"
▷ tomorrow night	morgen abend	"morgen ahbent"
▷ is it open tomorrow?	hat es morgen geöffnet?	"hat es morgen ge-ur'f-net"
tongue	die Zunge	"tsoon-ge"
tonic water	das Tonic	
tonight	heute abend	"hoy-te ahbent"
too (also)	auch	"owkh"
▷ it's too big	es ist zu groß	"es ist tsoo grohs"
tooth	der Zahn	"tsahn"

▷ **I've broken a tooth**	mir ist ein Zahn abgebrochen	"meer ist ine tsahn **ap**-gebro-khen"
toothache	die Zahnschmerzen (*pl*)	"**tsahn**-shmairtsen"
▷ **I have toothache**	ich habe Zahnschmerzen	"ikh **hah**-be **tsahn**-shmairtsen"
▷ **I want something for toothache**	ich möchte etwas gegen Zahnschmerzen	"ikh **mur'kh**-te **et**vas **gay**gen **tsahn**-shmairtsen"
toothbrush	die Zahnbürste	"**tsahn**-boor-ste"
toothpaste	die Zahnpasta	"**tsahn**-pasta"
toothpick	der Zahnstocher	"**tsahn**-shto-kher"
top[1] *n* (*of mountain*)	der Gipfel	"**gip**fel"
(*lid*)	der Deckel	"**de**kel"
(*surface*)	die Oberfläche	"**oh**ber-fle-khe"
▷ **on top of ...**	oben auf ...	"**oh**-ben owf"
top[2] *adj*	oberste	"**oh**ber-ste"
▷ **the top floor**	das oberste Stockwerk	"das **oh**ber-ste **shtok**verk"
torch	die Taschenlampe	"**tash**en-lam-pe"
torn	zerrissen	"tsair-**riss**en"
total	die Endsumme	"**ent**-zoo-me"
tough (*meat*)	zäh	"tsay"
tour	die Fahrt	"fahrt"
▷ **how long does the tour take?**	wie lange dauert die Rundfahrt?	"vee lang-e **dow**-ert dee **roont**fahrt"
▷ **when is the bus tour of the town?**	wann ist die Stadtrundfahrt?	"van ist dee **shtat**-roontfahrt"
▷ **the tour starts at about ...**	die Tour beginnt gegen ...	"dee toor be**gint gay**gen"
tourist	der Tourist	"too**rist**"
tourist information office	das Fremdenverkehrsbüro	"**frem**den-fair-**kairs**-booroh"

▷ I'm looking for the tourist information office	ich suche das Fremdenverkehrsamt	"ikh **zoo**-khe das **frem**den-fair-**kairs**-amt"
tourist ticket	die Touristenkarte	"too**ris**-ten-kar-te"
to tow (*car, boat*)	abschleppen	"**ap**-shleppen"
▷ can you tow me to a garage?	könnten Sie mich bitte bis zu einer Werkstatt abschleppen?	"**kur'n**-ten zee mikh **bi**-te bis tsoo ine-er **vairk**-shtat **ab**-schleppen"
towel	das Handtuch	"**hant**-tookh"
▷ the towels have run out	es gibt hier kein Handtuch	"es gipt heer kine **hant**-tookh"
town	die Stadt	"shtat"
town centre	das Stadtzentrum	"shtat-**tsen**troom"
town plan	der Stadtplan	"shtat-plan"
tow rope	das Abschleppseil	"**ap**shlep-zile"
toy	das Spielzeug	"**shpeel**-tsoyk"
toy shop	der Spielzeugladen	"**shpeel**-tsoyk-lahden"
traditional	traditionell	"tradee-tsee-o**nel**"
traffic	der Verkehr	"fair-**kair**"
▷ is the traffic heavy on the motorway?	gibt es viel Verkehr auf der Autobahn?	"gipt es feel fair-**kair** owf der **owto**-bahn"
▷ is there a route that avoids the traffic?	gibt es eine Umgehungsstraße?	"gipt es ine-e **oom**-gay-oongs-shtrah-se"
traffic jam	der Stau	"shtow"
trailer	der Anhänger	"**anheng**-er"
train	der Zug	"tsook"
▷ is this the train for ...?	ist das der Zug nach ...?	"ist das der tsook nakh"
▷ what times are the trains?	zu welchen Zeiten fahren die Züge?	"tsoo **vel**-khen **tsy**-ten **fahren** dee **tsoo**-ge"

ABSOLUTE ESSENTIALS		
I would like ...	ich möchte ...	"ikh **mur'kh**-te"
I need ...	ich brauche ...	"ikh **brow**-khe"
where is ...?	wo ist ...?	"vo ist"
I'm looking for ...	ich suche ...	"ikh **zoo**-khe"

▷ **are there any cheap train fares?**	gibt es billige Zugfahrten?	"gipt es **bili**-ge **tsook**-fahrten"
▷ **does this train go to ...?**	fährt dieser Zug nach ...?	"fairt **deez**er tsook nakh"
▷ **how frequent are the trains to town?**	wie oft fahren die Züge in die Stadt?	"vee oft **fahr**en dee **tsoo**-ge in dee **shtat**"
▷ **does this train stop at ...?**	hält dieser Zug in ...?	"helt **deez**er **tsook** in"
▷ **when is the first/next/ last train to ...?**	wann fährt der erste/ nächste/letzte Zug nach ...?	"van fairt der **air**-ste/ **nekh**-ste/**let**-ste **tsook** nakh"
training shoes	die Trainingsschuhe	"**train**ings-shoo-e"
tram	die Straßenbahn	"**shtrah**-sen-bahn"
trampoline	das Trampolin	"**tramp**oleen"
to **transfer** (*money*)	überweisen	"oober-**vy**-zen"
▷ **I should like to transfer some money from my account**	ich möchte gern Geld von meinem Konto überweisen	"ikh **mur'kh**-te gairn **gelt** fon mine-em **kon**to oober-**vy**-zen"
to **translate**	übersetzen	"oober-**zet**sen"
▷ **could you translate this for me?**	können Sie das für mich übersetzen?	"**kur'n**-en zee das foor mikh oober-**zet**sen"
translation	die Übersetzung	"oober-**zet**soong"
to **travel**	reisen	"**ry**-zen"
▷ **I am travelling alone**	ich reise allein	"ikh **ry**-ze a-**line**"
travel agent	das Reisebüro	"**ry**-ze-boo**roh**"
traveller's cheques	die Reiseschecks (*pl*)	"**ry**-ze-sheks"
▷ **do you accept traveller's cheques?**	nehmen Sie Reiseschecks an?	"**nay**men zee **ry**-ze-sheks an"
▷ **can I change my traveller's cheques here?**	kann ich hier meine Reiseschecks einlösen?	"kan ikh heer mine-e **ry**-ze-sheks **ine**-lur'-zen"
travel-sick:		
▷ **I get travel-sick**	ich werde reisekrank	"ikh verde **ry**-ze-krank"

ABSOLUTE ESSENTIALS

do you have ...?	haben Sie ...?	"**hahb**en zee"
is there ...?	gibt es ...?	"gipt es"
are there ...?	gibt es ...?	"gipt es"
how much is ...?	was kostet ...?	"vas kostet"

tray	das Tablett	"tablet"
tree	der Baum	"bowm"
to trim	nachschneiden	"nakh-shny-den"
▷ can I have a trim?	können Sie mir die Haare nachschneiden?	"kur'n-en zee meer dee hah-re nakh- shny-den"
trip	der Ausflug	"owsflook"
▷ this is my first trip to ...	das ist meine erste Reise nach ...	"das ist mine-e air-ste ry-ze nakh"
▷ a business trip	eine Geschäftsreise	"ine-e geshefts-ry-ze"
▷ do you run day trips to ...?	veranstalten Sie Tagesausflüge nach ...?	"fair-anshtal-ten zee tahges-ows-flooge nakh"
trolley	der Kofferkuli	"koffer-koolee"
trouble¹ n	die Schwierigkeiten	"shveerikh-kiten"
▷ I am in trouble	ich habe Probleme	"ikh hah-be problay-me"
▷ I'm having trouble with the phone/the key	ich habe Schwierigkeiten mit dem Telefon/dem Schlüssel	"ikh hah-be shveerikh-kiten mit daim taylay-fohn/daim shloossel"
to trouble² vb:		
▷ I'm sorry to trouble you	entschuldigen Sie die Störung	"entshool-di-gen zee dee shtur'-roong"
trousers	die Hose (sing)	"hoh-ze"
trout	die Forelle	"fo-rel-le"
true	wahr	"vahr"
trunk	der Schrankkoffer	"shrank-koffer"
▷ I'd like to send my trunk on ahead	ich möchte meinen Koffer vorschicken	"ikh mur'kh-te mine-en koffer for-shiken"
trunks	die Badehose (sing)	"bah-de-hoh-ze"
to try	versuchen	"fairzoo-khen"
to try on	anprobieren	"anproh-beeren"

▷ **may I try on this dress?**	kann ich dieses Kleid anprobieren?	"kan ikh deezes klite **an**proh-beeren"
T-shirt	das T-shirt	
Tuesday	der Dienstag	"**deens**-tahk"
tuna	der Thunfisch	"**toon**fish"
tunnel	der Tunnel	"**too**nel"
▷ **the Channel tunnel**	der Kanaltunnel	"ka**nahl**-toonel"
turkey	der Truthahn	"**troot**hahn"
turn¹ n:		
▷ **it's my/her turn**	ich bin/sie ist an der Reihe	"ikh bin/**zee** ist an der **ry**-e"
to turn² vb (rotate)	drehen	"drayen"
to turn down (sound)	leiser stellen	"**ly**-zer shtellen"
(heating etc)	niedriger stellen	"**nee**-dree-ger shtellen"
turning	die Abzweigung	"**ap**-tsvy-goong"
▷ **is this the turning for ...?**	ist das die Abzweigung nach ...?	"ist das dee **ap**-tsvy-goong nakh"
▷ **take the second/third turning on your left**	nehmen Sie die zweite/ dritte Straße links	"**naymen** zee dee **tsvy**-te/**drit**-te **shtrah**-se **links**"
turnip	die Rübe	"**roo**-be"
to turn off (light etc)	ausmachen	"**ows**-makhen"
(tap)	zudrehen	"**tsoo**-drayen"
(engine)	abstellen	"**ap**-shtellen"
▷ **I can't turn the heating off**	ich kann die Heizung nicht abstellen	"ikh kan dee **hy**-tsoong nikht **ap**-shtellen"
to turn on (light etc)	anmachen	"**an**-makhen"
(tap)	aufdrehen	"**owf**-drayen"
(engine)	anlassen	"**an**-lassen"
▷ **I can't turn the heating on**	ich kann die Heizung nicht anstellen	"ikh kan dee **hy**-tsoong nikht **an**-shtellen"

ABSOLUTE ESSENTIALS

I don't understand	ich verstehe nicht	"ikh fair-**shtay**-e nikht"
I don't speak German	ich spreche kein Deutsch	"ikh **shpre**-khe kine doytch"
do you speak English?	sprechen Sie Englisch?	"**shpre**-khen zee **english**"
could you help me?	können Sie mir helfen?	"**kur**'nen zee meer **helfen**"

to **turn up** (*sound*)	lauter stellen	"**low**-ter shtellen"
(*heating etc*)	aufdrehen	"**owf**-drayen"
tweezers	die Pinzette	"pin-**tse**-te"
twelve	zwölf	"tsvur'lf"
twenty	zwanzig	"**tsvan**tsikh"
twenty-one	einundzwanzig	"ine-oont-**tsvan**tsikh"
twenty-two	zweiundzwanzig	"tsvye-oont-**tsvan**-tsikh"
twice	zweimal	"**tsvy**-mal"
twin-bedded room	das Zweibettzimmer	"**tsvy**-bet-tsimmer"
two	zwei	"tsvy"
typical	typisch	"**too**pish"
▷ **have you anything typical of this town/ region?**	haben Sie etwas Typisches von dieser Stadt/Gegend?	"**hah**ben zee **et**vas **too**pishes fon **dee**zer shtat/**gay**gent"
tyre	der Reifen	"**ry**-fen"
tyre pressure	der Reifendruck	"**ry**-fen-drook"
▷ **what should the tyre pressure be?**	wie hoch sollte der Reifendruck sein?	"vee hokh zol-te der **ry**-fen-drook zine"
UK	Großbritannien	"grohs-bri**tah**-nee-en"
umbrella (*for rain*)	der Regenschirm	"**ray**gen-sheerm"
(*on beach*)	der Sonnenschirm	"**zon**nen-sheerm"
uncomfortable	unbequem	"**oon**-bek**vaym**"
▷ **the bed is uncomfortable**	das Bett ist unbequem	"das bet ist **oon**-bek**vaym**"
unconscious	bewußtlos	"be**voost**-lohs"
under	unter	"**oon**ter"
underground	die U-Bahn	"**oo**-bahn"
underground station	die U-Bahnstation	"**oo**-bahn-shtat**syohn**"

underpass	die Unterführung	"oonter-**foo**roong"
to understand	verstehen	"fair-**shtay**en"
▷ **I don't understand**	ich verstehe nicht	"ikh fair-**shtay**-e nikht"
underwear	die Unterwäsche	"**oon**ter-ve-she"
United States	die Vereinigten Staaten	"fair-**ine**-ikh-ten **shtah**ten"
university	die Universität	"oonee-vairzee-**tait**"
unleaded petrol	das bleifreie Benzin	"**bly**-fry-e ben**tseen**"
to unpack	auspacken	"**ows**-pa-ken"
up	auf	"owf"
▷ **up there**	dort oben	"dort **oh**-ben"
upstairs	oben	"**oh**-ben"
urgent	dringend	"**dring**-ent"
USA	die USA	"oo-es-**ah**"
to use	benutzen	"be**noot**sen"
▷ **may I use your phone?**	darf ich hier telefonieren?	"darf ikh heer taylay-foh-**nee**ren"
useful	nützlich	"**noots**-likh"
usual	gewöhnlich	"ge**vur'n**-likh"
usually	gewöhnlich	"ge**vur'n**-likh"
vacancies	Zimmer frei	"**tsim**mer fry"
▷ **do you have any vacancies?** (*campsite*)	haben Sie noch freie Plätze?	"**hah**ben zee nokh **fry**-e **plet**-se"
to vacate:		
▷ **when do I have to vacate the room?**	wann muß ich das Zimmer räumen?	"van moos ikh das **tsim**mer **roy**men"
vacuum cleaner	der Staubsauger	"**shtowp**-zowger"
valid	gültig	"**gool**tikh"

valley	das Tal	"tahl"
valuable	wertvoll	"**vairt**fol"
valuables	die Wertsachen	"**vairt**-za-khen"
van	der Lieferwagen	"**lee**fer-vahgen"
vase	die Vase	"**vah**-ze"
VAT	die Mehrwertsteuer	"**mair**vairt-shtoyer"
▷ **does the price include VAT?**	ist die Mehrwertsteuer im Preis inbegriffen?	"ist dee **mair**vairt-shtoyer im price **in**-be-griffen"
veal	das Kalbfleisch	"**kalp**-flysh"
vegan	veganisch	"vay**gah**-nish"
▷ **is this suitable for vegans?**	ist das für Veganer geeignet?	"ist das foor vay**gah**ner ge-**ike**-net"
▷ **do you have any vegan dishes?**	haben Sie veganische Gerichte?	"**hah**ben zee vay**gah**-ni-she ge**rikh**-te"
vegetables	das Gemüse	"ge**moo**-ze"
▷ **are the vegetables included?**	ist Gemüse dabei?	"ist ge**moo**-ze da-**by**"
vegetarian	vegetarisch	"vaygay-**tah**rish"
▷ **is this suitable for vegetarians?**	ist das für Vegetarier geeignet?	"ist das foor vaygay-**tah**ree-er ge-**ike**-net"
▷ **do you have any vegetarian dishes?**	haben Sie vegetarische Gerichte?	"**hah**ben zee vaygay-**tah**ri-she ge**rikh**-te"
venison	das Wild	"vilt"
ventilator	der Ventilator	"ventee-**lah**tor"
vermouth	der Wermut	"**vair**moot"
vertigo:		
▷ **I suffer from vertigo**	mir wird leicht schwindelig	"meer veert lykht **shvin**-delikh"
very	sehr	"zair"

vest	das Unterhemd	"**oon**ter-hemt"
via	über	"**oo**ber"
video	das Video	"**vee**day-o"
video cassette	die Videokassette	"**vee**dayo-ka-**se**-te"
video recorder	das Videorekorder	"**vee**dayo-ray**kor**der"
Vienna	Wien	"veen"
view	die Aussicht	"**ows**-zikht"
▷ **I'd like a room with a view of the sea/the mountains**	ich hätte gern ein Zimmer mit Aussicht aufs Meer/auf die Berge	"ikh het-te gairn ine **tsim**mer mit **ows**-zikht owfs **mair**/owf dee **bair**-ge"
villa	die Villa	
village	das Dorf	"dorf"
vinegar	der Essig	"**es**sikh"
vineyard	der Weinberg	"**vine**bairk"
visa	das Visum	"**vee**zoom"
▷ **I have an entry visa**	ich habe ein Einreisevisum	"ikh **hah**-be ine **ine**-ry-ze-veezoom"
to visit	besuchen	"be**zoo**-khen"
▷ **can we visit the vineyard/church?**	können wir den Weinberg besuchen/ die Kirche besichtigen?	"**kur'n**-en veer dain **vine**bairk be**zoo**-khen/ dee **kir**-khe be**zikh**-tigen"
vitamin	das Vitamin	"veeta**meen**"
vodka	der Wodka	"**vod**ka"
volleyball	der Volleyball	"**vo**lee-bal"
voltage	das Volt	"volt"
▷ **what's the voltage?**	wie hoch ist die Spannung hier?	"vee hohkh ist dee **shpa**noong heer"

ABSOLUTE ESSENTIALS

I don't understand	ich verstehe nicht	"ikh fair-**shtay**-e nikht"
I don't speak German	ich spreche kein Deutsch	"ikh **shpre**-khe kine doytch"
do you speak English?	sprechen Sie Englisch?	"**shpre**-khen zee **eng**lish"
could you help me?	können Sie mir helfen?	"**kur'**nen zee meer **helfen**"

waist	die Taille	"**tal**-ye"
waistcoat	die Weste	"**ve**-ste"
to **wait (for)**	warten (auf)	"**vahr**ten (owf)"
▷ **can you wait here for a few minutes?**	können Sie hier bitte ein paar Minuten warten?	"**kur'n**-nen zee heer **bi**-te ine pahr mi**noo**-ten **vahr**ten"
▷ **please wait for me**	bitte warten Sie auf mich	"**bi**-te **vahr**ten zee owf mikh"
waiter	der Ober	"**oh**-ber"
waiting room	der Warteraum	"**vahr**-te-rowm"
waitress	die Kellnerin	"**kel**-nerin"
to **wake**	wecken	"**ve**cken"
▷ **please wake me at 8.00**	bitte wecken Sie mich um acht Uhr	"**bi**-te **ve**cken zee mikh oom akht oor"
to **wake up**	aufwachen	"**owf**-vakhen"
Wales	Wales	"wails"
walk[1] *n*	der Spaziergang	"shpat-**seer**-gang"
▷ **to go for a walk**	einen Spaziergang machen	"ine-en shpat-**seer**-gang **ma**khen"
▷ **are there any interesting walks nearby?**	gibt es hier in der Nähe interessante Wanderwege?	"gipt es heer in der **nay**-e intay-re**san**-te **van**der-vay-ge"
to **walk**[2] *vb*	spazierengehen	"shpat-**seer**en-gayen"
wallet	die Brieftasche	"**breef**-ta-she"
walnut	die Walnuß	"**val**noos"
to **want**	wollen	"**vol**len"
warm	warm	"varm"
warning triangle	das Warndreieck	"**varn**dry-ek"
to **wash**	waschen	"**va**shen"

> **ABSOLUTE ESSENTIALS**
>
> | | | |
> |---|---|---|
> | I would like ... | ich möchte ... | "ikh **mur'kh**-te" |
> | I need ... | ich brauche ... | "ikh **brow**-khe" |
> | where is ...? | wo ist ...? | "vo ist" |
> | I'm looking for ... | ich suche ... | "ikh **zoo**-khe" |

▷ to wash oneself	sich waschen	"zikh **va**shen"
▷ where can I wash my clothes/my hands?	wo kann ich meine Kleider/mir die Hände waschen?	"voh kan ikh mine-e **kly**-der/meer dee **hen**-de **va**shen"
washable	waschbar	"**vash**bar"
▷ is it washable?	ist es waschbar?	"ist es **vash**bar"
washbasin	das Waschbecken	"**vash**-becken"
▷ the washbasin is dirty	das Waschbecken ist schmutzig	"das **vash**-becken ist **shmoo**-tsig"
▷ do I have to pay extra to use the washbasin?	muß man fürs Händewaschen extra zahlen?	"moos man foors **hen**-de-vashen **ex**tra **tsah**len"
washing	die Wäsche	"**ve**she"
▷ where can I do some washing?	wo kann ich ein paar Sachen waschen?	"voh kan ikh ine pahr **za**khen **va**shen"
washing machine	die Waschmaschine	"**vash**-mashee-ne"
▷ how do you work the washing machine?	wie funktioniert die Waschmachine?	"vee foonk-tsyoh-**neert** dee **vash**-mashee-ne"
washing powder	das Waschpulver	"**vash**-poolver"
washing-up liquid	das Spülmittel	"**shpool**-mittel"
wasp	die Wespe	"**ves**-pe"
waste bin	der Abfalleimer	"**apf**al-ime-er"
watch¹ *n*	die Armbanduhr	"**arm**bant-oor"
▷ I think my watch is slow/fast	ich glaube, meine Uhr geht nach/vor	"ikh **glow**-be mine-e **oor** gayt nakh/for"
▷ my watch has stopped	meine Uhr ist stehengeblieben	"mine-e **oor** ist **shtay**en-geblee-ben"
to **watch²** *vb*	zuschauen	"**tsoo**-showen"
▷ could you watch my bag for a minute, please?	könnten Sie bitte einen Moment auf meine Tasche achten?	"**kur'n**-ten zee **bi**-te ine-en mo**ment** owf mine-e **ta**-she **akh**-ten"
water	das Wasser	"**vas**ser"

ABSOLUTE ESSENTIALS

do you have ...?	haben Sie ...?	"**hah**ben zee"
is there ...?	gibt es ...?	"gipt es"
are there ...?	gibt es ...?	"gipt es"
how much is ...?	was kostet ...?	"vas kostet"

▷ **there is no hot water**	es gibt kein heißes Wasser	"es gipt kine **hy**-ses **va**sser"
▷ **a glass of water**	ein Glas Wasser	"ine glahs **va**sser"
water heater	das Heißwassergerät	"hice-**va**sser-ge**rait**"
watermelon	die Wassermelone	"**va**sser-me**loh**-ne"
waterproof	wasserdicht	"**va**sser-dikht"
water-skiing	das Wasserskilaufen	"**va**sser-shee-**low**fen"
▷ **is it possible to go water-skiing here?**	kann man hier wasserskilaufen?	"kan man heer **va**sser-shee-**low**-fen"
wax	das Wachs	"vaks"
way (*means*)	die Weise	"**vy**-ze"
(*direction*)	der Weg	"vaik"
▷ **which is the way to ...?**	wie kommt man zu ...?	"vee komt man tsoo"
▷ **what's the best way to get to ...?**	wie komme ich am besten nach ...?	"vee **ko**-me ikh am **bes**ten nakh"
▷ **this way**	hier entlang	"heer ent**lang**"
▷ **that way**	dort entlang	"dort ent**lang**"
we	wir	"veer"
weak	schwach	"shvakh"
(*coffee*)	dünn	"doon"
to wear	tragen	"**trah**gen"
▷ **what should I wear?**	was soll ich anziehen?	"vas zoll ikh **an**-tsee-en"
weather	das Wetter	"**vet**ter"
▷ **what dreadful weather!**	was für ein furchtbares Wetter!	"vas foor ine **foorkht**-bar-es **vet**ter"
▷ **is the weather going to change?**	wird sich das Wetter ändern?	"veert zikh das **vet**ter **en**dern"
weather forecast:		
▷ **what's the weather forecast for tomorrow?**	wie ist die Wettervorhersage für morgen?	"vee ist dee **vet**ter-for**hair**-zah-ge foor **mor**gen"

wedding	die Hochzeit	"**hokh**-tsite"
▷ we are here for a wedding	wir sind zu einer Hochzeit gekommen	"veer zint tsoo ine-er **hokh**-tsite ge**kom**men"
Wednesday	der Mittwoch	"**mit**-vokh"
week	die Woche	"**vo**-khe"
▷ this week	diese Woche	"**dee**-ze **vo**-khe"
▷ last week	letzte Woche	"**let**-ste **vo**-khe"
▷ next week	nächste Woche	"**nekh**-ste **vo**-khe"
▷ for one/two weeks	eine/zwei Wochen	"ine-e/tsvy **vo**-khen"
weekday	der Werktag	"**vairk**-tahk"
weekend	das Wochenende	"**vokhen**-**en**-de"
weekly rate	die Wochenrate	"**vokhen**-**rah**-te"
weight	das Gewicht	"ge**vikht**"
to welcome	begrüßen	"be**groo**sen"
▷ you're welcome	bitte sehr!	"**bi**-te zair"
well	gut	"goot"
▷ he's not well	ihm geht's nicht gut	"eem gayts nihkt goot"
well done (steak)	durch	"doorkh"
Welsh	walisisch	"va-**lee**zish"
▷ I'm Welsh	ich komme aus Wales	"ikh **ko**-me ows wails"
west	der Westen	"**ves**ten"
wet	naß	"nas"
wetsuit	der Taucheranzug	"**tow**kher-**ant**sook"
what	was	"vas"
▷ what is it?	was ist das?	"vas ist das"
wheel	das Rad	"raht"
wheelchair	der Rollstuhl	"**rol**-shtool"
when	wann	"van"

ABSOLUTE ESSENTIALS

I don't understand	ich verstehe nicht	"ikh fair-**shtay**-e nikht"
I don't speak German	ich spreche kein Deutsch	"ikh **shpre**-khe kine doytch"
do you speak English?	sprechen Sie Englisch?	"**shpre**-khen zee **eng**lish"
could you help me?	können Sie mir helfen?	"**kur**'nen zee meer **hel**fen"

where	wo	"voh"
▷ **where are you from?**	woher kommen Sie?	"vo-**hair kom**men zee"
which	welche	"**vel**-khe"
▷ **which man?**	welcher Mann?	"**vel**-kher man"
▷ **which woman?**	welche Frau?	"**vel**-khe frow"
▷ **which book?**	welches Buch?	"**vel**-khes bookh"
▷ **which is it?**	welches ist es?	"**vel**-khes ist es"
while[1] *n*	die Weile	"**vy**-le"
▷ **in a while**	bald	"balt"
while[2] *conj*	während	"**vay**rent"
▷ **can you do it while I wait?**	können Sie es machen, während ich warte?	"**kur'n**-en zee es **ma**khen **vay**rent ikh **var**-te"
whipped cream	die Schlagsahne	"**shlahk**-zah-ne"
whisky	der Whisky	"**vis**ki"
▷ **I'll have a whisky**	ich hätte gern einen Whisky	"ikh **het**-te gairn ine-en **vis**ki"
▷ **whisky and soda**	Whisky mit Soda	"**vis**ki mit **zo**da"
white	weiß	"vice"
who	wer	"vair"
▷ **who is it?**	wer ist es?	"vair ist es"
whole	vollständig	"**fol**-shtendikh"
wholemeal bread	das Vollkornbrot	"**fol**korn-broht"
whose	wessen	"**ves**sen"
▷ **whose is it?**	wem gehört es?	"vaim gehurt es"
why	warum	"vah**room**"
wide	weit	"vite"
wife	die Frau	"frow"
window	das Fenster	"**fen**ster"
(*of shop*)	das Schaufenster	"**show**-fenster"

ABSOLUTE ESSENTIALS		
I would like ...	ich möchte ...	"ikh **mur'kh**-te"
I need ...	ich brauche ...	"ikh **brow**-khe"
where is ...?	wo ist ...?	"vo ist"
I'm looking for ...	ich suche ...	"ikh **zoo**-khe"

▷ **I'd like a window seat**	ich hätte gern einen Fenstersitz	"ikh het-te gairn ine-en **fen**ster-zits"
▷ **I can't open the window**	ich kann das Fenster nicht öffnen	"ikh kan das **fen**ster nikht **ur**'f-nen"
▷ **I have broken the window**	mir ist die Fensterscheibe kaputt gegangen	"meer ist dee **fen**ster-shy-be ka**poot** ge**gang**-en"
▷ **may I open the window?**	darf ich das Fenster aufmachen?	"darf ikh das **fen**ster **owf**-makhen"
▷ **in the window**	im Fenster	"im **fen**ster"
windscreen	die Windschutzscheibe	"**vint**-shoots-shy-be"
▷ **could you clean the windscreen?**	könnten Sie die Windschutzscheibe sauber machen?	"**kur'n**-ten zee dee **vint**-shoots-shy-be **zow**ber **ma**khen"
▷ **the windscreen has shattered**	die Windschutzscheibe ist zersplittert	"dee **vint**-shoots-shy-be ist tsair-**shpli**-tert"
windscreen washers	die Scheibenwaschanlage	"**shy**-ben-**vash**-anlah-ge"
▷ **can you top up the windscreen washers?**	können Sie die Scheibenwaschanlage auffüllen?	"**kur'n**-en zee dee **shy**-ben-**vash**-anlah-ge **owf**-foolen"
windscreen wiper	der Scheibenwischer	"**shy**ben-**vi**sher"
windsurfer (*person*) (*board*)	der Windsurfer das Surfbrett	"**vint**-surfer" "**surf**-bret"
▷ **can I hire a windsurfer?**	kann ich hier ein Surfbrett leihen?	"kan ikh heer ine **surf**-bret **ly**-en"
windsurfing	das Surfen	"**surf**en"
▷ **can I go windsurfing?**	kann ich hier windsurfen?	"kan ikh heer **vint**-surfen"
windy:		
▷ **it's (too) windy**	es ist (zu) windig	"es ist (tsoo) **vin**dikh"
wine	der Wein	"vine"
▷ **this wine is not chilled**	dieser Wein ist nicht kalt genug	"**dee**zer vine ist nikht **kalt** ge**nook**"

ABSOLUTE ESSENTIALS

do you have ...?	haben Sie ...?	"**hah**ben zee"
is there ...?	gibt es ...?	"gipt es"
are there ...?	gibt es ...?	"gipt es"
how much is ...?	was kostet ...?	"vas kostet"

▷ **can you recommend a good red/white/rosé wine?**	können Sie einen guten Rotwein/Weißwein/Rosé empfehlen?	"**kur'n**-en zee ine-en goo-ten **roht**vine/**vice**vine/ro**zay** emp-**fay**len"
▷ **a bottle/carafe of house wine**	eine Flasche/Karaffe Hauswein	"ine-e **fla**-she/**kara**-fe **hows**-vine"
▷ **red/white wine**	Rotwein/Weißwein	"**roht**vine/**vice**vine"
▷ **rosé/sparkling wine**	Rosé/Schaumwein	"ro**zay**/**showm**vine"
▷ **sweet/medium-sweet wine**	süßer/halbsüßer Wein	"**zoo**ser/**halp**zooser vine"
▷ **dry/medium-dry wine**	trockener/halbtrockener Wein	"**tro**kener/**halp**trokener vine"
wine list	die Weinkarte	"**vine**-kar-te"
▷ **may we see the wine list, please?**	können wir bitte die Weinkarte haben?	"**kur'n**-en veer **bi**-te dee **vine**-kar-te **hah**ben"
winter	der Winter	"**vin**ter"
with	mit	"mit"
without	ohne	"**oh**-ne"
woman	die Frau	"frow"
wood (*material*) (*forest*)	das Holz der Wald	"holts" "valt"
wool	die Wolle	"**vo**-le"
word	das Wort	"vort"
▷ **what is the word for ...?**	was ist das Wort für ...	"vas ist das **vort** foor"
to work (*person*) (*machine*)	arbeiten funktionieren	"**ar**by-ten" "foonk-tsyoh-**nee**-ren"
▷ **this does not work**	das funktioniert nicht	"das foonk-tsyoh-**neert** nikht"
▷ **how does this work?**	wie funktioniert das?	"vee foonk-tsyoh-**neert** das"
▷ **where do you work?**	wo arbeiten Sie?	"voh **ar**by-ten zee"
worried	besorgt	"be**zorkt**"
worse	schlimmer	"**shlim**mer"

worth	wert	"vairt"
▷ it's worth £100	es ist £100 wert	"es ist **hoon**dert **pfoont** vairt"
▷ how much is it worth?	wieviel ist es wert?	"**vee**feel ist es **vairt**"
would:		
▷ I would like ...	ich möchte ...	"ikh **mur'kh**-te"
to wrap (up)	einwickeln	"**ine**-vikeln"
▷ could you wrap it up for me, please?	könnten Sie es mir bitte einpacken?	"**kur'n**-ten zee es meer **bi**-te **ine**-packen"
wrapping paper	das Packpapier	"**pak**-pa-**peer**"
to write	schreiben	"**shry**-ben"
▷ could you write that down please?	können Sie das bitte aufschreiben?	"**kur'n**-en zee das **bi**-te **owf**shry-ben"
writing paper	das Briefpapier	"**breef**-pa-**peer**"
wrong	falsch	"falsh"
▷ there is something wrong with the brakes/the electrics	mit den Bremsen/der elektrischen Anlage stimmt etwas nicht	"mit dain **brem**zen/der **elek**-trishen **an**lah-ge shtimt **et**vas nikht"
▷ I think you've given me the wrong change	ich glaube, Sie haben mir falsch herausgegeben	"ikh **glow**-be zee **hah**ben meer falsh her-**ows** ge-**gay**-ben"
▷ what's wrong?	was ist los?	"vas ist **lohs**"
yacht	die Jacht	"yakht"
year	das Jahr	"yahr"
▷ this year	dieses Jahr	"**dee**-zes yahr"
▷ last year	letztes Jahr	"**let**-stes yahr"
▷ next year	nächstes Jahr	"**nekh**-stes yahr"
▷ every year	jedes Jahr	"**jay**-des yahr"
yellow	gelb	"gelp"
yes	ja	"ya"
▷ yes please	ja, bitte	"ya **bi**-te"

ABSOLUTE ESSENTIALS

I don't understand	ich verstehe nicht	"ikh fair-**shtay**-e nikht"
I don't speak German	ich spreche kein Deutsch	"ikh **shpre**-khe kine doytch"
do you speak English?	sprechen Sie Englisch?	"**shpre**-khen zee **english**"
could you help me?	können Sie mir helfen?	"**kur**'nen zee meer **helfen**"

yesterday	gestern	"**ges**tairn"
yet (*still*)	noch	"nokh"
(*already*)	schon	"shohn"
▷ **not yet**	noch nicht	"nokh **nikht**"
yoghurt	der Joghurt	"**yoh**-goort"
you	Sie	"zee"
(*informal singular*)	du	"doo"
(*informal plural*)	ihr	"eer"
young	jung	"yoong"
your	Ihr	"eer"
(*informal singular*)	dein	"dine"
(*informal plural*)	euer	"**oy**-er"
yours:		
▷ **it's yours**	es gehört Ihnen	"es ge**hurt ee**nen"
youth hostel	die Jugendherberge	"**yoo**gent-**hair**bair-ge"
▷ **is there a youth hostel?**	gibt es hier eine Jugendherberge?	"gipt es heer ine-e **yoo**gent-**hair**bair-ge"
zebra crossing	der Zebrastreifen	"**tsay**bra-**shtry**fen"
zero	null	"nool"
zip	der Reißverschluß	"**rice**-fair-shloos"
zoo	der Zoo	"tsoh"

In the pronunciation system used in this book, German sounds are represented by spellings of the nearest possible sounds in English. Hence, when you read out the pronunciation – shown in the third column, after the translation – sound the letters as if you were reading an English word. Whenever we think it is not sufficiently clear where to stress a word or phrase, we have used **bold** to highlight the syllable to be stressed. The following notes should help you:

	REMARKS	EXAMPLE	PRONUNCIATION
ow	Always as in *brown*, NOT as in *low*	**erlauben**	er**low**-ben
e	When this is the last vowel in a word, it is pronounced as a weak *uh* sound as in *travel*.	**hatte Beutel**	*hat-te boytel*
	Otherwise as in *met*	**etwas**	**et**vas
y	At the end of syllable, as in *fry*	**reisen**	*ry-zen*
	At the beginning of a syllable, as in *yet*	**Jahr**	*yahr*
oh	As in *go, low*	**wo**	*voh*
o	As in *dot*	**Wolke**	**vol**-ke
kh	As in Scottish *loch*	**Woche**	**vo**-khe
ah	As in *far* (without the 'r')	**Vater**	*fahter*
ur'	As in *hurt*, without the 'r' pronounced	**Möbel**	**mur'**-bel

Spelling in German is very regular and, with a little practice, you will soon be able to pronounce German words from their spelling alone. The only letters which are unlike English are:

ä	as in *bed*	**hätte**	**het**-te
äu	as in *boy*	**läutet**	**loy**-tet
ö	as in *ur'* (see above)	**öl**	*ur'l*
ü	as in *food*	**grün**	*groon*
ß	as *s*	**Fuß**	*foos*

In the weight and length charts the middle figure can be either metric or imperial. Thus 3.3 feet = 1 metre, 1 foot = 0.3 metres, and so on.

feet		metres	inches		cm	lbs		kg
3.3	1	0.3	0.39	1	2.54	2.2	1	0.45
6.6	2	0.61	0.79	2	5.08	4.4	2	0.91
9.9	3	0.91	1.18	3	7.62	6.6	3	1.4
13.1	4	1.22	1.57	4	10.6	8.8	4	1.8
16.4	5	1.52	1.97	5	12.7	11.0	5	2.2
19.7	6	1.83	2.36	6	15.2	13.2	6	2.7
23.0	7	2.13	2.76	7	17.8	15.4	7	3.2
26.2	8	2.44	3.15	8	20.3	17.6	8	3.6
29.5	9	2.74	3.54	9	22.9	19.8	9	4.1
32.9	10	3.05	3.9	10	25.4	22.0	10	4.5
			4.3	11	27.9			
			4.7	12	30.1			

°C	0	5	10	15	17	20	22	24	26	28	30	35	37	38	40	50	100
°F	32	41	50	59	63	68	72	75	79	82	86	95	98.4	100	104	122	212

Km	10	20	30	40	50	60	70	80	90	100	110	120
Miles	6.2	12.4	18.6	24.9	31.0	37.3	43.5	49.7	56.0	62.0	68.3	74.6

Tyre pressures

lb/sq in	15	18	20	22	24	26	28	30	33	35
kg/sq cm	1.1	1.3	1.4	1.5	1.7	1.8	2.0	2.1	2.3	2.5

Liquids

gallons	1.1	2.2	3.3	4.4	5.5		pints	0.44	0.88	1.76
litres	5	10	15	20	25		litres	0.25	0.5	1

CAR PARTS

accelerator	das Gaspedal	"**gah**s-pe**dahl**"
air conditioning	die Klimaanlage	"**klee**ma-**an**lah-ge"
antifreeze	der Frostschutz	"**frost**-shoots"
automatic	automatisch	"owto-**mah**tish"
battery	die Batterie	"ba-te**ree**"
boot	der Kofferraum	"**kof**fer-rowm"
brake fluid	die Bremsflüssigkeit	"**brems**-floosikh-kite"
brakes	die Bremsen (pl)	"**brems**zen"
car	das Auto	"**owto**"
carburettor	der Vergaser	"fair-**gah**zer"
car number	die Autonummer	"**owto**-noomer"
car wash	die Autowäsche	"**owto**-ve-she"
chain	die Kette	"**ke**-te"
de-ice	enteisen	"ent-**ize**-en"
diesel	das Dieselöl	"**dee**zel-ur'l"
engine	der Motor	"**moh**tor"
exhaust pipe	das Auspuffrohr	"**ows**poof**rohr**"
fan belt	der Keilriemen	"**kile**-reemen"
fuel pump	die Benzinpumpe	"bent**seen**-poom-pe"
garage	die Werkstatt	"**vairk**-shtat"
gear	der Gang	"**gang**"
headlights	die Scheinwerfer (pl)	"**shine**-vair-fer"
indicator	der Blinker	"**blin**ker"
jack	der Wagenheber	"**vah**gen-hayber"
jump leads	das Starthilfekabel	"**shtart**hil-fe-**kah**bel"
leak	das Leck	"**lek**"
luggage rack	die Gepäckablage	"ge**pek**-ap-lah-ge"
oil filter	der Ölfilter	"**ur'l**-filter"
petrol	das Benzin	"ben-**tseen**"
points	die Unterbrecher-kontakte	"**oon**ter-bre-kher-kon**tak**-te"
radiator	der Heizkörper	"**hyts**-kur'r-per"
roof rack	der Dachträger	"**dakh**-traiger"
shock absorber	der Stoßdämpfer	"**shtohs**-dempfer"
spare wheel	der Ersatzreifen	"**air**zats-**ryfen**"
spark plugs	die Zündkerzen (pl)	"**tsoont**kairtsen"
speedometer	der Tachometer	"**ta**kho-mayter"
suspension	die Federung	"**fay**deroong"
tyre	der Reifen	"**ry**-fen"
tyre pressure	der Reifendruck	"**ry**-fen-drook"
warning triangle	das Warndreieck	"**varn**dry-ek"
windscreen	die Windschutzscheibe	"**vint**-shoots-shybe"
windscreen washers	die Scheibenwaschanlage	"**shy**ben-**vash**-anlah-ge"
windscreen wiper	der Scheibenwischer	"**shy**ben**vi**sher"

COLOURS

black	schwarz	"shvarts"
blue	blau	"blow"
brown	braun	"brown"
colour	die Farbe	**"far**-be"
dark	dunkel	**"doon**kel"
green	grün	"groon"
grey	grau	"grow"
light	hell	"hel"
navy blue	marineblau	"ma**ree**-ne-blow"
orange	orange	"**oron**-je"
pink	rosa	"**rohza**"
purple	violett	"vee-o-**let**"
red	rot	"roht"
white	weiß	"vice"
yellow	gelb	"gelp"

COUNTRIES

America	Amerika	"**amay**-ree-ka"
Australia	Australien	"ow**strah**-li-en"
Austria	Österreich	"**ur's**-te-rykh"
Belgium	Belgien	"**bel**gee-en"
Britain	Großbritannien	"grohs-bri**tah**-nee-en"
Canada	Kanada	"**ka**nada"
England	England	"**eng**lant"
Europe	Europa	"oy-**roh**pa"
France	Frankreich	"**frank**-rykh"
Germany	Deutschland	"**doych**-lant"
Greece	Griechenland	"**gree**-khen-lant"
Ireland	Irland	"**eer**lant"
Italy	Italien	"i**tal**-yen"
Luxembourg	Luxemburg	"**look**sem-boork"
New Zealand	Neuseeland	"noy-**zay**lant"
Northern Ireland	Nordirland	"**nort**-irlant"
Portugal	Portugal	"**por**-too-gal"
Scotland	Schottland	"**shot**lant"
Spain	Spanien	"**shpah**-nee-en"
Switzerland	die Schweiz	"shvites"
United States	die Vereinigten Staaten	"fair-**ine**ikh-ten **shtah**ten"
USA	die USA	"oo-es-**ah**"
Wales	Wales	"wails"

DRINKS

alcohol	der Alkohol	"**al**-kohol"
alcoholic	alkoholisch	"alko-**hoh**lish"
aperitif	der Aperitif	"aperi**teef**"
beer	das Bier	"beer"
brandy	der Kognak	"**kon**yak"
champagne	der Champagner	"sham**pan**-yer"
cider	der Apfelwein	"**ap**fel-vine"
cocktail	der Cocktail	
cocoa	der Kakao	"ka**kow**"
coffee	der Kaffee	"**ka**fay"
coke®	die Cola	"**ko**la"
draught beer	das Faßbier	"**fass**-beer"
drinking chocolate	die heiße Schokolade	"**hy**-se shoko-**lah**-de"
drinking water	das Trinkwasser	"**trink**-vasser"
fruit juice	der Fruchtsaft	"**frookht**-zaft"
gin	der Gin	"gin"
gin and tonic	der Gin Tonic	"gin tonic"
grapefruit juice	der Grapefruitsaft	"-zaft"
juice	der Saft	"zaft"
lager	das helle Bier	"**he**-le beer"
lemonade	die Limonade	"leemo-**nah**-de"
lemon tea	der Zitronentee	"tsi-**troh**nen-tay"
liqueur	der Likör	"lee**kur**"
milk	die Milch	"milkh"
milkshake	der Milchshake	"**milkh**-shaik"
mineral water	das Mineralwasser	"mine**rahl**-vasser"
non-alcoholic	nichtalkoholisch	"nikht-alko**hoh**lish"
orange juice	der Orangensaft	"o**ron**-jen-zaft"
rosé (wine)	der Rosé	"ro**zay**"
shandy	das Bier mit Limonade	"beer mit leemo-**nah**-de"
sherry	der Sherry	
skimmed milk	die Magermilch	"**mah**ger-milkh"
soda	das Soda	"**zoh**-da"
soft drink	der Soft Drink	
spirits	die Spirituosen	"shpee-ree-too-**oh**zen"
squash	das Squash	
tea	der Tee	"tay"
tomato juice	der Tomatensaft	"to**mah**-ten-zaft"
tonic water	das Tonic	
vermouth	der Wermut	"**vair**moot"
vodka	der Wodka	"**vod**ka"
whisky	der Whisky	"**vis**ki"
wine	der Wein	"vine"

FISH AND SEAFOOD

anchovy	die Sardelle	"zardel-le"
caviar	der Kaviar	"kavee-ahr"
cod	der Kabeljau	"kahbel-yow"
crab	die Krabbe	"kra-be"
fish	der Fisch	"fish"
haddock	der Schellfisch	"shel-fish"
hake	der Seehecht	"zay-hekht"
herring	der Hering	"hayring"
lobster	der Hummer	"hoomer"
mackerel	die Makrele	"makray-le"
mussel	die Muschel	"mooshel"
oyster	die Auster	"owster"
prawn	die Garnele	"garnay-le"
salmon	der Lachs	"laks"
sardine	die Sardine	"zardee-ne"
scallop	die Jakobsmuschel	"yahkops-mooshel"
scampi	die Scampi	"skampi"
seafood	die Meeresfrüchte	"mayres-frookh-te"
shellfish	die Schaltiere	"shal-tee-re"
shrimp	die Garnele	"garnay-le"
sole	die Seezunge	"zay-tsoong-e"
trout	die Forelle	"fo-rel-le"
tuna	der Thunfisch	"toonfish"

FRUIT AND NUTS

almond	die Mandel	"**mand**el"
apple	der Apfel	"**apfel**"
apricot	die Aprikose	"apri-**koh**-ze"
banana	die Banane	"bana-ne"
blackcurrants	die schwarzen Johannisbeeren *(pl)*	"**shvar**-tsen yoh-**hann**is-bay-ren"
cherries	die Kirschen *(pl)*	"**keer**shen"
chestnut	die Kastanie	"kas-**tany**e"
coconut	die Kokosnuß	"**koh**kos-noos"
currant	die Korinthe	"**korin**-te"
date	die Dattel	"**da**-tel"
fig	die Feige	"**fy**-ge"
fruit	das Obst	"ohpst"
grapefruit	die Grapefruit	
grapes	die Trauben	"**trow**ben"
hazelnut	die Haselnuß	"**hah**zel-noos"
lemon	die Zitrone	"tsit**roh**-ne"
lime	die Limone	"lee**moh**-ne"
melon	die Melone	"me**loh**-ne"
nut	die Nuß	"noos"
olives	die Oliven	"ol**eeven**"
orange	die Orange	"**oron**-je"
peach	der Pfirsich	"**pfeer**zikh"
peanuts	die Erdnüsse	"**airt**-noo-se"
pear	die Birne	"**beer**-ne"
pineapple	die Ananas	"**a**-nanas"
pistachio	die Pistazie	"pis-**ta**-tsee-e"
plum	die Pflaume	"**pflow**-me"
prunes	die Backpflaumen	"bak-**pflow**men"
raisins	die Rosinen	"ro**zee**-nen"
raspberries	die Himbeeren	"**him**-bayren"
strawberries	die Erdbeeren	"**airt**-bayren"
walnut	die Walnuß	"**val**noos"
watermelon	die Wassermelone	"**va**sser-me**loh**-ne"

MEATS

bacon	der Frühstücksschinken	"**froo**shtooks-shinken"
beef	das Rindfleisch	"**rint**-flysh"
beefburger	der Hamburger	
breast	die Brust	"broost"
cheeseburger	der Cheeseburger	
chicken	das Hähnchen	"**hain**-khen"
chop	das Kotelett	"kot**let**"
cold meat	der Aufschnitt	"**owf**-shnit"
duck	die Ente	"**en**-te"
goose	die Gans	"gans"
ham	der Schinken	"**shin**ken"
hamburger	der Hamburger	
kidneys	die Nieren *(pl)*	"**nee**ren"
liver	die Leber	"**lay**ber"
meat	das Fleisch	"flysh"
mince	das Hackfleisch	"**hak**-flysh"
mutton	das Hammelfleisch	"**ha**mel-flysh"
pâté	die Pastete	"pas**tay**-te"
pheasant	der Fasan	"fa**zahn**"
pork	das Schweinefleisch	"**shvine**-e-flysh"
rabbit	das Kaninchen	"ka**neen**-khen"
salami	die Salami	
sausage	die Wurst	"voorst"
steak	das Steak	"stayk"
stew	das Eintopfgericht	"**ine**-topf-ge**rikht**"
turkey	der Truthahn	"**troot**hahn"
veal	das Kalbfleisch	"**kalp**-flysh"

11

SHOPS

baker's	die Bäckerei	"be-ke-**ry**"
barber	der (Herren)friseur	"(**herr**en)free-**zur**"
bookshop	die Buchhandlung	"**bookh**-hantloong"
butcher's	der Metzger	"**mets**-ger"
café	das Café	"ka**fay**"
chemist's	die Apotheke	"apoh-**tay**-ke"
dry-cleaner's	die chemische Reinigung	"**khay**mish-e **ry**-nigoong"
duty-free shop	der Duty-free-Shop	
grocer's	der Lebensmittelladen	"**lay**benz-mittel-**lah**den"
hairdresser	der Friseur	"free-**zur**"
health food shop	der Bioladen	"**bee**-o-lah-den"
ironmonger's	die Eisenwaren-handlung	"**ize**-en-vahren-hantloong"
jeweller's (shop)	der Juwelier	"yoovay-**leer**"
launderette	der Waschsalon	"**vash**-zalong"
market	der Markt	"markt"
newsagent	der Zeitungshändler	"**tsy**toongs-**hent**ler"
post office	das Postamt	"**post**amt"
shop	der Laden	"**lah**-den"
stationer's	die Schreibwaren-handlung	"**shripe**vahren-**hant**loong"
supermarket	der Supermarkt	"**zoop**er-markt"
tobacconist's	die Tabakwaren-handlung	"**tabakvahren** **hant**loong"
toy shop	der Spielzeugladen	"**shpeel**-tsoyk-lahden"

artichoke	die Artischocke	"arti-**sho**-ke"
asparagus	der Spargel	"**shpar**gel"
aubergine	die Aubergine	"ober-**jee**-ne"
avocado	die Avocado	"avo**ka**do"
bean	die Bohne	"**boh**-ne"
beetroot	die rote Bete	"**roh**-te **bay**-te"
broccoli	die Brokkoli	"**bro**-ko-lee"
Brussels sprouts	der Rosenkohl	"**roh**-zen-kohl"
cabbage	der Kohl	"kohl"
carrot	die Karotte	"ka-**rot**-te"
cauliflower	der Blumenkohl	"**bloo**men-kohl"
celery	der Stangensellerie	"**shtang**en-zelleree"
chives	der Schnittlauch	"**shnit**-lowkh"
courgettes	die Zucchini	"tsoo-**kee**nee"
cucumber	die Gurke	"**goor**-ke"
French beans	die grünen Bohnen	"**groo**nen **boh**nen"
garlic	der Knoblauch	"**knohp**-lowkh"
green pepper	die grüne Paprikaschote	"**groo**-ne **pa**preeka-shoh-te"
onions	die Zwiebeln	"**tsvee**beln"
parsley	die Petersilie	"payter-**zee**lee-e"
peas	die Erbsen	"**airp**sen"
pepper	die Paprikaschote	"**pa**preeka-shoh-te"
potatoes	die Kartoffeln	"kar-**toff**eln"
radish	der Rettich	"**rett**ikh"
spinach	der Spinat	"**shpee**-naht"
spring onion	die Frühlingszwiebel	"**froo**lings-**tsvee**bel"
tomato	die Tomate	"to**mah**-te"
turnip	die Rübe	"**roo**-be"
vegan	veganisch	"vay**gah**-nish"
vegetables	das Gemüse	"ge**moo**-ze"
vegetarian	vegetarisch	"vaygay-**tah**rish"

GERMAN–ENGLISH

A

Aal m eel

ab off; from; **ab und zu** now and then, now and again; **ab 8 Uhr** from 8 o'clock; **ab Sonntag** from Sunday onward; **ab Mai** from May onward; **Jugendliche ab 16 Jahren** children from (the age of) 16 up; **ab Frankfurt** starting from Frankfurt

abbestellen to cancel

abbiegen to turn (person, car)

Abbiegespur f filter lane

Abbildung f illustration

abblenden to dip (headlights)

Abblendlicht nt dipped headlights

Abend m evening; **am Abend** in the evening

Abendessen nt dinner; supper (main meal)

Abendgesellschaft f dinner party

Abendkasse f box office

Abendkleid nt evening dress (woman's)

abends in the evening(s)

Abendzeitung f evening paper

aber but

abfahren to pull out, leave

Abfahrt f departure

Abfahrtszeit f departure time

Abfall m rubbish

Abfallbehälter m, **Abfalleimer** m dustbin

Abfertigung f handling service

Abfertigungsschalter m check-in desk

abfliegen to take off (plane)

Abflug m takeoff; departure; **Abflug Inland** domestic departures; **Abflug Ausland** international departures

Abflughalle f departure lounge

Abflugschalter m check-in desk

Abflugtafel f departure board

Abflugzeit f departure time

Abfluß(-flüsse) m drains(s)

Abführmittel nt laxative

Abführtee m laxative tea

Abgase pl exhaust fumes

abgelaufen out-of-date (passport, ticket)

abgelegen secluded

abgelehnt refused

abgemacht agreed

Abhang(-hänge) m slope(s)

abhängig von subject to

abheben to withdraw (money)

abholen to fetch; to claim (lost property, baggage); **abholen lassen** to send for; **einen**

Freund abholen to pick up a friend

Abholgebühr f collection charge

Abholung f collection

ablaufen to expire

ablehnen to reject, refuse

ablesen to read

Abmachung f understanding, agreement

sich abmelden to check out

abnehmen to lose weight; **den Hörer abnehmen** to answer the phone

Abnutzung f wear and tear

Abonnent m subscriber

abonnieren to subscribe to (periodical)

Abreise f departure

abreisen to depart, set out

absagen to cancel

Absatz(-sätze) m heel(s) (of shoe); paragraph(s)

abschaffen to abolish

abschalten to switch off

abschicken to dispatch

Abschied m: **Abschied nehmen von** to say goodbye to

Abschleppdienst m breakdown service

abschleppen to tow; **Fahrzeug wird abgeschleppt** on tow

Abschleppseil nt

towrope
Abschleppwagen m breakdown van
abschließen to lock
abschmieren to lubricate
Abschnitt m counterfoil
Abschürfung f graze
sich abseilen to abseil (down)
abseits von away from
Absender m sender
Absicht f aim, intention
absichtlich on purpose
Abstand m distance; interval (time); **Abstand halten!** keep your distance!
abstellen to turn off; to park (car)
Abszeß m abscess
Abtei f abbey
Abteil nt compartment (on train)
Abteilung f department (in store)
abwärts down
abwechselnd in turn
abwesend absent
Abwesenheit f absence
abwürgen to stall (car engine)
abziehen to deduct, subtract; **etwas abziehen** to pull something off
Abzug(-züge) m print(s) (photographic)
abzüglich minus, less
Achse f axle
Achsel f shoulder
acht eight
achten auf to pay attention to; to be careful of
achte(r/s) eighth
achtgeben auf to be careful of; to pay attention to
Achtung f attention; **Achtung!** watch out; **Achtung, Achtung, eine**

Durchsage your attention please!; **Achtung Lebensgefahr!** danger; **Achtung Stufe!** mind the step
achtzehn eighteen
achtzig eighty
Acryl- acrylic
Adapter m adapter (electrical)
addieren to add (up)
Ader f vein
Adreßbuch nt directory
Adresse f address
adressieren to address (letter)
Agentur f agency
ähnlich alike, like, similar
Ahnung f: **keine Ahnung** no idea
Akne f acne
Akt m act (of play)
Aktenkoffer m briefcase
akzeptiert accepted
Alarmanlage f alarm
albern silly
Alge f seaweed
Alkohol m liquor; alcohol
alkoholfrei nonalcoholic
alkoholisch alcoholic (drink)
alle all (plural); everybody, everyone; **alle zwei Tage** every other day; **alle sechs Tage** every 6th day; **auf alle Fälle** in any case
Allee f avenue
allein alone; **er hat es allein gemacht** he did it on his own
allergisch gegen allergic to
Allerheiligen nt All Saints' Day
allerletzte(r/s) very last
alle(r/s) all (with singular noun)
alles everything; all (singular); **alles, was Sie brauchen** all you need

allgemein general; universal; **im allgemeinen** generally, in general
allmählich gradual(ly)
Allzweckreiniger m all-purpose cleaner
Alpen pl Alps
als than, when (with past tense); **als ob** as if, as though; **am Tag, als wir ...** the day when we ...; **größer/teurer als** bigger/more expensive than
also therefore; **also!** well!
Alsterwasser nt shandy
alt old; **wie alt sind Sie?** how old are you?
Altar m altar
Altbier nt top-fermented pale beer
Alter nt age (of person)
ältere(r/s) older; elder
Altersheim nt old people's home
älteste(r/s) oldest; eldest
altmodisch out of date, old-fashioned
Alufolie f foil (for food)
am: am Bahnhof at the station; **am Abend/Morgen** in the evening/morning; **am Freitag** on Friday
Ameise(n) f ant(s)
Amerika nt America
amerikanisch American
Ampel f traffic light; **eine Ampel überfahren** to go through a red light; **fahren Sie an der nächsten Ampel rechts/links/geradeaus** go right/left/straight on at the next set of traffic lights
Amt nt department; office; authority; operator (telephone); exchange (telephone)

amtlich official

Amtszeichen *nt* dialling tone

amüsieren to amuse; **sich amüsieren** to enjoy oneself

an at; on; near; **Frankfurt an 13⁰⁰** arriving Frankfurt 13.00; **an/aus** on/off

Ananas *f* pineapple

Anbau *m* extension (*building*)

anbieten to offer

andauernd continual

Andenken *nt* souvenir

andere(r/s) other; **ich möchte ein anderes Hemd sehen** I want to see another shirt

andermal: ein andermal another time

ändern to change (*alter*)

anders differently; else; **jemand anders** someone else; **anders als** different from

anderswo somewhere else

anderthalb one and a half

Änderung *f* change

anfahren to hit (*with car*)

Anfall(-fälle) *m* fit(s) (*seizure*)

Anfang *m* start (*beginning*)

anfangen to begin; **anfangen, einen Sport auszuüben** to take up a sport

Anfänger *m* beginner

Anflug *m* approach (*of plane*)

anfordern to demand

Anfrage *f* enquiry

Angaben *pl* details; directions (*to a place*); **technische Angaben** specifications; **Angaben machen** to make a statement; **nähere Angaben** particulars

angeben to give; **genau angeben** to specify

angeblich supposedly

Angebot *nt* offer

angehen to tackle (*problem*); **das geht Sie nichts an** that doesn't concern you; **was dies angeht** as for this

Angehörige(r) *m/f* relative; **der nächste Angehörige** the next of kin

Angelegenheit *f* affair (*matter*)

Angeln *nt* fishing, angling

angeln to fish

Angelrute *f* fishing rod

Angelschein *m* fishing permit

angemessen suitable

angenehm pleasant

angenommen accepted; supposed

angeschwollen swollen

Angestellte(r) *m/f* employee

Angler *m* angler

Angora *nt* angora (*fabric*)

Angst *f* fear; **Angst haben** to be scared; **vor etwas Angst haben** to be afraid of something

ängstlich nervous

anhalten to stop; **der Wagen hielt an** the car pulled in

Anhalter *m* hitchhiker; **per Anhalter fahren** to hitchhike, thumb a lift

Anhänger *m* trailer; label (*on suitcase*); pendant

Anis *m* aniseed

Anker *m* anchor

Ankleidekabine *f* changing cubicle

ankommen to arrive; **ankommen an/in** to reach; **es kommt darauf an** it depends

ankreuzen to mark with a cross

ankündigen to announce

Ankunft(-künfte) *f* arrival(s)

Anlage *f* park, grounds; installation; facilities; (stereo) equipment; enclosure (*in letter*); **öffentliche Anlagen** public park

Anlaß (Anlässe) *m* cause(s), reason(s); occasion(s)

anlassen to switch on (*engine*)

Anlasser *m* starter (*in car*)

anlegen in to land at (*ship*)

Anlegeplatz *m* dock; berth

Anlegestelle *f* landing stage; jetty

Anlieger frei except for access

anmachen to toss (*salad*); **das Licht anmachen** to put on the light

sich anmelden to check in (*at hotel*)

Anmeldung *f* registration; appointment; reception (*place*)

Annahme *f* acceptance; reception

annehmen to assume; to accept

Annehmlichkeiten *pl* amenities

annulieren to cancel

anprobieren to try on (*clothes*)

Anruf *m* phone call

Anrufbeantworter *m* telephone answering device

anrufen to telephone; **rufen Sie mich morgen an** ring me tomorrow

Anschaffung *f* acquisition

anschauen to look at

Anschlag m notice (sign); **bis zum Anschlag** as far as it will go

Anschlagbrett nt notice board

anschlagen to beat; **sich den Kopf anschlagen** to bang one's head

Anschluß m connection (train etc); **dieser Zug hat Anschluß an den 16⁴⁵** this train connects with the 16.45; **kein Anschluß unter dieser Nummer** number unobtainable

Anschlußflug m connecting flight

sich anschnallen to fasten one's seat belt

Anschrift f address

anschwellen to swell (up) (limb etc)

ansehen to watch, look at; **kurz ansehen** to glance at

anseilen to rope up

Ansicht f view

Ansichtskarte(n) f picture postcard(s)

anständig respectable; proper; decent

anstatt instead of

ansteckend infectious

anstellen to turn on

Anstoß nehmen an to object to

anstoßen to knock

sich anstrengen to struggle

anstrengend strenuous, tiring

Anstrengung f effort

Anteil m share (part)

Antenne f aerial

Antibiotikum nt antibiotic

antik period (furniture)

Antiquariat nt second-hand bookshop

Antiquität(en) f antique(s)

Antiquitätenhändler m antique dealer

Antiseptikum nt antiseptic

Antritt m: **vor Antritt der Reise/Fahrt** before starting the journey

Antwort f answer, reply

antworten to answer; **auf eine Frage antworten** to reply to a question

An- und Verkauf m 'we buy and sell', ≈ second-hand shop

Anweisungen pl instructions

anwenden to use; to apply

anwesend present

Anzahl f number

Anzahlung f deposit

Anzeichen nt indication

Anzeige f advertisement; notice (poster); display, indication; report (to police)

anzeigen to announce; to display, indicate; to report (to police)

anziehen to dress; **ein Kleid anziehen** to put on a dress; **sich anziehen** to dress oneself

Anzug(-züge) m suit(s)

anzünden to light (fire, cigarette)

Anzünder m lighter

Aperitif m aperitif

Apfel (Äpfel) m apple(s)

Apfelkorn m (corn) schnapps made from apples

Apfelkuchen m apple cake

Apfelmus nt apple puree

Apfelsaft m apple juice

Apfelsine(n) f orange(s)

Apfelwein m cider

Apotheke f chemist's shop; pharmacy

apothekenpflichtig available only from pharmacies

Apotheker m pharmacist, chemist

Apparat m appliance; camera; set

Appartement nt apartment

Appetit m appetite

Aprikose(n) f apricot(s)

April m April

Arbeit f labour; employment; work; **gute Arbeit** a good piece of work

arbeiten to work; **arbeiten gehen** to go to work

Arbeiter m labourer; workman; worker

arbeitslos redundant; unemployed

Architekt m architect

Architektur f architecture

ärgerlich annoying; **es ist ärgerlich** it's a nuisance

ärgern to bother, annoy; **sich ärgern** to be angry

Ärgernis nt nuisance

arm poor

Arm(e) m arm(s) (of person)

Armaturenbrett nt dash(board)

Armband(-bänder) nt bracelet(s)

Armbanduhr f watch

Ärmel m sleeve

Ärmelkanal m Channel

Art f type, sort; manner

Arterie f artery

artig well-behaved

Artikel m article (in newspaper); item

Artischocke f globe artichoke

Artischockenherz nt
artichoke heart
Arznei f medicine
Arzt (Ärzte) m
doctor(s); **Arzt für
Allgemeinmedizin**
general practitioner, G.P.
Ärztin f doctor
Asche f ash
Aschenbecher m ashtray
Aschermittwoch m Ash
Wednesday
Aspirin nt aspirin
Asthma nt asthma
Atem m breath
Atlas (Atlanten) m
atlas(es)
atmen to breathe
Atom- nuclear
Attest nt: **ärztliches
Attest** doctor's
certificate
auch also, too, as well;
ich auch so do I; **er
auch** so is he; **ich war
nicht da, und er auch
nicht** I wasn't there and
neither was he
audiovisuell audio-visual
auf onto; on; upon; on
top of; **auf dem/den
Tisch** on the table; **auf
deutsch** in German; **er
ist noch nicht auf** he
isn't up yet
aufbewahren to keep
aufblasbar inflatable
aufbleiben to stay up (*at
night*)
Aufenthalt m stay, visit
Aufenthaltsgenehmigung
f residence permit
Aufenthaltsraum m day
room; lounge
Auffahrt f slip-road
auffallen to stand out
auffordern to ask, invite
Aufführung f
performance
Aufgabe f task; duty, job
aufgeben to quit; to

register (*baggage*); to
check in (*at airport*); to
give up (*abandon hope*);
das Rauchen aufgeben
to give up smoking
aufgehen to rise (*sun*)
aufgeräumt tidy
aufgeregt excited
aufhalten to delay, hold
up; **sich aufhalten** to
stay
aufhängen to hang; **ein
Plakat aufhängen** to put
up a notice
Aufhängung f suspension
(*on car*)
aufheben to pick up, lift;
**etwas bis später
aufheben** to keep
something till later
aufhören to finish;
aufhören zu arbeiten to
retire; **aufhören, etwas
zu tun** to stop doing
something
Aufkleber m sticker,
label
Auflage f edition
Auflauf m soufflé
auflegen to ring off, hang
up (*phone*)
auflösen to dissolve; **sich
auflösen** to dissolve
aufmachen to open; **sich
aufmachen** to set off
aufmerksam attentive
Aufnahme f reception;
photograph
aufnehmen to receive
(*guest*); to take a picture
of; to tape record
aufpassen to pay
attention
aufpumpen to pump up,
inflate
aufräumen to put away
aufregend exciting
Aufregung f excitement
Aufruf m: **letzter Aufruf**
last call (*for flight*)
aufschieben to

postpone, put off
aufschließen to unlock
Aufschnitt m cold meat
aufschreiben to write
down
Aufschub m delay
Aufseher m attendant
aufstehen to stand up;
to get up, rise (*person*)
aufstellen to pitch (*tent*)
Aufstieg m ascent
auftauen to thaw (*frozen
food*)
aufwachen to wake up
aufwärts upward(s)
aufwecken to wake (up)
Aufzug m lift
Auge(n) nt eye(s)
Augenarzt m eye
specialist
Augenblick m moment,
instant; point (*in time*);
einen Augenblick! hold
on! (*on phone*); **im
Augenblick** at present
augenblicklich at the
moment
Augenklappe f patch (*for
eye*)
Augenlid(er) nt eyelid(s)
Augentropfen pl eye
drops
August m August
Auktion f auction
aus off (*machine, light*);
from; out of; **das Licht
ist aus** the light is out;
das Spiel ist aus the
match is over; **er lief aus
dem Haus** he ran out of
the house; **Wasser aus
der Leitung** water from
the tap; **aus Holz** made
(out) of wood
Ausdruck m expression;
printout; term (*word*)
ausdrücken to express
ausdrücklich explicitly
auseinander apart
Ausfahrt f exit; **Ausfahrt
freihalten** keep clear

Ausfall m failure (mechanical)

Ausflug(-flüge) m trip(s); **einen Ausflug machen** to go on an excursion

Ausfuhr f export(s)

ausführen to export; to carry out (job); **jemanden ins Theater ausführen** to take someone out to the theatre

ausführlich in detail; detailed

ausfüllen to fill in; **bitte nicht ausfüllen** please leave blank

Ausgabe f issue (of magazine); issuing counter

Ausgaben pl expenditure; expenses

Ausgang m exit; gate (at airport)

ausgeben to spend (money); **ich gebe Ihnen ein Eis aus** I'll treat you to an ice cream

ausgehen to go out; **wir gehen davon aus, daß ...** we understand that ...

ausgeschaltet off (radio)

ausgeschlossen impossible; **der Rechtsweg ist ausgeschlossen** there is no possibility of recourse to legal action

ausgestellt issued (passport)

ausgezeichnet excellent

ausgleichen to balance

Ausgrabungen pl excavations

auskommen to get by; **mit etwas auskommen** to make do with something

auskugeln to dislocate

Auskunft f information; information desk

Auskunftsbüro nt,

Auskunftsstelle f information office

auskuppeln to declutch

ausladen to unload

Auslage f display

Ausland nt foreign countries; abroad (at post office); **ins Ausland fahren** to go abroad; **aus dem Ausland** overseas (visitor)

Ausländer(in) m(f) foreigner

ausländisch foreign

Auslandsbrief(e) m overseas letter(s)

Auslandsgespräch(e) nt international call(s)

auslassen to leave out; to miss out

auslaufen to sail (ship)

Auslöser m shutter (release)

ausmachen to put out (light); **die Wärme macht mir nichts aus** I don't mind the heat

Ausnahme(n) f exception(s)

ausnützen to make the most of

auspacken to unpack; to unwrap

Auspuff m exhaust pipe

Auspufftopf m silencer

ausrechnen to calculate

Ausrede f excuse

Ausreise f: **bei der Ausreise** on leaving the country

Ausreisegenehmigung f exit permit

ausrufen lassen to page

sich ausruhen to rest

Ausrüstung f kit; equipment

ausrutschen to slip

ausschalten to switch off

Ausschank m bar; serving of drinks

Ausschlag m rash

ausschließen to exclude

ausschließlich exclusive of

Aussehen nt appearance

aussehen to look (appear); **aussehen wie** to look like

außen outside

Außenseite f outside

Außenspiegel m outside mirror

außer except (for), except(ing); **alle außer ihm** all but him

außerdem besides

äußere(r/s) exterior, external; **äußere Stadtbezirke** suburbs

außergewöhnlich exceptional, remarkable

außerhalb outside; **außerhalb des Hauses** outside the house

äußerlich exterior; **nur zur äußerlichen Anwendung** for external use only

außerordentlich extraordinary

äußerst extremely

Aussicht f prospect; outlook; view

Aussichtsterrasse f observation deck

Aussichtsturm m observation tower

Aussprache f pronunciation

aussprechen to pronounce

Ausstattung f equipment (of car)

aussteigen to get out; to pull out

ausstellen to exhibit

Ausstellung f show; exhibition

Ausstellungsdatum nt date of issue

Ausstieg m exit

ausstreichen to cross

out
aussuchen to choose
austauschen to exchange
Auster(n) f oyster(s)
Ausverkauf m sale
ausverkauft sold out
Auswahl f choice
auswählen to pick
Ausweis m identity card; pass (*permit*); membership card
ausweispflichtig proof of identity required
auswuchten to balance (*wheel*)
auszahlen to pay
ausziehen to take off (*clothes*); to undress
Auto(s) nt car(s); **Auto fahren** to drive
Autobahn f motorway
Autobahngebühr f toll
Autofähre f car-ferry
Autofahrer m motorist
Autokarte f road map
Autokino nt drive-in
Automat m vending machine
Automatikwagen m automatic (*car*)
automatisch automatic; **automatisches Getriebe** automatic gearbox
Automobilklub m automobile association
Autoreparatur f car repair
Autounfall(-fälle) m car accident(s)
Autoverleih m, **Autovermietung** f car hire, car rental
Autowäsche f car wash

B

Baby nt baby
Babyflasche f bottle
Babynahrung f baby food
Babyraum m mother and baby room
Bach (Bäche) m stream(s)
Bachforelle f river trout
backen to bake
Bäckerei f bakery
Backmischung f cake mix
Backofen m oven
Backpflaume(n) f prune(s)
Backpulver nt baking powder
Backstein m brick
Bad nt bath; **mit Bad und WC** with bath and WC
Badeanstalt f public swimming baths
Badeanzug m swimsuit
Badehose f swimming trunks
Bademantel m bathrobe
Bademeister m (pool) attendant
Bademütze f bathing cap
baden to bathe, swim; **Baden verboten!** no swimming
Bäder pl public baths
Badewanne f bath
Badezimmer nt bathroom
Badischer Wein m wine from south-west Germany, mainly white and sweetish
Baggersee m artifical lake
Bahn f railway; rink; **per Bahn** by rail; **mit der**

Bahn fahren to go by train
Bahnbus m bus run by railway company
Bahnhof m station; depot
Bahnhofsmission f traveller's aid
Bahnlinie f line (*railway*)
Bahnpolizei f railway police
Bahnsteig m platform
Bahnsteigkarte(n) f platform ticket(s)
Bahnübergang m level crossing
bald soon
Balkon m balcony
Ball m ball
Ballett nt ballet
Ballon m balloon
Bambussprossen pl bamboo shoots
Banane(n) f banana(s)
Band¹ (Bände) m volume(s) (*book*)
Band² (Bänder) nt ribbon(s); tape(s)
Band³ f band (*musical*)
Bandscheibenschaden m slipped disc
Bank¹ f bank (*finance*); **bei der Bank** at the bank
Bank² f bench
Bankette nicht befahrbar soft verges
Bankkonto nt bank account
bar cash; **etwas bar bezahlen** to pay cash for something
Bar f nightclub, bar
Bardame f barmaid
barfuß barefoot
Bargeld nt cash
Barmann m barman
Barscheck m uncrossed cheque
Bart m beard
Batterie f battery
Bauch m stomach

bauen to build
Bauernfrühstück *nt* bacon and potato omelette
Bauernhof *m* farm(yard)
Baum (Bäume) *m* tree(s)
Baumwolle *f* cotton (*fabric*)
Baustelle *f* building site; roadworks
beabsichtigen to intend; **beabsichtigen zu tun** to mean to do
beachten to observe; to obey
Beamte(r) *m* official; civil servant
beantworten to answer
Becher *m* carton (*of yogurt etc*); mug, beaker
Becken *nt* pool
Bedarf *m*: **bei Bedarf** when required
Bedarfshaltestelle *f* request stop
bedauern to regret; to be sorry for
bedeckt cloudy (*weather*)
bedeuten to mean
Bedeutung *f* meaning
bedienen to serve (*customer*); to operate (*machine*); **sich bedienen** to help oneself
Bedienung *f* service (*in restaurant*); service charge; **inklusive Bedienung, Bedienung inbegriffen** service included
Bedienungshinweise *pl* instructions for use
Bedingung *f* condition (*proviso*); stipulation; **unter der Bedingung, daß ...** on condition that ...
Bedürfnis(se) *nt* requirement(s); need(s)
Beefsteak *nt* steak; **deutsches Beefsteak**

hamburger, beefburger
sich beeilen to hurry
beeindrucken to impress
beeinflussen to influence; to affect
beenden to end
Beerdigung *f* funeral
Beere(n) *f* berry (berries)
Befehl *m* command, order
befehlen to order
befestigen to attach; to fasten; to fix
sich befinden to be (situated)
befolgen to follow
befördern to carry
Beförderung *f* transport
befriedigt satisfied
befürchten to fear
begegnen to meet
begeistert enthusiastic, keen
Begeisterung *f* enthusiasm
beginnen to start
begleiten to accompany (*go with*); to escort; **jemanden hinausbegleiten** to show someone out
Begleiter *m* escort
begreifen to understand
begrenzen to restrict (*speed*)
Begrenzung(en) *f* limit(s)
Begriff *m* idea; **im Begriff sein, etwas zu tun** to be about to do something
begrüßen to greet; to welcome
behalten to keep
Behälter *m* container
behandeln to handle (*deal with*)
Behandlung *f* treatment
behaupten to maintain;

to declare (*announce*)
beheizt heated
behilflich: jemandem behilflich sein to help someone
Behinderung *f* obstruction
Behörde *f* authorities; office
bei near; at, on; during; care of, c/o; **bei mir** at my house
beide both; **alle beide** both (of them)
Beifahrersitz *m* passenger seat
Beifall *m* applause; approval
beige beige; fawn
Beignet(s) *m* fritter(s)
Beilage *f* side-dish; vegetables; side-salad
Bein(e) *nt* leg(s)
beinahe almost
Beispiel(e) *nt* example(s); **zum Beispiel** for example
beißen to bite
Beitrag *m* contribution; subscription (*to club*)
bekannt well-known
Bekannte(r) *m/f* acquaintance
Bekenntnis *nt* denomination
sich beklagen to complain
Bekleidung *f* clothes
bekommen to get; to win; to obtain; **Zwiebeln bekommen mir nicht** onions don't agree with me
beladen to load (*truck, ship*)
belasten to burden
belästigen to bother
Belastung *f* load
belebt busy (*place*)
belegt occupied; no vacancies; **belegtes**

Brötchen open sandwich
beleidigen to offend; to insult
Beleidigung(en) f insult(s)
Beleuchtung f lighting
Belichtungsmesser m light meter
beliebig any, as you like; **in beliebiger Reihenfolge** in any order whatever
beliebt popular
Belohnung f reward
bemerken to notice
Bemerkung(en) f comment(s); remark(s)
benachrichtigen to inform
Benachrichtigung f advice note
Benehmen nt behaviour
sich benehmen to behave
benötigen to need, require
benutzen to use
Benzin nt petrol
Benzinkanister m petrol can
Benzinpumpe f fuel pump
Benzinuhr f fuel gauge
beobachten to watch
bequem comfortable
Bequemlichkeit f comfort
Beratungsstelle f advice centre
berechnen to calculate; to charge (money)
Berechtigte(r) m/f authorized person
berechtigt zu entitled to
Bereich m area; **im Bereich von** within the scope of
bereit ready
Bereitschaftsdienst m emergency service
Berg(e) m mountain(s)

bergab downhill
bergauf uphill
Bergführer m mountain guide
Bergsteigen nt mountaineering; **bergsteigen gehen** to go mountaineering
Bergtour f hillwalk, climb
Bergwacht f mountain rescue service
Bergwanderung f hike in the mountains
Bericht(e) m report(s); bulletin(s)
berichten to report
berichtigen to correct
Berichtigung(en) f correction(s)
Berliner m doughnut
Berliner Weiße f light, fizzy beer with fruit juice added
Beruf m profession, occupation
beruflich professional
Berufs- professional (not amateur)
Berufsverkehr m rush-hour traffic
beruhigen to ease (pain); **sich beruhigen** to calm down
Beruhigungsmittel nt sedative, tranquillizer
berühmt famous
berühren to handle; to touch
Besatzung f crew
beschädigen to damage
beschäftigt busy (person)
Beschäftigung f employment; occupation
bescheiden modest
Bescheinigung f certificate
beschleunigen to accelerate, speed up
beschränken to restrict
Beschränkung(en) f restriction(s)

beschreiben to describe
Beschreibung f description
Beschwerde(n) f complaint(s)
sich beschweren to complain
beseitigen to remove (stain)
Besen m broom
besetzt engaged (telephone)
Besetztzeichen nt engaged signal
Besetzung f cast (of play)
besichtigen to visit
Besichtigungen pl sightseeing
Besitz m property; estate; ownership
besitzen to own
Besitzer m owner
besondere(r/s) adj particular; special
besonders especially; particularly; extra
besorgen to get
besorgt worried
Besorgung(en) f errand(s)
besprechen to discuss
besser better; **immer besser** better and better
Besserung(en) f improvement(s); **gute Besserung** get well soon
beständig settled (weather)
bestätigen to confirm (reservation etc)
Besteck nt cutlery
bestehen to pass (exam); **auf etwas bestehen** to insist on something; **bestehen aus** to consist of
besteigen to board (ship)
bestellen to book (tickets); to order (goods, meal); **neu bestellen** to reorder (goods)

Bestellformular nt order-form

Bestellung f order

beste(r/s) best; **das Beste wäre ...** the best thing would be ...; **er ist der Beste** he's the best; **er kann es am besten** he can do it best

bestickt embroidered

bestimmt definite; certainly; surely

Bestimmungen pl regulations

Bestimmungsland nt country of destination

Bestimmungsort m destination

bestrafen to punish

Besuch m visit

besuchen to visit; to attend

Besucher m visitor

Besuchszeit f visiting hours

betäuben to anaesthetize

Beton m concrete

betonen to emphasize

Betonung f stress; emphasis

Betrag m amount; **Betrag (dankend) erhalten** payment received (with thanks)

betreffen to concern

betreffs concerning

betreten to enter; **Betreten verboten!** keep off!

Betrieb m business; **außer Betrieb** out of order

betriebsbereit operational

Betrug m fraud

betrügen to cheat

betrunken drunk

Bett(en) nt bed(s)

Bettdecke(n) f cover(s), blanket(s)

Bettlaken nt sheet

Bettzeug nt bedclothes

Beule f lump; bump; dent

beunruhigen to disturb

beurteilen to judge

Beutel m bag

bevor before

bewacht guarded

bewegen to move

Bewegung f movement

Beweis m proof

beweisen to prove

Bewohner m inhabitant

bewölkt cloudy (weather)

bewundern to admire

bewußt deliberate

bewußtlos unconscious

Bewußtsein nt consciousness; **bei Bewußtsein** conscious

bezahlen to pay (for); to settle (bill); **bezahlen bitte!** could I have the bill, please?

bezahlt paid

Bezahlung f payment

bezaubernd charming

Bezeichnung f description; **genaue Bezeichnung des Inhalts** precise description of contents

sich beziehen auf to refer to

Beziehungen pl relations

Bezirk m district (administrative)

bezweifeln to doubt; **das bezweifle ich** I doubt it

BH m bra

Bibliothek f library

biegen to bend

Biene(n) f bee(s)

Bienenstich m bee sting; cake coated with sugar and almonds and filled with custard or cream

Bier(e) nt beer(s); **Bier vom Faß** draught beer

Biergarten m beer garden (where beer is served and one can bring a picnic)

Bierschinken m ham sausage

Bierstube f pub which specializes in different types of beer

Bierwurst f pork sausage

bieten to offer; **auf etwas bieten** to bid for something

Bikini m bikini

Bild(er) nt picture(s)

Bildschirm m screen (TV, computer)

Bildung f culture

billig cheap, inexpensive

Bindehautentzündung f conjunctivitis

binden to bind, tie

Bindfaden m string

Birne(n) f pear(s); lightbulb(s)

bis until; **von Montag bis Freitag** Monday to Friday; **bis jetzt** up till now; **bis zu 6** up to 6; **bis zum Bahnhof** as far as the station; **bis bald** see you soon; **bis später** see you later

bisher till now

Biskuitrolle f Swiss roll

Biß m bite (by animal)

ein bißchen a little; a bit of; **ein bißchen fahren** to go for a drive

Bissen m bite (of food)

Bitte f request

bitte please; **bitte?** pardon me?, (I beg your) pardon?

bitten to ask; **um etwas bitten** to ask for something

bitter bitter

Blähung f wind (in stomach)

Blase f bladder; blister (on skin); bubble

blasen to blow

Blasenentzündung f

cystitis
blaß pale
Blatt (Blätter) nt sheet(s) (of paper); leaf (leaves)
Blattsalat m green salad
Blattspinat m leaf spinach
blau blue; au bleu (fish); **blaues Auge** black eye
Blaukraut nt red cabbage
Blauschimmelkäse m blue cheese
bleiben to remain, stay
bleich pale
bleichen to bleach
bleifrei unleaded, lead-free
Bleistift m pencil
blenden to dazzle
Blick m look; glance; view
blicken to look
Blinddarmentzündung f appendicitis
Blinker m indicator (of car)
Blinkerhebel m indicator switch
Blitz m lightning
Blitzlicht nt flash (on camera)
Block m block; pad
blockieren to block (road)
Blockschrift f block letters
blöd(e) stupid
blond blond(e)
bloß bare
Blume(n) f flower(s)
Blumenhändler m florist
Blumenkohl m cauliflower
Bluse f blouse
Blut nt blood
Blutdruck m blood pressure
Blüte(n) f blossom(s)
bluten to bleed
Blutgruppe f blood group

Blutprobe f blood test
Blutung f bleeding; period (monthly)
Blutvergiftung f blood poisoning
Blutwurst f blood sausage; black pudding
Bö(en) f squall(s)
Bockbier nt bock (beer) (strong beer)
Bocksbeutel m dry (white) wine from Franconia in round, flat-sided bottle
Bockwurst f bockwurst (boiled sausage)
Boden m ground; bottom; land (soil); floor
Bogen (Bögen) m arch(es)
Bohnen pl beans; **grüne Bohnen** French beans
Bohnenkaffee m real coffee
Bohnensuppe f (thick) bean soup
Bohrer m drill
böig gusty (wind)
Boiler m immersion heater
Boje f buoy
Bonbon nt sweet
Boot nt boat
Bootsverleih m boat hire
Bord m: **an Bord** on board (ship, plane); **an Bord gehen** to go aboard; **an Bord des Schiffes** aboard the ship
Bordkarte f boarding pass
borgen to borrow; **etwas von jemandem borgen** to borrow something from someone
Böschung f embankment
böse wicked; **auf jemanden böse sein** to be angry with someone
botanischer Garten m

botanical gardens
Botschaft f embassy; message
Botschafter m ambassador
Bowle f punch (drink)
Boxen nt boxing
Brand m fire
Brat- fried; roast
Bratapfel m baked apple
braten to fry; to roast
Braten m roast meat; joint
Bratensaft m gravy
Bratfett nt fat for frying and roasting
Brathähnchen nt roast chicken
Brathering m fried herring (eaten cold)
Bratkartoffeln pl fried or sauté potatoes
Bratpfanne f frying pan
Bratspieß m spit (for roasting)
Bratwurst f sausage
Brauch (Bräuche) m custom(s)
brauchen to need; **Sie brauchen nicht (zu) kommen** you needn't come
Brauerei f brewery
braun brown; **braun werden** to tan (in sun)
Bräune f tan (on skin)
brechen to break; to be sick; **sich den Arm brechen** to break one's arm
Brechreiz m nausea
breit wide
Breite f width
Bremsbelag(-läge) m brake lining(s)
Bremse(n) f brake(s)
bremsen to brake
Bremsflüssigkeit f brake fluid
Bremslichter pl stoplights

Bremspedal nt brake pedal

Bremsweg n braking distance

brennen to burn; **das Haus brennt** the house is on fire

Brennerei f distillery

Brennspiritus m methylated spirits

Brennstoff m fuel

Brett nt plank, board

Brezel f pretzel

Brief m letter (message); **eingeschriebener Brief** registered letter

Briefchen nt sachet

Briefdrucksache f circular

Brieffreund m pen pal

Brieffreundin f pen pal

Briefkasten m letter box; mailbox

Briefmarke(n) f stamp(s)

Briefmarkenautomat m stamp machine

Briefpapier nt notepaper

Brieftasche f wallet

Briefträger m postman

Briefumschlag(-schläge) m envelope(s)

Brille f glasses

bringen to bring; **bringen Sie dies zur Post** take this to the post office

Brise f breeze

Brite m Briton; **er ist Brite** he's British

Britin f Briton; **sie ist Britin** she's British

britisch British

Brokkoli pl broccoli

Brombeere(n) f blackberry(-berries)

Bronchitis f bronchitis

Bronze f bronze

Brosche f brooch

Broschüre f brochure

Brot nt bread; loaf

Brötchen nt roll

Bruch m hernia; fracture (of arm etc)

Brücke f bridge

Bruder m brother

Brüderschaft trinken to agree to use the familiar 'du' over a drink

Brühe f stock (for soup etc)

brüllen to roar

Brunnen m well (for water); fountain

Brust f chest, breast

Brustumfang m bust measurement

brutto gross (before deductions)

Buch (Bücher) nt book(s)

buchen to book

Bücherei f library

Büchersendung f books (sent) at printed paper rate

Buchhandlung f bookshop

Büchse f can

Büchsen- canned

Büchsenöffner m can-opener

Buchstabe m letter (of alphabet); **in Buchstaben** in words

buchstabieren to spell

Bucht f bay

Buchung f booking

Bügel m coathanger; **Bügel drücken!** press down!

Bügeleisen nt iron

Bügelfalte f crease

bügelfrei drip-dry

bügeln to iron

Bühne f stage (in theatre)

Bundes- federal

Bundesrepublik Deutschland f Federal Republic of Germany

Bundesstraße f 'A' road

bunt coloured; **buntes Glasfenster** stained glass window

Buntstift(e) m crayon(s)

Burg f castle

Bürger(in) m(f) citizen

bürgerlich middle-class; **bürgerliche Küche** good plain food

Bürgermeister m mayor

Bürgersteig m pavement

Büro nt agency; office

Bürste f brush

bürsten to brush

Bus(se) m bus(es); coach(es)

Busen m bust

Bushaltestelle f bus stop

Buslinie f bus route

Buß- und Bettag m day of repentance (public holiday)

Büstenhalter m bra

Busverbindung f bus service

Butangas nt Calor gas

Butter f butter

Butterbrotpapier nt greaseproof paper

Butterkäse m (full fat) cream cheese

Buttermilch f buttermilk

Butterschmalz nt clarified butter

C

Café nt cafe

Campingbett nt camp-bed

Campingführer m camping guide(book)

Campinggaskocher m camping gas stove

CD-Spieler m CD player

Champagner m French champagne

Champignon(s) m mushroom(s)

Champignoncremesuppe f cream of mushroom

soup

Charterflug(-flüge) *m* charter flight(s)

Charterflugzeug *nt* charter plane

chartern to charter

Chef *m* head, boss

Chemie *f* chemistry

chemisch chemical; **chemische Reinigung** dry cleaning; dry cleaner's

Chicorée *f* chicory

Chinakohl *m* Chinese cabbage

Chinarestaurant *nt* Chinese restaurant

Chips *pl* crisps; chips (*in poker etc*)

Chirurg *m* surgeon

Chirurgie *f* surgery (*operation*)

Cholesterin *nt* cholesterol

Chor *m* choir

Christi Himmelfahrt *f* Ascension Day (*public holiday*)

Chrom *nt* chrome

Chrysantheme(n) *f* chrysanthemum(s)

Cola *f* Coke

Comic-Heft(e) *nt* comic(s)

Container *m* container

Creme *f* cream

cremefarben cream

Cremespeise *f* mousse

Currypulver *nt* curry powder

Currywurst *f* fried sausage with ketchup and curry

D

da there; **er ist nicht da** he's out (*not at home*); **er ist eine Woche nicht da** he's away for a week; **von da an** from then on; **da kommt sie** here she comes; **ist er da?** is he in?; **ist da jemand?** is there anyone there?

Dach *nt* roof

Dachgepäckträger *m* roof rack

dafür for it; instead

dagegen against it; **haben Sie etwas dagegen, wenn ...?** do you mind if ...?

daheim at home

daher and so

damals then

Dame *f* lady; **meine Dame** madam; **'Damen'** 'Ladies'

Damenbinde(n) *f* sanitary towel(s)

Damentoilette *f* powder room

Damespiel *nt* draughts

damit so that

Damm *m* dam

Dampf *m* steam

dämpfen to steam (*food*); to absorb (*shock*)

Dampfer *m* steamer

Dampfnudeln *pl* sweet yeast dumplings cooked in milk and sugar

danach afterward(s)

dank thanks to

dankbar grateful

danke thank you; **danke gleichfalls** same to you; **nein danke** no thanks

danken to thank

dann then

Darm *m* intestines

Darmgrippe *f* gastric flu

das the; that; this; whom; **das heißt ...** that is (to say)

daß that; **ich hoffe, daß ...** I hope that ...

dasselbe (the) same

Datei *f* file (*computer*)

Daten *pl* data

Dattel(n) *f* date(s) (*fruit*)

Datum *nt* date (*day*)

Dauer *f* duration

dauern to last; **es dauert eine Stunde** it takes an hour

Dauerwelle *f* perm

Daumen *m* thumb

DB *f* German Railway

Deck *nt* deck (*of ship*)

Decke *f* blanket; ceiling

Deckel *m* top, lid

decken to cover; **den Tisch decken** to lay the table

Defekt *m* fault, defect

dehnen to stretch; to expand

Deich *m* dyke

dein(e) your (*familiar form*)

deine(r/s) yours (*familiar form*)

demnächst very soon

den whom; **der Apfel, den Sie gegessen haben** the apple which you ate

denken to think

Denkmal(-mäler) *nt* monument(s)

denn for; then

dennoch nevertheless

Deponie *f* disposal site

deprimiert depressed

der the; who; **der Junge da** that boy

Desinfektionsmittel *nt* disinfectant

desinfizieren to disinfect

dessen whose

Dessertlöffel *m* dessertspoon

deutlich distinct

Deutsch nt German; **auf Deutsch** in German

deutsch German

Deutsche(r) m/f German

Deutschland nt Germany; **nach Deutschland** to Germany

Devisen pl foreign currency

Dezember m December

Dia(s) nt slide(s)

Diabetiker(in) m(f) diabetic

Diagnose f diagnosis

Dialekt m dialect

Diamant m diamond

Diät f (special) diet

dich you (familiar form)

dicht tight; dense (fog etc)

Dichtung f washer; sealing; gasket

dick thick; fat (person); **3 Meter dick** 3 metres thick

Dickmilch f soured milk

die the; who(m)

Dieb m thief

Diebstahl m theft

Diele f hall

Dienst m service; **im Dienst** on duty

Dienstag m Tuesday

dienstbereit open (pharmacy); on duty (doctor)

Dienstzeit f office hours

Diesel(kraftstoff) m diesel oil

Dieselmotor m diesel engine

Dieselöl nt diesel fuel

diese(r/s) this (one); **diese** these

Ding(e) nt thing(s)

Dingi nt dinghy

dir (to) you (familiar form)

direkt direct; **direkt nach Hause gehen** to go straight home

Direktflug(-flüge) m direct flight(s)

Dirigent m conductor (of orchestra)

Disko f disco(theque)

diskutieren to discuss

doch yes (in answer to negative question); all the same

Dock nt dock

Doktor m doctor

Dokument nt document

Dollar m dollar

dolmetschen to interpret

Dolmetscher m interpreter

Dom m cathedral

Donner m thunder

Donnerstag m Thursday

Doppelbett nt double bed

doppelt double; **doppelt soviel kosten** to cost double

Doppelzimmer nt double room

Dorf (Dörfer) nt village(s)

Dorsch m Atlantic cod

dort there

Dose f box; tin; **in Dosen** tinned

Dosenöffner m tin-opener

Dosis f dosage, dose

Drachen m kite

Draht m wire

Drahtseil nt cable (rope)

Drahtseilbahn f cable railway

Drama nt drama

dramatisch dramatic

draußen outdoors; **nach draußen gehen** to go outside

drehen to turn; to twist

Drehzahlmesser m rev counter

drei three

Dreieck nt triangle

dreißig thirty

dreißigste(r/s) thirtieth

dreizehn thirteen

dreizehnte(r/s) thirteenth

dringend urgent

drinnen inside

dritte(r/s) third

Droge f drug

Drogerie f chemist's (shop) (not for medicine and prescriptions)

Drogist m chemist

Drohung f threat

drüben over there

Druck m pressure

drücken to press; to squeeze; **drücken Sie den Knopf** press the button

Drucker m printer

Druckknopf m press-stud; push-button

Drucksache f printed matter

Druckschrift f block letters

Drüse f gland

du you (familiar form)

Dudelsack m (bag)pipes

Duft m smell

dumm stupid

Dummkopf m idiot

Düne(n) f dune(s)

dunkel dark

dünn thin; weak (tea)

durch through; done (meat)

Durcheinander nt muddle

durcheinander in a muddle

durcheinanderbringen to mix up

Durchfahrt f passage, transit; thoroughfare

Durchfall m diarrhoea

Durchgang m way, passage; **kein Durchgang, Durchgang verboten** or **nicht**

gestattet no right of way

durchgebraten well-done (*steak*)

durchgehender Zug *m* through train

durchgehend geöffnet open 24 hours

Durchreise *f*: **auf der Durchreise** passing through

Durchsage *f* announcement

Durchschnitt *m* average

durchschnittlich average

durchsichtig transparent

durchsuchen to search

durchwählen to dial direct

dürfen to be allowed; **darf ich eintreten?** may I come in?

Durst *m* thirst; **Durst haben** to be thirsty

durstig thirsty

Duschbad *nt* shower lotion

Dusche *f* shower

duschen to have a shower

Düse *f* jet

Düsenflugzeug *nt* jet (*plane*)

düster drab

Dutzend *nt* dozen

Dynamo *m* dynamo

D-Zug *m* express *or* through train (*only stops at major stations*)

E

Ebbe *f* low tide

eben level, flat; **er ist eben angekommen** he arrived just now

Ebene *f* level; plain

Echo *nt* echo

echt real, genuine

Ecke *f* corner (*of streets*)

edel noble; vintage (*wine*)

Edelstein *m* jewel; gem

EG *f* EC

egal all the same; **es ist mir egal** I don't mind; I don't care; **welcher? – das ist egal** which one? – either

Ehe *f* marriage

ehemalig ex-

eher sooner; rather

Ehering *m* wedding ring

ehrlich honest

Ei(er) *nt* egg(s); **ein weichgekochtes Ei** a soft-boiled egg

Eierbecher *m* egg cup

Eiersalat *m* egg mayonnaise salad

eifersüchtig jealous

eifrig eager

eigen own

eigenartig strange

Eigenschaft *f* characteristic

eigentlich actually

Eigentum *nt* property

Eigentümer *m* owner

Eil- urgent

Eilbrief *m* express letter

Eile *f* haste, rush

eilig quick; **es eilig haben** to be in a hurry

Eilsendung *f* express delivery

Eilzug *m* fast train (*also stops at smaller stations*)

Eilzustellung *f* special delivery

Eimer *m* bucket

ein a; one; **ein/aus** on/off

einander one another

Einbahnstraße *f* one-way street

Einband *m* cover (*of book*)

Einbettabteil *nt* single-berth compartment

einbiegen to turn; **nach rechts/links einbiegen** turn right/left

sich einbilden to imagine (*wrongly*)

Einbrecher *m* burglar

Einbruch *m* burglary

einchecken to check in

Eindruck *m* impression

eindrucksvoll impressive

ein(e) a, an

eine(r/s) one; **eine(r) von Ihnen** either of you

einfach simple; **einfache Fahrkarte** single ticket

Einfahrt *f* entrance; drive; **keine Einfahrt** no entry

Einfluß *m* influence

Einfuhr *f* import

einführen to insert; to import

Eingang *m* entrance; gate (*of building*)

Eingangshalle *f* lobby

eingebildet conceited

ein(geschaltet) on (*machine*)

eingeschlossen included

einheimisch native

Einheit *f* unit; unity; **Preis pro Einheit** unit price

einige(r/s) some; **einige Bücher** a few books

sich einigen auf to agree on (*price*)

Einkauf *m* purchase; **Einkäufe** shopping

einkaufen to shop; **einkaufen gehen** to go shopping

Einkaufswagen *m* trolley (*for purchases*)

Einkaufszentrum *nt* shopping centre

einladen to invite

Einladung *f* invitation

sich einleben to settle in

einlegen to put in

einleitend preliminary

Einleitung *f* introduction

Einlieferungsschein *m*

certificate of posting
einlösen to cash (*cheque*)
einmal once; **sind Sie schon einmal in London gewesen?** have you ever been to London?; **früher einmal** once (*formerly*); **noch einmal** once more; **auf einmal** all at once
einordnen to get in lane
einpacken to pack (*goods*); to wrap
einplanen to plan (on)
Einrichtungen *pl* facilities
eins one
einsam lonely (*person*); **einsam gelegen** secluded, isolated
Einsatz *m* stake (*in gambling*)
einschalten to switch on (*light, TV*)
einschenken to pour (*tea, milk*)
sich einschiffen to embark
einschlafen to go to sleep
einschließen to include
einschließlich including; **vom 6. bis einschließlich 12.** from 6th to 12th inclusive
Einschreiben *nt* certified mail; registered letter; **per Einschreiben** by recorded delivery
Einspritzmotor *m* fuel-injection engine
Einspritzpumpe *f* fuel injector
einstecken to put in
einsteigen to board (*train, bus*)
einstellen to adjust; to focus; to appoint; to stop
Einstellplatz *m* carport
Einstieg nur mit Fahrausweis ticket-holders only (may enter)
Eintopf *m* stew

eintreten to come in; **eintreten in** to enter (*room*)
Eintritt *m* entry; admission (*fee*); **Eintritt frei** admission free; **kein Eintritt, Eintritt verboten** no admittance
Eintrittsgeld *nt* entrance fee
Eintrittskarte(n) *f* ticket(s) (*for theatre*)
einverstanden! agreed!
Einwand *m* objection
einwechseln to change (*money*)
einwerfen to post (*letter*); to insert (*money*)
einwickeln to wrap
Einwohner *m* inhabitant
Einwurf *m* slot, slit; **Einwurf 2 Mark** insert 2 marks
einzahlen to pay in
Einzahlung *f* deposit
Einzahlungsschein *m* pay-in slip
Einzelbett *nt* single bed; **zwei Einzelbetten** twin beds
Einzelfahrschein *m* single ticket
Einzelheit *f* detail
Einzelkabine *f* single cabin (*on ship*)
einzeln single (*not double*); individually
Einzelreisende(r) *m/f* person travelling alone
Einzelzimmer *nt* single room
einzig only
einzigartig unique
Eis *nt* ice cream; ice; **Eis am Stiel** ice lolly
Eisbahn *f* skating rink
Eisbecher *m* sundae
Eisbein *nt* knuckle of pork (*boiled and served with sauerkraut*)
Eiscreme *f* ice cream

Eisen *nt* iron (*material, golf club*)
Eisenbahn *f* railway
Eisenbahnfähre *f* train ferry
Eisenwaren *pl* hardware
Eisenwarenhändler *m* ironmonger
Eiskaffee *m* iced coffee
Eistüte *f* cornet (*of ice cream*)
Eiswürfel *m* ice cube
eitel vain
Eiter *m* pus
eitern to fester
ekelhaft nasty
Ekzem *nt* eczema
Elastikbinde *f* elastic bandage
elegant smart; stylish
Elektriker *m* electrician
elektrisch electric(al)
Elektrizität *f* electricity
Elektrogeschäft *nt*, **Elektrohandlung** *f* electrical shop
Element *nt* unit (*of machinery, furniture*); element
elf eleven
Elfenbein *nt* ivory
elfte(r/s) eleventh
Ell(en)bogen *m* elbow
Eltern *pl* parents
Email *nt* enamel
Empfang *m* welcome; reception (*in hotel etc, gathering*)
empfangen to receive (*guest*)
Empfänger *m* addressee
Empfängerabschnitt *m* receipt slip
empfängnisverhütend contraceptive
Empfangschef *m* receptionist
Empfangsdame *f* receptionist
Empfangsschein *m* receipt (*for parcel*)

empfehlen to recommend

empfehlenswert recommendable

empfindlich sensitive

empfohlen recommended

Ende nt bottom (of page, list); end

enden to end

Endivie f endive

endlich at last

Endstation f terminal

Energie f energy

eng narrow; tight (clothes)

England nt England

Engländer m Englishman

Engländerin f Englishwoman

englisch English; rare (steak); **auf englisch** in English

enorm enormous

Ensemble nt ensemble (clothes)

entdecken to discover

Ente f duck

enteisen to de-ice

Entenbrust f breast of duck

entfernen to remove

entfernt distant; **30 Kilometer entfernt** 30 kilometres away

Entfernung f distance

Entfernungsmesser m range finder (on camera)

entfrosten to defrost

entgegengesetzt opposite

Enthaarungscreme f depilatory cream

enthalten to hold; contain; **sich enthalten** to abstain (in voting); **Frühstück, Service und MwSt enthalten** breakfast, service and VAT included

entlang along; **die Straße entlang** along the street

Entlastungszug m relief train

Entnahme f ticket issue

entnehmen to take out

entrahmte Milch f skim(med) milk

Entrecôte nt sirloin steak

entschädigen to compensate

sich entscheiden to decide (between alternatives)

Entscheidung f decision

sich entschließen to make up one's mind

entschlossen firm (person); determined

entschuldigen to excuse; **sich entschuldigen** to apologize

Entschuldigung f excuse; apology; **Entschuldigung!** pardon; excuse me

sich entspannen to relax

entsprechend equivalent to

enttäuscht disappointed

entweder ... oder ... either ... or ...

Entwerter m (ticket) cancelling machine

entwickeln to develop

entzückend charming

entzückt delighted

Entzündung f inflammation

Enzian m gentian; spirit distilled from gentian roots

Epilepsie f epilepsy

er he; it; **er ist es** it's him

sich erbrechen to vomit

Erbse(n) f pea(s)

Erbsensuppe f pea soup

Erdbeere(n) f strawberry(-berries)

Erde f earth; soil

Erdgeschoß nt ground floor

Erdnuß(-nüsse) f peanut(s)

Ereignis nt incident (event); occasion (special event)

erfahren to learn, hear; experienced

Erfahrung f experience

erfinden to invent

Erfindung f invention

Erfolg m success

erfolgreich successful

erforderlich necessary, required

erfreut über pleased with

Erfrischungen pl refreshments

Ergebnis nt result

erhalten to receive (letter)

erhältlich obtainable, available

sich erholen to recover

erinnern to remind; **sich erinnern an** to remember

Erinnerung f memory

sich erkälten to catch cold

Erkältung f cold (illness)

erkennen to recognize

erklären to state; to explain

Erklärung f explanation

sich erkundigen to ask; **sich nach dem Preis erkundigen** to ask the price

erlauben to permit (something)

Erlaubnis f permission

Erläuterung siehe Rückseite for further information see over

Erlebnis nt experience (event)

erledigen to finish; to do

Erleichterung f relief (from pain, anxiety)

ermäßigter Preis reduced price

Ermäßigung f reduction

ernähren to feed

erneuern to renew

ernst serious

erreichen to catch (*train etc*); to reach (*with hand*)

Ersatz m substitute; replacement

Ersatzrad nt spare wheel

Ersatzteil nt spare (part)

erscheinen to appear

erschöpft exhausted

erschrecken to frighten, alarm

ersetzen to replace (*substitute*); **etwas durch etwas anderes ersetzen** to substitute something for something else

erstaunlich astonishing

erste(r/s) first, top (*in rank*); **Erste Hilfe** first aid; **im ersten Gang** in first (gear); **der erste Zug** the early train

Erste-Hilfe-Ausrüstung f first-aid kit

erstklassig first class (*work etc*)

ertragen to stand, bear

erwachsen grown-up

Erwachsene(r) m/f adult

erwähnen to mention

erwarten to expect

erzählen to tell (*story*)

Erzeugnis nt produce (*products*)

es it; **ich bin es** it's me; **es regnet** it's raining; **es gibt** there is/are

Esel m donkey

eßbar edible

essen to eat

Essen nt food; meal

Essig m vinegar

Eßlöffel m tablespoon

Eßlokal nt restaurant

Eßzimmer nt dining room

Etage f floor, storey

Etagenbetten pl bunk beds

Etappe f stage

Etikett nt ticket, label

etwa around, about

etwas something; **etwas Brot** some bread; **können Sie etwas sehen?** can you see anything?; **etwas Größeres** something bigger

euch you (*plural, familiar form*)

euer(e) your (*plural, familiar form*)

eure(r/s) yours (*plural, familiar form*)

Europa nt Europe

europäisch European

Euroscheck m Eurocheque

eventuell perhaps

Exemplar nt copy (*of book etc*)

F

Fabrik f works; factory

Fach nt subject (*school*); compartment

Facharzt m specialist (*doctor*)

Fächer m fan (*folding*)

Fachmann (Fachleute) m expert(s)

Faden m thread

fähig competent; **zu ... fähig** capable of ...

Fähigkeit f ability

Fahne f flag

Fahrausweis(e) m ticket(s)

Fahrbahn f carriageway

Fahrbahnverschmutzung f mud on the road

Fähre f ferry

fahren to drive; to go;

können Sie Auto fahren? do you drive?; **jemanden in die Stadt fahren** to give someone a lift into town; **dieses Auto fährt mit Diesel** this car runs on diesel

Fahrer m chauffeur; driver (*of car*)

Fahrgast m passenger

Fahrgestell nt chassis

Fahrkarte(n) f ticket(s)

Fahrkartenschalter m ticket office

Fahrleistung f road performance

Fahrplan m timetable (*for trains etc*)

Fahrplanhinweise pl travel information

Fahrpreis(e) m fare(s)

Fahrprüfung f driving test

Fahrrad(-räder) nt bicycle(s)

Fahrradpumpe f bicycle pump

Fahrschein(e) m ticket(s)

Fahrscheinentwerter m automatic ticket stamping machine

Fahrspur(en) f lane(s)

Fahrstuhl m lift

Fahrt f journey; drive; ride (*in vehicle*); **während der Fahrt** while the train etc is in motion; **gute Fahrt!** safe journey!; **eine Fahrt mit dem Auto machen** to go for a ride (*by car*)

vor Fahrtantritt before commencing the journey

Fahrtroute f route

Fahrtunterbrechung f break in the journey

Fahrzeug nt vehicle

Fahrzeugausstattung f equipment of vehicle

Fahrziel nt destination

Fall *m* instance; lawsuit; fall; **auf jeden Fall** in any case; **für alle Fälle** just in case; **im schlimmsten Fall** in the last resort

fallen to fall; to drop; **fallen lassen** to drop

fällig due (*owing*)

falls in case; if

Fallschirm *m* parachute

falsch false (*name etc*); wrong

Familie *f* family

Familienname *m* surname

Familienstand *m* marital status

fangen to catch

Farbe *f* colour; paint; suit (*cards*)

farbecht fast (*dye*)

färben to dye

Farbfernsehen *nt* colour TV

Farbfilm *m* colour film

farbig coloured

Farbstoff *m* dye

Fasan *m* pheasant

Fasching *m* carnival

Faser *f* fibre

Faß *nt* barrel (*for beer*); **vom Faß** on tap, on draught

Fassade *f* façade

Faßbier *nt* draught bier

fast almost; nearly

Fastnachtsdienstag *m* Shrove Tuesday

faszinierend fascinating

faul rotten (*wood etc*); lazy

Faust *f* fist

Fausthandschuh(e) *m* mitt(s), mitten(s)

Februar *m* February

Feder *f* spring (*coil*); feather

Federball *m* badminton

Federbett *nt* quilt, eiderdown

fehlen to be missing; **es fehlen einige Seiten**

some pages are missing; **meine Mutter fehlt mir** I miss my mother

Fehler *m* fault (*defect*); mistake, error

Fehlzündung *f* misfiring, backfiring

feiern to celebrate

Feiertag *m* holiday

Feige(n) *f* fig(s)

Feile *f* file (*tool*)

fein delicate; fine; subtle

Feinkostgeschäft *nt* delicatessen

Feinschmecker *m* gourmet

Feinwaschmittel *nt* mild detergent

Feldsalat *m* corn salad, lamb's lettuce

Felge(n) *f* (wheel) rim(s)

Fels *m* rock (*substance*)

Felsblock *m* rock (*boulder*)

Felsen *m* cliff

Fenchel *m* fennel

Fenster *nt* window

Fensterladen *m* shutter (*on window*)

Fensterplatz *m* seat by the window

Ferien *pl* holiday(s)

Ferienhaus *nt* (holiday) chalet

Feriensaison *f* holiday season

Ferienwohnung *f* holiday flat

fern distant

Fernamt *nt* telephone exchange

Ferne *f* distance

Ferngespräch *nt* trunk call

Fernglas *nt* binoculars

Fernlicht *nt* full *or* main beam

Fernsehen *nt* television; **im Fernsehen** on television

Fernseher *m* television

Fernsprecher *m* (public) telephone

Fernsteuerung *f* remote control

Fernstraße *f* trunk road

Ferse *f* heel

fertig ready; finished; **ich bin gleich fertig** I shan't be long; **sich fertigmachen** to get ready; **wenn ich mit meiner Arbeit fertig bin** when I'm through with my work

fest firm (*object, material*); solid (*strong, not liquid*); **fest schlafen** to be fast asleep

Fest *nt* celebration; party

Festland *nt* mainland

festmachen to fasten

festsetzen to arrange

fett greasy (*food*)

Fett *nt* fat; grease

fettarm low-fat

fettig greasy

feucht damp

Feuer *nt* fire; **haben Sie Feuer?** have you got a light?

feuergefährlich inflammable

Feuerlöscher *m* fire extinguisher

Feuertreppe *f* fire escape

Feuerwehr *f* fire brigade

Feuerwerk *nt* fireworks

Feuerzeug *nt* cigarette lighter

Fieber *nt* fever; **Fieber haben** to have a temperature

Figur *f* figure

Filet *nt* sirloin; fillet (*of meat, fish*)

Filetsteak *nt* fillet steak

Filiale *f* branch (*of store, bank etc*)

Film *m* film

Filmkamera *f* cine-

camera
Filter *m* filter
Filterzigarette(n) *f* filter-tipped cigarette(s)
Filterpapier *nt* filter paper
Filz *m* felt (*cloth*)
Filzstift *m* felt-tip pen
finden to find
Finderlohn *m* reward for the finder
Finger *m* finger
Firma *f* firm, company
Fisch *m* fish
Fischhändler *m* fishmonger
Fischstäbchen *pl* fish fingers
Fitneßraum *m* keep fit room
Fitneßstudio *nt* health studio
flach flat; shallow
Fläche *f* area (*of surface*)
flambiert flambé
Flamme *f* flame
Flasche *f* bottle
Flaschenbier *nt* bottled beer
Flaschenöffner *m* bottle opener
Flaschenweine *pl* bottled wines
Fleck *m* patch (*spot*); blot; stain; **blauer Fleck** bruise
Fleckenmittel *nt*, **Fleckenwasser** *nt* stain-remover
Fleisch *nt* meat; flesh
Fleischbrühe *f* bouillon; stock
Fleischerei *f* butcher's (*shop*)
Fleischkäse *m* meat loaf
Fleischklößchen *nt* meatball
Fleischsalat *m* diced meat salad with mayonnaise
Fleischtopf *m* meat pan

Fleisch- und Wurstwaren *pl* meat counter
flicken to mend
Flickzeug *nt* puncture repair kit
Fliege *f* fly; bow tie
fliegen to fly
Fliegen *nt* flying
fließen to flow
fließend fluently; **fließend warm und kalt Wasser** hot and cold water
Flipper *m* pinball
Flitterwochen *pl* honeymoon; **in den Flitterwochen** on one's honeymoon
Flohmarkt *m* flea market
Flossen *pl* flippers (*for swimming*)
Flöte *f* flute; pipe (*musical*)
Flotte *f* fleet
Flug (Flüge) *m* flight(s)
Flügel *m* wing; grand piano
Fluggast *m* passenger
Fluggesellschaft *f* airline
Flughafen *m* airport
Flughafenbus *m* airport bus
Flughöhe *f* altitude
Flugkarte *f* plane ticket
Flugnummer *f* flight number
Flugplan *m* flight schedule
Flugplanauskunft *f* flight information
Flugplatz *m* airport
Flugreise *f* air travel
Flugschein(e) *m* plane ticket(s)
Flugsteig *m* gate
Flugstrecke *f* route; flying distance
Flugticket(s) *nt* plane ticket(s)
Flugverbindung *f* air

connection
Flugverkeh *m* air traffic
Flugzeug *nt* plane, aircraft; **mit dem Flugzeug** by plane, by air
Fluß (Flüsse) *m* river(s)
flüssig liquid
Flüssigkeit *f* liquid
Flußkrebs *m* crawfish, crayfish (*freshwater*)
Flut *f* flood; **es ist Flut** the tide is in
Flutlicht *nt* floodlight
Folge *f* series; consequence
folgen to follow; **jemandem folgen** to follow someone
folgend following
Folie *f* foil; **in der Folie** baked in foil
Fönen *nt* blow-dry
fordern to demand
Forelle *f* trout
Forellenfilet *nt* fillet of trout
Form *f* shape; form
Format *nt* size
Formblatt *nt* form
Formular *nt* form (*document*)
fort away; gone
fortfahren to depart
Fortschritte *pl* progress
fortsetzen to continue
Foto *nt* photo; **ein Foto machen** to take a photo
Fotoapparat *m* camera
Fotogeschäft *nt* photographic shop
Fotograf *m* photographer
Fotografie *f* photography; photograph
fotografieren to photograph
fotokopieren to photocopy
Fracht *f* cargo; freight
Frack *m* tailcoat
Frage *f* question; **das kommt nicht in Frage**

that's out of the question; **eine Frage stellen** to ask a question

Fragebogen m questionnaire

fragen to ask; **jemanden nach der Uhrzeit fragen** to ask someone the time; **sich fragen, ob ...** to wonder whether ...

Frankenwein m wine from Franconia *(fairly dry)*

frankieren to stamp *(letter)*

Frankreich nt France

Franzose m Frenchman

Französin f Frenchwoman

französisch French

Frau f Mrs, Ms; woman; wife

Frauenarzt m gynaecologist

Fräulein nt Miss

frech cheeky, insolent

Frechheit f cheek *(impudence)*

frei free; clear *(not blocked)*; vacant *(seat, toilet)*; **ein Tag frei** a day off; **im Freien** outdoors, in the open air

Freibad nt open-air swimming pool

freilassen to leave blank

freimachen to stamp

Freitag m Friday

Freizeichen nt ringing tone

Freizeit f spare time; leisure

Freizeitkleidung f casual clothes, casual wear

Freizeitschuhe pl sneakers

Freizeitzentrum nt leisure centre

fremd foreign; strange *(unknown)*

Fremde(r) m/f stranger

Fremdenführer m

courier

Fremdenverkehr m tourism

Fremdenverkehrsamt nt tourist office

Fremdenzimmer nt guest room(s)

Fremdsprache f foreign language

Freude f joy; **eine kleine Freude** a little treat

sich freuen to be glad; **sich freuen auf** to look forward to; **es hat mich gefreut zu hören ...** I was glad to hear ...

Freund m friend; boyfriend

Freundin f friend; girlfriend

freundlich friendly; kind

Frieden m peace

Friedhof m cemetery

frieren to freeze; **frieren Sie?** are you cold?

Frikadelle(n) f rissole(s)

Frikassee nt fricassee

frisch fresh; wet *(paint)*

Frischhaltebeutel m airtight bag

Frischhaltefolie f cling film

Frischkäse m cream cheese

Frischwurst f cold, unsmoked sausage

Friseur m hairdresser

Friseuse f hairdresser

Frisiercreme f haircream

sich frisieren to do one's hair

Frist f period; deadline

Frisur f hairstyle

froh glad

fröhlich merry

Fronleichnam m Corpus Christi *(public holiday)*

Frosch m frog

Froschschenkel pl frogs' legs

Frost m frost

Frostschutzmittel nt antifreeze

Früchte pl fruit

Fruchteis nt water ice

Früchtetee m fruit tea

Fruchtsaft m fruit juice

Fruchtsaftkonzentrat nt cordial

früh early; **Sie sind früh dran** you're early

früher earlier; former; **ich habe ihn früher mal gekannt** I used to know him; **früher oder später** soon or later

frühere(r/s) previous

Frühling m spring *(season)*

Frühlingsrolle(n) f spring or pancake roll(s)

Frühlingssuppe f spring vegetable soup with noodles

Frühstück nt breakfast

Frühstücksbuffet nt breakfast buffet

fühlen to feel

führen to lead; to run *(a business, country)*; to stock *(have in shop)*

Führer m leader; guide

Führerschein m driving licence

Führung f guided tour; **in Führung liegen** to lead *(in contest)*

füllen to fill (up)

Füller m fountain pen

Füllung f stuffing *(in chicken etc)*

Fundbüro nt lost property office

Fundsachen pl lost property

fünf five

fünfte(r/s) fifth

fünfzehn fifteen

fünfzig fifty

Funke m spark

funktionieren to work *(clock, mechanism)*; **das**

funktioniert nicht it is not working

für for; **Benzin für DM50** DM50 worth of petrol

furchtbar terrible

fürchten to fear; **sich fürchten vor** to be afraid of; to dread

fürchterlich horrible

Furunkel m boil (*on skin*)

Fuß m foot; **zu Fuß gehen** to walk

Fußbad nt foot bath

Fußball m football, soccer

Fußbalsam m foot balm

Fußboden m floor

Fußbremse f footbrake

Füße pl feet

Fußgänger m pedestrian

Fußgängerüberweg m pedestrian crossing

Fußgängerunterführung f pedestrian subway

Fußgängerzone f pedestrian precinct

Fußweg m footpath

Futter nt lining

füttern to feed; **nicht füttern!** do not feed!

G

Gabel f fork

Gabelung f fork (*in road*)

gähnen to yawn

Galerie f gallery

Gang m course (*of meal*); passage; gear (*of car*)

Gangschaltung f gears

Gans f goose

Gänseleberpastete f pâté de foie gras

ganz whole (*complete*); quite (*absolutely*); **den ganzen Tag** all day; **ganz und gar nicht** not in the least

ganztägig full-time

gar done (*vegetables*); **nicht gar** undercooked

Garage f garage (*for parking*)

Garantie f guarantee; warrant(y)

garantieren to guarantee

Garderobe f cloakroom; wardrobe

Garn nt thread

Garnele(n) f prawn(s)

Garnelencocktail f shrimp cocktail

gar nicht not at all

Garten m garden

Gartenlokal nt garden café

Gärtner m gardener

Gärtnerei f market-garden

Gas nt gas; **Gas geben** to accelerate

Gasflasche f gas canister

Gaskocher m camping stove

Gaspedal nt accelerator

Gasse f alley; lane (*in town*)

Gast m guest; **zu Gast haben** to entertain (*give hospitality*); **für Gäste** patrons only

Gästezimmer nt guest-room

Gastfreundschaft f hospitality

Gastgeber m host

Gastgeberin f hostess

Gasthaus nt inn

Gasthof m inn

Gaststätte f restaurant

Gaststube f lounge

geändert altered; **geänderte Abfahrtszeiten/Öffnungszeiten/Vorfahrt** new departure times/opening hours/right of way

Gebäck nt pastry (*cake*)

Gebäude nt building

gebeizt cured; marinated

geben to give

Gebiet nt region; area

Gebirge nt mountains

Gebiß nt dentures

Gebläse nt blower, fan

geboren born; **geborene Schnorr** née Schnorr; **geboren werden** to be born

gebraten fried

Gebrauch nt use

gebrauchen to use

Gebrauchsanweisung f instructions for use

Gebraucht- used (*car etc*)

Gebühr f fee; **Gebühr zahlt Empfänger** postage to be paid by addressee

gebührenfrei free of charge; post free

Gebührenordnung f scale of charges

gebührenpflichtig subject to a charge; **gebührenpflichtige Verwarnung** fine; **gebührenpflichtige Brücke** toll bridge

Geburtsdatum nt date of birth

Geburtsort m place of birth

Geburtstag m birthday

Geburtsurkunde f birth certificate

Gedanke m thought

Gedeck nt place setting

Geduld f patience

geduldig patient

gedünstet steamed

geeignet suitable

Gefahr f danger

gefährlich dangerous

Gefälle nt gradient

gefallen to please; **er gefällt mir** I like him

Gefallen m favour; **jemandem einen Gefallen tun** to do

someone a favour
Geflügel nt poultry
Geflügelsalat m chicken/turkey salad
gefroren frozen (food)
Gefühl nt feeling
gefüllt stuffed
gegebenenfalls if applicable
gegen versus, against; toward(s)
Gegend f district (in country); region
Gegenstand m object
Gegenteil nt opposite; **im Gegenteil** on the contrary
gegenüber opposite, facing; **das Haus gegenüber** the house opposite
Gegenverkehr m oncoming traffic
gegenwärtig present
Gehacktes nt mince
Geheimnis nt secret; mystery
gehen to go; to walk; **wie geht es Ihnen?** how are you?; **es geht mir besser** I feel better; **geht es?** can you manage?; will it do? (be suitable); **gehen wir** let's go
Gehirnerschütterung f concussion
gehorchen to obey; **jemandem gehorchen** to obey someone
gehören to belong; **jemandem gehören** to belong to someone
Gehsteig m pavement
Geige f violin
geizig mean, stingy
gekocht cooked; boiled
gekühlt cooled
gelähmt paralysed
Gelände nt grounds (land); site (of building)
Geländer nt handrail (on

stairs); railings
gelb yellow; **Gelbe Seiten** Yellow Pages
Gelb nt amber (traffic light)
Gelbsucht f jaundice
Geld nt money; **Geld einwerfen** insert money
Geldautomat m cash dispenser
Geldbeutel m purse
Geldeinwurf m slot
Geldrückgabe f coin return
Geldschein m banknote
Geldstrafe f fine
Geldstück nt coin
Geldwechsel m exchange of money; bureau de change
Geldwechselautomat m, **Geldwechsler** m change machine
Gelegenheit f opportunity; occasion
gelegentlich occasionally
Gelenk nt joint (of body)
gelingen to succeed; **es ist ihm gelungen, es zu tun** he succeeded in doing it
gelten to be worth; to be valid
gemahlen ground
Gemälde nt painting
gemein mean (unkind)
Gemeinde f community
gemeinsam together
gemischt mixed, assorted; **gemischter Salat** mixed (side) salad
Gemüse nt vegetables
genau accurate, precise; exact(ly); **genau hier** just here
Genehmigung f approval; permit
Genesung f convalescence
genießen to enjoy
genug enough

Genuß m enjoyment
geöffnet open
Gepäck nt luggage
Gepäckaufbewahrung f left luggage office
Gepäckausgabe f baggage claim
Gepäcknetz nt luggage rack (in train)
Gepäckschein m left-luggage ticket
Gepäckschließfach nt left-luggage locker
Gepäckständer m luggage rack
Gepäckträger m luggage rack (on car); porter
Gepäckwagen m baggage car
gerade straight; **eine gerade Zahl** an even number; **er ist gerade weggegangen** he's just left; **ich habe es gerade eben geschafft** I just managed it
geradeaus straight ahead
Gerät nt appliance; gadget
aufs Geratewohl at random
geräuchert smoked
Geräusch nt noise; sound
gerecht fair (just)
Gericht nt court (law); dish (food)
gering slight (small)
gern(e) willingly; **etwas gern tun** to love doing something; **ich hätte gern ein Eis** I'd like an ice cream; **gern haben** to like; **gern geschehen** not at all, don't mention it
geröstet sauté, fried; toasted; **geröstete Mandeln** roasted almonds
Geruch m smell
gesamt entire, total
Gesamtgewicht nt

overall weight
Geschäft(e) *nt* shop(s)
Geschäftsstunden *pl* business hours
geschehen to happen
Geschenk(e) *nt* gift(s)
Geschenkartikel *pl* gifts
Geschenkgutschein *m* gift token
Geschichte *f* story; history
Geschick *nt* skill
geschieden divorced
Geschirr *nt* crockery; harness
Geschirrspülmittel *nt* washing-up liquid
Geschlecht *nt* gender; sex
Geschlechtskrankheit *f* venereal disease
Geschlechtsverkehr *m* sexual intercourse
geschlossen closed
Geschmack *m* taste; flavour
geschmacklos in poor taste
geschmackvoll in good taste
geschmort braised
Geschnetzeltes *nt* meat cut into strips and stewed to produce a thick sauce
Geschwindigkeit *f* speed
Geschwindigkeitsbegrenzung *f* speed limit
Geschwindigkeitsüberschreitung *f* speeding
Geschwister *pl* brothers and sisters
Geschwür *nt* ulcer
Gesellschaft *f* society; **wollen Sie uns nicht Gesellschaft leisten?** do join us
Gesellschaftsraum *m* lounge (*in hotel*)
Gesetz *nt* law
gesetzlich legal;

gesetzlicher Feiertag public holiday
gesetzwidrig illegal
Gesicht *nt* face
Gesichtscreme *f* face cream
Gesichtswasser *nt* face lotion
gespannt tense; **ich bin gespannt, ob** I wonder whether
gesperrt closed
Gespräch *nt* talk (*conversation*); (telephone) call
gestattet permitted
gestehen to confess
Gestell *nt* frame (*of glasses*); rack (*for wine*)
gestern yesterday
gesund healthy (*person*); **Spinat ist gesund** spinach is good for you
Gesundheit *f* health; **Gesundheit!** bless you!
getönt tinted
Getränk(e) *nt* drink(s)
Getränkekarte *f* list of beverages; wine list
getrennt separately
Getriebe *nt* gearbox
Getriebeöl *nt* gear(box) oil
getrocknet dried (*fruit, beans*)
Gewächs *nt* growth
Gewächshaus *nt* greenhouse
gewählt selected
Gewähr *f* guarantee; **ohne Gewähr** subject to change; no liability assumed
Gewalt *f* force; violence; power
Gewalttätigkeit *f* violence
Gewehr *nt* gun; rifle
Gewicht *nt* weight
Gewinn *m* prize; profit
Gewinnchancen *pl* odds

(*in betting*)
gewinnen to gain; to win
gewiß certain
Gewissen *nt* conscience
Gewitter *nt* thunderstorm
sich gewöhnen an to get used to
Gewohnheit *f* habit
gewöhnlich usual, ordinary
Gewürz *nt* spice; seasoning; **Gewürze** condiments
Gewürzgurke(n) *f* gherkin(s)
Gewürznelke(n) *f* clove(s)
Gezeiten *pl* tide
es gibt there is, there are
gierig greedy
gießen to pour
Gift *nt* poison
giftig poisonous
Gipfel *m* peak (*of mountains*)
Gipsverband *m* plaster cast
Gitarre *f* guitar
glänzend shiny
Glas *nt* glass; lens (*of glasses*); jar
glatt smooth
Glatteisgefahr *f* danger of black ice
Glaube *m* faith; belief
glauben to believe; **ich glaube schon** I think so; **glauben an** to believe in
gleich even (*equally matched*); equal; **das gleiche Buch wie** the same book as
Gleichgewicht *nt* balance
gleichmäßig even; steady (*pace*)
gleichzeitig simultaneous(ly)
Gleis *nt* track (*for trains*); **der Zug fährt auf Gleis**

3 ab the train is leaving from platform 3
gleiten to slide; to glide
Glocke *f* bell
Glück *nt* happiness; luck; **Glück haben** to be lucky; **viel Glück!** good luck!
glücklich happy; fortunate
Glückwunsch *m* congratulations; **herzlichen Glückwunsch!** congratulations!
Glühbirne *f* light bulb
glühen to glow
Glühlampe *f* bulb
Glühwein *m* mulled wine
Gold *nt* gold
Goldfisch *m* goldfish
Golf *nt* golf
Golfball *m* golf ball
Golfplatz *m* golf course
Golfschläger *m* golf club
Gondelbahn *f* cable railway; chairlift
Gott *m* God; **Gott sei Dank** thank goodness
Gottesdienst *m* service (*in church*)
Grab *nt* grave
Grad *m* degree
Gramm *nt* gram
Granatapfel *m* pomegranate
Grapefruitsaft *m* grapefruit juice
Gras *nt* grass
Gräte *f* bone (*of fish*)
gratis free of charge
gratulieren to congratulate
grau grey
Graubrot *nt* bread made from a mixture of types of flour
grausam cruel
greifen to seize; to grip; **griefen zu** to resort to
Grenze *f* boundary; frontier, border
Grenzübergang *m* border crossing-point
Griebenschmalz *nt* dripping with crackling
Grieß *m* semolina
Griff *m* handle; knob
Grill *m* grill; **vom Grill** grilled, barbecued
grillen to grill
Grillspieß *m* (shish) kebab
Grillteller *m* mixed grill
Grippe *f* flu
grob roughly; coarse (*texture, material*)
groß tall; great; big; wide (*range*); **wie groß sind Sie?** how tall are you?
großartig magnificent; grand
Großbritannien *nt* Great Britain
Großbuchstabe(n) *m* capital letter(s)
Größe *f* size; height
Großmutter *f* grandmother
Großstadt *f* city
Großvater *m* grandfather
großzügig generous
grün green; fresh (*fish*)
Grünanlage *f* park
Grund *m* ground; reason
grundlegend basic
gründlich thorough
Gründonnerstag *m* Maundy Thursday
Grundstück *nt* land (*property*)
Gruppe *f* group
Gruppenreise *f* group travel
Gruß *m* greeting; **mit freundlichen Grüßen** yours sincerely; **viele liebe Grüße von** love from (*on letter*); **mit besten Grüßen** with best wishes
grüßen to greet

Grütze *f*: **rote Grütze** fruit jelly
gucken to look
Gulasch *nt* goulash
Gulaschsuppe *f* goulash soup
gültig valid; **gültig ab 10. Februar** effective February 10th
Gummi *m* rubber; elastic
Gummiband *nt* rubber band
Gummistiefel *m* wellington boot(s)
günstig favourable; convenient; reasonable
gurgeln to gargle
Gurke(n) *f* cucumber(s); gherkin(s)
Gürtel *m* belt
Gürtelreifen *m* radial (tyre)
Gürtelrose *f* shingles
Gußeisen *nt* cast iron
gut good; well; all right (yes); **gut im Golf sein** to be good at golf; **guten Morgen!** good morning!; **guten Abend/ gute Nacht!** good evening/good night!; **guten Appetit** enjoy your meal; **alles Gute** all the best; with best wishes (*on letter*); **sehr gut!** (that's) fine!
Güter *pl* goods
Güterzug *m* freight train
Guthaben *nt* credit
Gutschein *m* voucher; coupon

H

Haar *nt* hair
Haarbürste *f* hairbrush
Haare *pl* hair; **sich die Haare schneiden lassen** to have a haircut

Haarfestiger m setting lotion

Haarkur f conditioner

Haarnadelkurve f hairpin bend

Haarschnitt m haircut

Haarspray nt hair spray

Haartrockner m hairdrier

Haarwaschmittel nt shampoo

Haarwasser nt hair lotion

haben to have; **ich hätte gern ein ...** I would like a ...

Hackbraten m meat loaf

Hackfleisch nt mince

Hacksteak nt hamburger

Hafen m harbour; port

Hafenrundfahrt f trip round the harbour

Haferflocken pl rolled oats

Haftpflichtversicherung f third party insurance

Haftpulver nt dental adhesive

Haftung f liability

Haftungsbeschränkung f collision damage waiver

Hagebuttentee m rosehip tea

Hagel m hail

hageln to hail; **es hagelt** it's hailing

Hahn m tap (for water); cock(erel)

Hähnchen nt chicken

Haken m hook; tick (mark); peg (for coat)

halb half; **auf halbem Weg** halfway; **eine halbe Stunde** half an hour; **halb offen** half open; **zum halben Preis** half-price

halbbitter semi-sweet (chocolate)

halbieren to halve

Halbpension f half board

Hälfte f half

Hallenbad nt indoor pool

hallo hello

Hals m neck; throat

Halsband nt collar (for dog)

Halskette f necklace

Hals-Nasen-Ohren-Arzt m ear, nose and throat specialist

Halsschmerzen pl sore throat

halt stop

haltbar durable

halten to hold; to keep; **Halten verboten** no waiting (road sign); **ich halte nichts von der Idee** I'm not in favour of that idea; **etwas sauber halten** to keep something tidy; **Milch hält sich nicht gut** milk doesn't keep very well

Haltestelle f bus stop

Halteverbot nt no stopping; no stopping zone

Hammelfleisch nt mutton

Hammer m hammer

Hämorrhoiden pl haemorrhoids

Hand f hand; **jemandem die Hand geben** to shake hands with someone; **von Hand** by hand

Handbremse f handbrake

Handcreme f hand cream

Handel m trade; commerce

handeln to act; to trade; to bargain; **es handelt sich um** it's a question of

handgearbeitet handmade

Handgelenk nt wrist

handgemacht handmade

Handgepäck nt hand-luggage

Handlung f shop

Handschuhe pl gloves

Handschuhfach nt glove compartment

Handtasche f handbag

Handtuch nt towel

Handwerker m craftsman

Hang m slope; hill

hängen to hang

hart hard; rough (not gentle)

hartgekocht hard-boiled

Hase m hare

Haselnuß(-nüsse) f hazelnut(s)

häßlich ugly

Haufen m heap

häufig frequent; common

Haupt- major; main

Hauptbahnhof m main station

Haupteingang m main entrance

Hauptgericht(e) nt main course(s)

hauptsächlich mainly

Hauptsaison f high season

Haupstadt f capital (city)

Hauptstraße f high street

Hauptverkehrszeit f peak hours

Haus nt house; home; **zu Hause** at home; **nach Hause gehen** to go home; **im Haus** indoors (be); **ins Haus** indoors (go)

hauseigen belonging to the hotel etc

Haushaltsartikel pl, **Haushaltswaren** pl household goods

Hausmeister m caretaker

Hausnummer f street

number
Hausordnung f house regulations
Hausschlüssel m house key
Hausschuhe pl slippers
Haustier nt pet
Haustür f front door
Haut f hide (*leather*); skin
Hautarzt m dermatologist
Hautausschlag m rash
Hautbalsam m skin balm
Haxe f leg (*joint*)
Hebel m lever
Hecht m pike
Heckscheibe f rear window
Heckscheibenheizung f heated rear window
Heckscheibenwischer m rear window wiper
Hecktür f tailgate (*of car*)
Hecktürmodell nt hatchback (*car*)
Hefe f yeast
Heft nt exercise book
Heftpflaster nt sticking-plaster
Heilbutt m halibut
heilen to cure; to heal
heilig holy
Heiligabend m Christmas Eve
Heilmittel nt remedy
Heilpraktiker m non-medical practitioner
Heim nt home (*institution*); hostel
Heimatadresse f home address
Heimatmuseum nt museum of local history
Heimreise f return journey
Heimweh nt homesickness; **Heimweh haben** to be homesick
Heimwerkerbedarf m do-it-yourself articles
heiraten to marry

heiser hoarse
heiß hot
heißen to be called; **wie heißen Sie?** what is your name?
heißlaufen to overheat (*engine*)
Heißwassergerät nt water heater
Heizdecke f electric blanket
Heizgerät nt heater
Heizkörper m radiator
Heizung f heating
helfen to help
hell light (*pale*); bright
hellbraun tan
Helm m helmet
Hemd(en) nt shirt(s)
herab down(wards)
herauf up(wards)
heraus out
herausgehen to go out; to come out (*stain*)
herausziehen to pull out
herb dry (*wine*)
Herbst m autumn
Herd m cooker
herein in; come in
Hering m herring; peg
Heringstopf m pickled herrings in soured cream
Herr m gentleman; master; Mr; **mein Herr** sir; 'Herren' 'Gents'
Herrenbekleidung f menswear
Herrentoilette f gents' toilet
herrlich marvellous
herstellen to manufacture; to produce
herüber over
herum (a)round; **hier herum** about here
herunter down(wards)
Herz nt heart; hearts (*cards*)
Herzanfall m heart attack
herzlich kind

Herzmuschel(n) f cockle(s)
heulen to roar
Heuschnupfen m hay fever
heute today; **heute abend** tonight
heutzutage nowadays
hier here
hierher this way; **kommen Sie hierher** come over here
hiesig local
Hilfe f help; **Hilfe!** help!
Himbeere(n) f raspberry (-berries)
Himbeergeist m raspberry brandy
Himmel m sky
hin there
hinab down
hinauf up
hinaufgehen to go up
hinaus out
hinausgehen to go out
Hindernis nt obstacle
hinein in
hineingehen to go in
hineinstecken to put in; to plug in
hingehen to go (there); **er ist hingegangen** he went there
hinken to limp
hinlegen to lay down; **sich hinlegen** to lie down
hinten behind; **nach hinten** back
hinter behind; **hinter der Mauer** behind the wall
Hinter- rear
Hinterachse f rear axle
hintere(r/s) rear; back; **das hintere Ende** the back (*of hall, room*)
hinterlassen to leave; **eine Nachricht hinterlassen** to leave a message
hinterlegen to deposit

Hinterrad nt rear wheel

Hinterradantrieb m rear wheel drive

hinüber across; over

Hin- und Rückfahrt f round trip

hinunter down

hinuntergehen to go down

Hinweis m notice

Hinweisschild nt sign

hinzufügen to add (comment)

Hirn nt brains (as food)

Hirsch m deer; stag; venison

Hitze f heat

hoch high; **6 Meter hoch** 6 metres high

Hoch nt anticyclone, high

Hoch- overhead (railway)

hochachtungsvoll yours faithfully

Hochaltar m high altar

Hochglanz m gloss (photo)

Hochsaison f high season

Hochspannung f high tension

Höchst- maximum

höchstens at the most

Höchstgeschwindigkeit f maximum speed

Hochwasser nt high tide

Hochzeit f wedding

Hof m yard (of building); courtyard

hoffen to hope

hoffentlich I hope so; **hoffentlich nicht** I hope not

höflich polite

Höhe f altitude; height (of object)

Höhensonne f sunlamp

höher higher; **höher stellen** to turn up (heat, volume)

hohe(r/s) high; **mit hohen Absätzen** high-heeled

hohl hollow

Höhle f cave

holen to get, fetch; **sich holen** to catch (illness)

Holland nt Holland

holländisch Dutch

Holz nt wood (material)

hölzern wooden

homogenisiert homogenized

Honig m honey

Honigmelone f honey melon

hören to hear; **ich höre Sie nicht** I can't hear (you)

Hörer m receiver (phone)

Hörgerät nt hearing aid

Horn nt horn (of animal)

Hörnchen nt croissant

Höschenwindeln pl disposable nappies

Hose f trousers; **kurze Hose** shorts

Hosenanzug m trouser-suit

Hosenträger pl braces

Hotel nt hotel

Hotelführer m hotel guide

Hotel garni nt bed and breakfast hotel

Hoteljunge m bell-boy

Hotelreservierung f hotel reservation

Hotelverzeichnis nt list of hotels

Hubraum m cubic capacity

hübsch pretty

Hubschrauber m helicopter

Hüfte(n) f hip(s)

Hügel m hill

hügelig hilly

Huhn nt chicken

Hühnerauge nt corn (on foot)

Hühnerbrühe f clear chicken broth

Hühnerbrust f chicken breast

Hühnerfrikassee nt chicken fricassee

Hühnerkeule f chicken leg

Hühnersuppe f chicken soup

Hummer m lobster

Hummercocktail m lobster cocktail

Humor m humour; **Sinn für Humor** sense of humour

Hund m dog

hundert hundred; **hundert Leute** a hundred people; **Hunderte von Büchern** hundreds of books

hundertste(r/s) hundredth

Hunger m hunger; **Hunger haben** to be hungry

hungrig hungry

Hupe f horn (of car)

hupen to sound one's horn

Husten m cough

husten to cough

Hustenpastillen pl cough drops

Hustensaft m cough medicine

Hustentee m tea which is good for coughs

Hut (Hüte) m hat(s)

Hütte f hut; mountain shelter

Hüttenkäse m cottage cheese

hygienisch hygienic

I

ich I; **ich bin es** it's me

IC-Zuschlag m Intercity supplement

Idee f idea

Idiotenhügel m nursery slope
ihm (to) him; (to) it; **geben Sie es ihm** give it to him
ihn him; it
ihnen (to) them; **er sprach mit ihnen** he spoke to them
Ihnen (to) you (polite form)
ihr to her; to it; you (plural form); **geben Sie es ihr** give it to her
ihr(e) her; its; their
Ihr(e) your (polite form)
ihre(r/s) hers; its; theirs
Ihre(r/s) yours (polite form)
Illustrierte f magazine
im in the; **im Mai** in May; **im Zug** on the train; **im Fernsehen** on television
Imbiß m snack
Imbißstube f snack bar
immer always
impfen to vaccinate
Impfpaß m vaccination card
Impfung f vaccination
in in; into; **er wird in 2 Tagen zurück sein** he'll be back in 2 days; **in der Stadt** in town; **in der Schweiz** in Switzerland; **in der Schachtel** inside the box; **in der Schule** at school; **in London anhalten** to stop at London; **in die Schweiz** to Switzerland; **in die Schule/Stadt** to school/ town
inbegriffen included
Industriegebiet nt industrial area
Informationszentrum nt information centre
Ingwer m ginger
Inhalt m contents
Inhaltsverzeichnis nt

contents (table in book)
inklusive inclusive
Inklusivpreise pl prices inclusive of VAT and service charge
Inland nt inland
Inlandsgespräch nt national call
innen inside
Innen- interior
Innenraum m inner zone
Innenstadt f city centre
innere(r/s) internal
innerhalb within; **er hat es innerhalb von 2 Tagen gemacht** he did it in 2 days
innerlich internal; inward; **innerlich anzuwenden** for internal use (medicine)
Insassen(unfall)versicherung f passenger insurance
Insekt nt insect
Insektenbekämpfungsmittel nt insecticide
Insektenschutzmittel nt insect repellant
Insel f island
insgesamt altogether
Inspektion f inspection; service (for car)
Instrument nt instrument (musical)
Instrumententafel f dashboard
interessant interesting
Interesse nt interest
interessieren to interest; **sich interessieren für** to be interested in
international international
Internist m specialist in internal medicine
inzwischen meanwhile
irgend at all; **irgend etwas** anything at all; **irgend jemand** anybody at all; **kann irgend jemand von euch**

singen? can any of you sing?; **können Sie irgend jemanden sehen?** can you see anybody?
irgendein(e) some; any
irgendwo somewhere
irisch Irish
Irland nt Ireland
sich irren to be mistaken
Irrtum m mistake
Ischias m sciatica
Italien nt Italy
italienisch Italian

J

ja yes
Jacht f yacht
Jacke f jacket; cardigan
jagen to hunt; to chase
Jägerschnitzel nt pork escalope with mushrooms
Jahr nt year
Jahreszeit f season
Jahrgang m vintage
Jahrhundert nt century
jährlich annual, yearly
Jahrmarkt m fair
Jakobsmuschel(n) f scallop(s)
Jalousie f blind (at window)
Januar m January
Jeansstoff m denim
jede(r/s) each, every
jedenfalls anyway
jedoch however; **er ist jedoch glücklich** he's happy, though
jemals ever
jemand somebody, someone
jenseits beyond
jetzt now
Jod nt iodine
Joghurt m yoghurt
Johannisbeere(n) f currant(s); **rote**

Johannisbeere redcurrant; **schwarze Johannisbeere** blackcurrant
Jubiläum nt jubilee
jucken to itch
Juckreiz m itch
Jude m Jew
jüdisch Jewish
Jugend f youth (period)
Jugendherberge f youth hostel
Jugendherbergsausweis m youth hostel membership card
Jugendliche(r) m/f teenager
Juli m July
jung young
Junge m boy
Junggeselle m bachelor
Juni m June
Juwelier m jeweller

K

Kabel nt cable; lead (electrical)
Kabeljau m cod
Kabine f cubicle; cabin (on ship)
Kabinenbahn f cable railway
Kabriolett nt convertible (car)
Käfer m beetle
Kaffee m coffee
Kaffeekanne f coffeepot
Kaffeemaschine f percolator
Kaffeepause f coffee break
Kahn m boat
Kai m wharf; quayside
Kaiser m emperor
Kajüte f cabin (on ship)
Kakao m cocoa
Kalb nt calf
Kalbfleisch nt veal

Kalbsbries nt calf's sweetbread
Kalbsleber f calf's liver
Kalbsrückensteak nt veal steak
Kalbsschnitzel nt veal escalope
Kaldaunen pl tripe
Kalender m calendar
kalt cold; **mir ist kalt** I'm cold
Kamera f camera
Kamillentee m camomile tea
Kamin m fireplace
Kamm m comb; ridge
kämmen to comb
kämpfen to struggle
Kanada nt Canada
kanadisch Canadian
Kanal m canal; channel
kandiert glacé
Kandis(zucker) m rock (sweet)
Kaninchen nt rabbit
Kanister m (petrol) can
Kännchen Kaffee nt pot of coffee
Kanone f cannon
Kanu nt canoe
Kanzler m chancellor (in Germany, Austria)
Kapelle f chapel; orchestra
Kapern pl capers
Kapitän m captain
Kappe f cap
Kapsel f capsule (of medicine)
kaputt broken; out of order
Kapuze f hood
Karaffe f decanter; carafe
Karfreitag m Good Friday (public holiday)
kariert checked
Karneval m carnival
Karo nt diamonds (cards)
Karosserie f bodywork
Karotten pl carrots
Karpfen m carp

Karte f card; ticket (for train, plane, boat); chart (map); menu
Kartenvorverkauf m advance booking
Kartoffel(n) f potato(es)
Kartoffelbrei m mashed potatoes
Kartoffelpuffer m potato fritter
Kartoffelsalat m potato salad
Karussell nt roundabout (fairground)
Käse m cheese
Käsekuchen m cheesecake
Käseplatte f (plate of) assorted cheeses
Kasse f cashdesk; checkout (in store); box office; till
Kassette f cassette; cartridge (of tape, for camera)
Kassettenfilm m cartridge film
Kassettenrecorder m cassette-recorder
Kassierer m teller; cashier
Kassler nt lightly smoked pork loin
Kastanie f chestnut
Katalog m catalogue
Katalysator m catalytic converter
Katastrophe f disaster
Kater m tomcat; hangover
Katze f cat
kauen to chew
kaufen to buy
Käufer m buyer
Kaufhaus nt department store
Kaugummi nt chewing gum
kaum scarcely
Kaution f deposit
Kaviar m caviar(e)

Kefir *m* fermented milk
Kegelbahn *f* skittle alley, bowling alley
Kegeln *nt* skittles, ninepins
Keilriemen *m* fanbelt
kein(e) no, not a(n); **wir haben kein Brot** we haven't any bread
keine(r/s) nobody; neither; none; **wir haben keinen/keine/keines** we haven't any
keineswegs not at all
Keks(e) *m* biscuit(s) (*sweet*)
Keller *m* cellar
Kellner *m* waiter; steward (*at club*)
Kellnerin *f* waitress
kennen to know (*person*)
kennenlernen to meet (*make acquaintance of*)
Kenner *m* connoisseur
Kenntnis *f* knowledge
Kennzeichen *nt* registration number; **besondere Kennzeichen** distinguishing marks
Keramik *f* pottery
Kerze *f* candle
Kette *f* chain; range (*of mountains*)
Keuchhusten *m* whooping cough
Keule *f* drumstick (*of chicken*)
Kilo *nt* kilo; **DM8 das Kilo** DM8 per kilo
Kilogramm *nt* kilogram
Kilometer *m* kilometre; **Kilometer pro Stunde** ≈ miles per hour, m.p.h.
Kilometerzähler *m* ≈ mileometer
Kind(er) *nt* child(ren)
Kinderarzt *m* paediatrician
Kinderfahrkarte *f* child's ticket, half
Kinderlähmung *f* polio

Kindersicherung *f* childproof safety catch
Kinderteller *m* child's helping
Kinderwagen *m* pram; pushchair
Kinn *nt* chin
Kino *nt* cinema
Kinoprogramm *nt* film guide
Kiosk *m* kiosk (*for newspapers*)
Kirche *f* church
Kirchturm *m* steeple
Kirsche(n) *f* cherry (*cherries*)
Kirschkuchen *m* cherry cake
Kirschlikör *m* cherry brandy
Kirschwasser *nt* kirsch
Kissen *nt* cushion
Kiste *f* crate; case (*of wine*)
Klage *f* complaint
Klappe *f* flap
Klappstuhl *m* folding chair
Klapptisch *m* folding table
klar clear; plain; definite; **klare Brühe** clear stock; **Klarer** schnapps
Klasse *f* class; grade; **ein Fahrschein zweiter Klasse** a second-class ticket
klassisch classical
klatschen to clap
Klavier *nt* piano
kleben to glue; to stick
klebrig sticky
Klebestreifen *m* adhesive tape
Klebstoff *m* glue
Kleid(er) *nt* dress(es)
Kleider *pl* clothes
Kleiderbügel *m* coat hanger
Kleiderbürste *f* clothes brush

Kleiderschrank *m* wardrobe
Kleidung *f* outfit
Kleidungsstück *nt* garment
klein short (*person*); small
Kleinbus *m* minibus
Kleingeld *nt* change (*money*)
Kleinkind *nt* small child
Klettern *nt* rock-climbing
klettern to climb (*tree, wall*)
Klima *nt* climate
Klimaanlage *f* air-conditioning
klimatisiert air-conditioned
Klinge *f* blade
Klingel *f* bell
klingeln to ring
Klinik *f* clinic
Klinke *f* handle (*of door*)
klopfen to knock; **klopfen an** to tap
Kloß *m* dumpling
Kloster *nt* monastery; convent
klug clever
Klumpen *m* lump (*in sauce*)
Knäckebrot *nt* crispbread
knapp tight
Knäuel *nt* ball (*of string, wool*)
kneifen to pinch
Kneipe *f* pub
Knie *nt* knee
Knoblauch *m* garlic
Knoblauchwurst *f* garlic sausage
Knoblauchzehe *f* clove of garlic
Knöchel *m* ankle
Knochen *m* bone
Knödel *m* dumpling
Knopf *m* button; knob (*on radio etc*)
Knoten *m* knot
knusprig crisp

Koch *m* chef; cook
kochen to boil; to cook
Kocher *m* cooker, stove
Kochgelegenheit *f* cooking facilities
Köchin *f* cook
Kochtopf *m* saucepan
Köder *m* bait (*in fishing*)
koffeinfrei decaffeinated
Koffer *m* suitcase
Kofferanhänger *m* luggage tag
Kofferkuli *m* luggage trolley
Kofferraum *m* boot (*of car*)
Kohl *m* cabbage
Kohle *f* coal
Kohlrabi *m* kohlrabi
Kohlroulade *f* stuffed cabbage
Kohlrübe *f* swede
Koje *f* berth (*in ship*); bunk
Kokosnuß *f* coconut
Kolben *m* piston
Kölnischwasser *nt* cologne
Kölsch *nt* strong lager
Kombi(wagen) *m* estate (car)
Komiker *m* comedian
komisch funny (*amusing*); strange
kommen to come; **wieder zu sich kommen** to revive, come round; **wie kommen wir dorthin?** how do we get there?; **auf eine Straße kommen** to get onto a road
Kommißbrot *nt* rye bread
Komödie *f* comedy
Kompaß *m* compass
Kompliment *nt* compliment
kompliziert elaborate; complicated
Komponist *m* composer

Kompott *nt* stewed fruit
Kondensmilch *f* condensed milk; evaporated milk
Konditorei *f* cake shop; café
Kondom *nt* sheath (*contraceptive*)
Konfektions- ready-made (*clothes*), ready-to-wear
Konfession *f* denomination
Konfitüre *f* jam
König *m* king
Königin *f* queen
Königinpastete *f* vol-au-vent
königlich royal
Königsberger Klopse *pl* meat dumplings in a white sauce with capers
können to be able; to know (*language*); **ich kann** I can; **Sie können** you can; **etwas tun können** to be able to do something; **es könnte regnen** it might rain; **wir könnten es tun** we could do it; **könnte ich ... haben** could I have ...
Konserven *pl* tinned goods
Konsevierungsmittel *nt* preservative
Konsulat *nt* consulate
Kontaktlinsen *pl* contact lenses
Konto (Konten) *nt* account(s)
Kontrollabschnitt *m* counterfoil
Kontrolle *f* check; control
Kontrolleur *m* inspector (*of tickets*)
kontrollieren to check (*passport, ticket*)
Konzert *nt* concert
Konzertsaal *m* concert hall

Kopf *m* head
Kopfhörer *m* headphones
Kopfkissen *nt* pillow
Kopfsalat *m* lettuce
Kopfschmerzen *pl* headache; **Kopfschmerzen haben** to have a headache
Kopfstütze *f* headrest
Kopie *f* copy (*imitation*)
Kopierer *m* (photo)copier
Koralle *f* coral
Korb *m* hamper, basket
Kordsamt *m* cord, corduroy
Korinthe(n) *f* currant(s)
Kork *m* cork
Korken *m* cork (*of bottle*)
Korkenzieher *m* corkscrew
Korn *m* corn schnapps
Körper *m* body
körperbehindert disabled
körperlich physical
Körperlotion *f* body lotion
korrekt correct (*proper*)
Korrektur *f* correction
Kosmetika *pl* cosmetics
Kosmetiktücher *pl* paper tissues
Kost *f* food; **Kost und Logis** board and lodgings
Kosten *pl* cost (*of production etc*); expense
kosten to cost; **wievel kostet das?** how much is it?
kostenlos free (*costing nothing*)
köstlich delicious
Kostüm *nt* fancy dress; costume (*theatrical*); suit (*woman's*)
Kotelett *nt* cutlet
Koteletten *pl* sideboards
Kotflügel *m* mudguard
Krabben *pl* shrimps
Krabbencocktail *m*

prawn cocktail

Krach m crash (noise); row

Kräcker m biscuit (savoury); cracker (crisp wafer)

Kraft f strength

Kraftbrühe f consommé

Kraftfahrzeugbrief m logbook (of car)

Kraftfahrzeugkennzeichen nt registration number (on car)

Kraftfahrzeugschein m registration document

kräftig strong (person); powerful

Kraftstoff m fuel

Kragen m collar

Krampf m cramp

Krampfadern pl varicose veins

krank ill, sick

Krankenhaus nt hospital

Krankenkasse f medical insurance

Krankenschein m medical insurance record card

Krankenschwester f nurse

Krankenwagen m ambulance

Krankheit f disease, illness

kratzen to scratch

Kraulen nt crawl (swimming)

Kräuter pl herbs

Kräuterbutter f herb butter

Kräuterlikör m herb liqueur

Kräutertee m herbal tea

Krautsalat m coleslaw

Krawatte f (neck)tie

Krebs m crab; cancer

Kreditkarte f credit card

Kreide f chalk

Kreis m circle, round

Kreislaufstörung f circulatory trouble

Kreisverkehr m roundabout (for traffic)

Krepp m seersucker

Kresse f watercress, cress

Kreuz nt cross; clubs (cards)

Kreuzfahrt f cruise

Kreuzschlüssel m wheel brace

Kreuzung f junction (in road), crossroads

Kreuzworträtsel nt crossword puzzle

Krevetten pl shrimps

kriechen to crawl

Kriechspur f crawler lane

Krieg m war

Kristall nt crystal (glass)

kritisieren to criticize

Krokant m cracknel

Krokette(n) f croquette(s)

Krone f crown

Krug m jug

Krümel m crumb

krumm crooked

Kruste f crust

Küche f kitchen, cooking, cuisine; **warme/kalte Küche** hot meals/snacks

Kuchen m flan, cake

Kugel f ball; bullet

Kugellager nt ball-bearing

Kugelschreiber m pen

Kuh f cow

kühl cool

kühlen to chill (wine, food)

Kühler m radiator (of car)

Kühlschrank m fridge

Kühlung f cooling system

Kühlwasser nt radiator water

kultiviert sophisticated (person)

Kulturbeutel m spongebag

Kümmel m caraway seed; kümmel (schnapps)

sich kümmern um to look after **sich um etwas kümmern** to see to something

Kunde m customer, client

Kundendienst m aftersales service

Kunst f art

Kunst- synthetic

Kunstausstellung f art exhibition

Kunstfaser f synthetic fibre

Kunstgalerie f art gallery

Künstler m artist

künstlich artificial; manmade

Kunststoff m synthetic material

Kunstwerk nt work of art

Kupfer nt copper

Kuppel f dome

Kupplung f clutch (of car)

Kurbel f handle (for winding)

Kurbelwelle f crankshaft

Kürbis m squash, pumpkin

Kurfestiger m setting lotion with conditioner

Kurort m spa

Kurpackung f hair repair kit

Kurs m course; exchange rate

Kursbuch nt railway timetable

Kurswagen m through coach

Kurve f curve; corner, turn

kurz short, brief

Kurze(r) m short drink

kürzlich recently

Kurzschluß m shortcircuit

kurzsichtig short-sighted

Kurzwaren pl haberdashery

Kurzwelle f short wave
Kurz(zeit)parken nt short-stay parking
Kuß m kiss
küssen to kiss; **sich küssen** to kiss (each other)
Küste f coast; seaside
Küstenwache f coastguard
Kutteln pl tripe

L

Lächeln nt smile
lachen to laugh
lächerlich ridiculous
Lachs m salmon
Lack m varnish
Lackleder nt patent leather
Laden m shop, store
Ladendiebstahl m shoplifting
Lage f position (circumstance); situation (place)
Lager nt camp; store (warehouse); bearing (in car)
lagern to store
Lähmung f paralysis
Lakritze f licorice
Lamm nt lamb
Lammkeule f leg of lamb
Lammrücken m saddle of lamb
Lampe f lamp
Lampenschirm m lampshade
Land nt country; land; **auf dem Land** in the country; **an Land** ashore
Landebahn f landing strip
landen to land (plane)
Landjäger m pressed smoked sausage

Landkarte f map (of country)
ländlich rural
Landschaft f countryside
Landstraße f highway
Landung f landing (of plane)
Landwein m table wine
lang long; **eine Stunde lang laufen** to walk for an hour
lange a long time; **wie lange dauert das Programm?** how long is the programme?
Länge f length
Langlauf m cross-country skiing
Langlaufski m cross-country ski
langsam slow; **langsamer fahren** to slow down
Languste f crayfish
sich langweilen to be bored; **ich langweile mich** I'm bored
langweilig boring
Langwelle f long wave
Langzeitparkplatz m long-stay car park
Lappen m cloth (for cleaning)
Lärm m noise (loud)
lassen to let (allow); **lassen Sie mich nur machen** leave it to me; **lassen Sie Ihren Mantel hier** leave your coat here; **etwas machen lassen** to have something done; **jemanden etwas tun lassen** to let someone do something
Last f load
lästig annoying
Lastschriftzettel m statement of debit
Lastwagen m truck
Laterne f streetlight
Latzhose f dungarees

Lauch m leek
laufen to run; **wann läuft der Film?** when is the film on?
Laufmasche f run (in stocking)
Laugenbrezel f soft pretzel
Laune f mood; **guter Laune** in a good mood; **schlechter Laune** in a bad temper
laut noisy; loud(ly); aloud
läuten to ring (doorbell)
lauter nothing but
Lautsprecher m (loud)speaker
Lautstärke f volume (of sound)
Lawine f avalanche
Lawinengefahr f danger of avalanches
Leben nt life
leben to live
lebend live (alive); living
lebendig alive
Lebensgefahr f danger
Lebensmittel pl groceries
Lebensmittelgeschäft nt grocer's
Lebensmittelvergiftung f food poisoning
Leber f liver
Leberkäse m meat loaf
Leberknödel m liver dumpling
Leberpastete f liver pâté
Leberwurst f liver sausage
lebhaft lively
Lebkuchen m gingerbread
lecken to leak; to lick
Leder nt leather
Lederwaren pl leather goods
ledig single (not married)
leer empty; flat (battery); blank
leeren to empty

Leerlauf m neutral (*gear*)

Leerung f collection (*of mail*)

legen to lay; **sich die Haare legen lassen** to have one's hair set

Lehm m clay

lehnen to lean; **sich gegen etwas lehnen** to lean against something

Lehnstuhl m easy chair

leicht light (*not heavy*); easy; easily

Leid nt grief; **es tut mir leid** (I'm) sorry

Leidenschaft f passion

leider unfortunately; **leider nicht** I'm afraid not

leihen to rent (*car*); to lend; to borrow

Leihgebühr f rental

Leinen nt linen (*cloth*)

leise quietly (*speak*); soft (*not loud*); faint (*sound etc*); **leiser stellen** to turn down (*volume*)

leisten to achieve; **das kann ich mir nicht leisten** I can't afford it

Leistung f power (*of machine*); performance

Leiter f ladder

Leitplanke f crash barrier

Leitung f pipe; wire; line (*telephone*)

Leitungswasser nt tap-water

Lendchen nt fillet of pork

Lendenschnitten pl tournedos

lenken to steer (*car*)

Lenkrad nt steering-wheel

Lenkradschloß nt steering-wheel lock

Lenksäule f steering column

Lenkstange f handlebar(s)

Lenkung f steering (*in car*)

lernen to learn

lesen to read

letzte(r/s) last; final; **letzte Nacht/Woche** last night/week; **in letzter Zeit** lately

Leuchtturm m lighthouse

Leute pl people

Licht nt light; **die Lichter anmachen** to light up (*car*)

Lichthupe f flash of the headlights

Lichtmaschine f alternator (*in car*)

Lichtschalter m light switch

Lichtschutzfaktor m protection factor

Lidschatten m eye-shadow

lieb sweet (*kind*); dear

Liebe f love

lieben to love

liebenswürdig kind

lieber rather; **ich würde lieber ins Kino gehen** I'd rather go to the cinema

Liebesknochen m éclair

Lieblings- favourite

Lied nt song

Lieferung f delivery

Lieferwagen m delivery van

liegen to lie

Liegestuhl m deckchair

Liegewiese f lawn for sunbathing

Luft m elevator; ski lift

Likör m liqueur

Limonade f lemonade

Limone f lime (*fruit*)

Lindenblütentee m lime blossom tea

Linie f line

Linienflug m scheduled flight

linke(r/s) left(-hand)

links (to the) left; on the left; **links abbiegen** to turn left

Linkssteuerung f left-hand drive

Linse f lens (*of camera*)

Linsen pl lentils

Linzer Torte f jam tart

Lippe f lip

Lippenstift m lipstick

Liste f list

Liter m litre

LKW m lorry

LKW-Fahrer m lorry driver

Loch nt hole

Locke f curl

locker slack, loose

lockig curly

Löffel m spoon

Loge f box (*in theatre*)

lohnend worthwhile (*activity*)

Loipe f cross-country ski run

Lokal nt pub; restaurant

Lokomotive f engine (*of train*)

Lorbeer m bayleaf

los loose; **was ist los?** what's wrong?

Los nt lot (*at auction*); ticket (*in lottery*)

löschen to extinguish

lösen to solve (*problem*); to buy (*ticket*)

Lösung f solution

Lotterie f lottery

Lücke f gap; space

Luft f air

luftdicht airtight

Luftdruck m air pressure

lüften to air (*room*)

Luftfilter m air filter

Luftfracht f air freight

Luftkissenboot nt hovercraft

Luftmatratze f air bed; air-mattress

Luftpost f air mail; **per Luftpost** by air mail
Luftpostbrief m air letter
Luftpumpe f bicycle pump
lügen to lie (*tell a lie*)
Lunge f lung
Lungenentzündung f pneumonia
Lust f pleasure; **ich habe Lust auf ein Bier** I feel like a beer
lustig merry; **sich über jemanden lustig machen** to laugh at somebody
Lutscher m lollipop
Luxus m luxury
Lyoner f veal sausage

M

machen to make; to do; **das macht nichts** it doesn't matter; **macht nichts** never mind; **eine Prüfung machen** to take an exam
Mädchen nt girl
Mädchenname m maiden name
Magen m stomach
Magenbeschwerden pl stomach trouble
Magenbitter m bitters
Magenschmerzen pl stomachache
Magen-Darm-Tee m herbal tea for the stomach and intestines
Magenverstimmung f indigestion
mager lean (*meat*)
Magnet m magnet
Magnetband nt magnetic tape
mahlen to grind
Mahlzeit f meal

Mai m May
Maifeiertag m May Day (*public holiday*)
Mais m sweet corn
Maiskolben m corn-on-the-cob
Maismehl nt cornflour
Majoran m marjoram
Makkaroni pl macaroni
Makrele f mackerel
Mal nt time; **das erste Mal** the first time
malen to paint
Maler m painter
malerisch quaint
Malventee m hollyhock tea
Malz nt malt
Malzbier nt malt beer
man one; **man sollte ...** one should ...; **man sagt, daß ...** they say that ... (*people in general*)
manche(r/s) a good many
manchmal sometimes
Mandarine f tangerine
Mandel f almond
Mandelentzündung f tonsillitis
Maniküre f manicure
Mann m man; husband
Mannequin nt model (*mannequin*)
Männer pl men
männlich masculine; male
Mannschaft f team; crew (*of ship, plane*)
Manschettenknopf m cuff link
Mantel m (over)coat
Märchen nt fairy tale
Margarine f margarine
marineblau navy blue
Mark[1] f mark (*currency*)
Mark[2] nt marrow
Marke f brand (*of product*); make; token (*for machine*)
Markt m market
Marktplatz m market-place
Markttag m market-day
Marmelade f jam
Marmor m marble (*material*)
März m March
Marzipan nt marzipan
Maschine f machine
Masern pl measles
Maserung f grain (*in wood*)
Maß nt measure
Massage f massage
Maßband nt tape measure
Maße pl measurements
maßgeschneidert made-to-measure
Maßstab m scale (*of map*)
Material(ien) nt material(s)
Matetee m Paraguay tea
Matjeshering m salted young herring
Matratze f mattress
Matrose m sailor
Matte f mat
Mauer f wall (*outside*)
Maultaschen pl king-size ravioli
Maus f mouse
Mayonnaise f mayonnaise
Mechaniker m mechanic
Medien pl media
Medikament nt drug; medicine (*pills etc*)
medizinisch medical
Meer nt sea
Meeresfische pl sea fish
Meeresfrüchte pl seafood
Meeresspiegel m sea level
Meerrettich m horseradish
Mehl nt flour
mehr more; **wir haben keine Milch mehr** we've run out of milk; **mehr oder weniger** more or

less
mehrere several
Mehrfahrtenkarte f ticket valid for several journeys
mehrsprachig multilingual
Mehrwertsteuer f value-added tax
Meile f mile
mein(e) my; **mein Vater** my father; **meine Mutter** my mother; **meine Brüder/ Schwestern** my brothers/sisters
meine(r/s) mine
meinetwegen for my sake
Meinung f opinion; **meiner Meinung nach** in my opinion; **seine Meinung ändern** to change one's mind
meiste(r/s) most; **die meisten Leute** most people; **er hat das meiste** he has the most
melden to report (*tell about*)
Melone f melon; bowler hat
Menge f quantity; crowd; **eine große Menge X** a large amount of X
Mensch m person; **die Menschen** the people
menschlich human
Menthol- mentholated
Menü nt (set) menu
Meringe f meringue
merken to notice; **sich etwas merken** to remember something
merkwürdig curious (*strange*)
Messe f fair (*commercial*); mass (*church*)
messen to measure
Messer nt knife
Meßgerät nt gauge

Messing nt brass
Metall nt metal
Meter m metre
Metzger m butcher
Metzgerei f butcher's shop
mich me; **ich wusch mich** I washed myself
Miederwaren pl corsetry
Miesmuschel(n) f mussel(s)
Mietdauer f duration of rental
Miete f lease; rent
mieten to hire; to rent (*house etc*)
Mieter m tenant
Mietfahrzeug nt rented car
Mietgebühr f rental (*amount*)
Mietvertrag m rental agreement
Mietwagen m rented car
Migräne f migraine
Mikrowellenherd m microwave oven
Milch f milk
Milchbrötchen nt bread roll made with milk
Milchkaffee m white coffee
Milchmixgetränk nt milkshake
Milchpulver nt dried milk
Milchreis m rice pudding
mild mild
Milliarde f billion
Millimeter m millimetre
Million f million
minderjährig underage
minderwertig inferior; substandard
Mindest- minimum
Mindestalter nt required minimum age
mindestens at least
Mindestpreis m reserve price
Mineralbad nt mineral bath; spa

Mineralwasser nt mineral water
minus minus; **bei 2 Grad minus** at minus 2 degrees
Minute(n) f minute(s)
Minze f mint (*herb*)
mir (to) me; **geben Sie es mir** give it to me
Mirabelle(n) f small yellow plum(s)
Mischbrot nt bread made from a mixture of types of flour
Mischung f mixture
Mißbrauch m abuse; **vor Mißbrauch wird gewarnt** use only as directed; do not misuse
mit with
mitbringen to bring (*person*)
Mitglied nt member; **Mitglied werden von** to join (*club*)
Mitgliedsausweis m, **Mitgliedskarte** f membership card
mitnehmen to give a lift to; **zum Mitnehmen** takeaway (*food*)
Mittag m midday
Mittagessen nt lunch
mittags at midday
Mitte f middle
mitteilen to inform
Mitteilung f message
Mittel nt means; **ein Mittel gegen** a remedy for
Mittelalter nt Middle Ages
mittelmäßig poor (*mediocre*)
Mittelmeer nt the Mediterranean (Sea)
Mittelmeer- Mediterranean
Mittelohrentzündung f otitis
Mittelstreifen m central

reservation
Mittelwelle f medium wave
mitten in the middle; **mitten in der Nacht** in the middle of the night
Mitternacht f midnight
mittlere(r/s) medium
Mittwoch m Wednesday
Mixer m mixer
Möbel pl furniture
Möbelstück nt piece of furniture
Mode f fashion
Modell nt model
modern modern
Modeschmuck m costume jewellery
Modeschöpfer m designer (of clothes)
modisch fashionable
Mofa nt small moped
mögen to like; **möchten Sie eine Tasse Kaffee?** would you like a cup of coffee?; **ich möchte gehen** I'd like to go
möglich possible; **alles Mögliche tun** to do all one possibly can
Möglichkeit f possibility
Mohn m poppy seed
Mohnbrötchen nt bread roll sprinkled with poppy seeds
Mohre(n) f, **Mohrrübe(n)** f carrot(s)
Moment m moment
Monat m month
monatlich monthly
Monatskarte f monthly season ticket
Mond m moon
Montag m Monday
Moped nt moped
Morcheln pl morels
morgen tomorrow
Morgen m morning
Morgenrock m dressing gown
Moselwein m moselle

(wine)
Motor m motor; engine
Motorboot nt motorboat
Motorhaube f bonnet (of car)
Motorjacht f cabin cruiser
Motorrad nt motorbike
Motorradfahrer m motorcyclist
Motorroller m scooter
Motorschaden m engine trouble
Motorsport m motor racing
Motte(n) f moth(s)
Möwe(n) f seagull(s)
Mücke(n) f gnat(s), midge(s)
müde tired
Mühe f bother (effort); **machen Sie sich bitte keine Mühe** please don't bother; **sich mit etwas viel Mühe geben** to take trouble over something
Müll m rubbish (refuse)
Mull m lint
Mullbinde f gauze bandage
Mülleimer m bin (for refuse)
Müllerin Art meunière
Mumps m mumps
München nt Munich
Mund m mouth
mündlich verbal (agreement)
Mundwasser nt mouthwash
Münster nt cathedral
Münze(n) f coin(s)
Münzfernsprecher m pay phone
Münzwechsler m change machine
Muscheln pl mussels
Museum nt museum
Musik f music
Musikbox f jukebox
Musiker m musician

Muskatnuß f nutmeg
Muskel m muscle
müssen to have to; **ich muß gehen** I need to go; I must go; **sie muß es tun** she has to do it; **er müßte gewinnen** he ought to win
Muster nt sample (of goods); design (pattern)
Mut m courage
mutig brave
Mutter f mother
Mütze f cap
MwSt f V.A.T.

N

nach after; according to; **nach London gehen** to go to London; **nach Frankreich** to France; **nach London abreisen** to leave for London
Nachbar m neighbour
nachdem after; **nachdem wir weggegangen waren** after we had left
nachdenken to think
nacheinander one after the other
nachgehen to lose (clock, watch); **meine Uhr geht nach** my watch is slow
nachher afterwards
Nachmittag m afternoon
nachmittags p.m., in the afternoon
per Nachnahme cash on delivery
Nachname m surname
Nachricht f note (letter); message
Nachrichten pl news
Nachsaison f: **in der Nachsaison** after the season
nachsehen to check

(*train time etc*)
nachsenden to forward (*letter*)
Nachspeise f dessert
nächste(r/s) next (*stop, station, week*); **der nächste Verwandte** the next of kin
Nacht f night; **von einer Nacht** overnight (*a stay*); **über Nacht** overnight
Nachtcreme f night cream
Nachtdienst m all-night service
Nachthemd nt nightdress
Nachtisch m dessert
Nachtleben nt nightlife
Nachtlokal nt night club
Nachtportier m night porter
Nachtschalter m night counter
Nachtzug m night train
nachzahlen to pay extra
Nackenrolle f bolster
nackt nude; naked; bare
Nadel f needle
Nagel m nail; stud
Nagelbürste f nailbrush
Nagelfeile f nailfile; emery board
Nagellack m nail varnish
Nagellackentferner m nail varnish remover
nah near
nahe close (*near*)
Nähe f proximity; **in der Nähe des Hauses** near (to) the house; **in der Nähe von** close to; **in der Nähe** nearby
nähen to sew
sich nähern to approach
Nahverkehrsnetz nt suburban public transport system
Nahverkehrszug m local train
Name m name; surname; **im Namen von** on

behalf of
Narbe f scar
Narkose f anaesthetic
Nase f nose
Nasenbluten nt nosebleed
naß wet
Nationalitätskenn-zeichen nt nationality plate
Natur f nature
Natur- natural (*connected with nature*)
natürlich natural(ly); of course
Nebel m mist; fog
Nebelscheinwerfer f fog lamp
Nebelschlußleuchte f rear fog light
neben by (*next to*); beside
Nebenstraße f minor road
neblig foggy
Necessaire nt manicure set
Negativ nt negative (*of photo*)
nehmen to take (*remove, acquire*); **nehmen Sie sich** help yourself; **nehmen Sie Zucker?** do you take sugar?
nein no (*as answer*)
Nelke(n) f carnation(s); clove(s)
nennen to quote (*price*)
Neonbeleuchtung f strip lighting
Neonröhre f fluorescent light
Nerv m nerve
Nervenarzt m neurologist
Nervenzusammenbruch m nervous breakdown
Nerz m mink
Nest nt nest
nett nice
Netto- net (*income, price*)
Nettogewicht nt net

weight
Netz nt net; network (*public transport*)
neu new
neueste(r/s) recent
Neu(e)ste(s) nt the latest news
neugierig curious (*inquisitive*)
Neujahrstag m New Year's Day (*public holiday*)
neulich the other day
neun nine
neunte(r/s) ninth
neunzehn nineteen
neunzig ninety
nicht not; **Sie kennen ihn, nicht wahr?** you know him, don't you?
nicht- non-
Nichtraucher m nonsmoker (*person*)
Nichtraucherabteil nt nonsmoker (*compartment*)
nichts nothing; **ich kann nichts sehen** I can't see anything; **ich kann nichts dafür** I can't help it
Nichtschwimmer m nonswimmer
nie never
Niederlande pl Netherlands
niedrig low
Niedrigwasser nt low tide
niemand no one; **ich sehe niemanden** I can't see anybody
Niere(n) f kidney(s)
Nieren-Blasen-Tee m herbal tea for the kidneys and bladder
Nierenentzündung f nephritis
Nieselregen m drizzle
Niesen nt sneeze
niesen to sneeze
nirgends nowhere; **ich kann es nirgends sehen** I can't see it anywhere

Nizzasalat m salade niçoise

noch still (*up to this time*); yet; **sogar noch schneller** even faster; **ist noch Suppe da?** is there any more soup?; **noch nicht** not yet; **ich möchte noch etwas** I'd like (some) more; **noch einmal** again; **noch ein Bier, bitte** another beer please!

Nockenwelle f camshaft

Norden m north

nördlich north; northern

Nordosten m northeast

Nordpol m North Pole

Nordsee f North Sea

Nordwesten m northwest

Norm f standard

normal normal; regular

Normal- standard (*size*)

Normal(benzin) nt regular (*petrol*)

normalerweise normally (*usually*)

Notarzt m doctor on emergency call

Notausgang m emergency exit

Notbremse f emergency brake

Notfall m emergency

notieren to make a note of

nötig necessary

Notlandung f emergency landing

Notruf m emergency number

Notrufsäule f emergency telephone

Notsignal nt distress signal

notwendig essential

November m November

nüchtern sober; **auf nüchternen Magen** on an empty stomach

Nudeln pl pasta; noodles

Null f nil; zero; nought

numerieren to number

Nummer f number; act (*at circus etc*)

Nummernschild nt numberplate

nur only; **nicht nur** not only; **es war nur ein Fehler** it was just a mistake; **nur zu!** go ahead!

Nuß (Nüsse) f nut(s)

nützlich useful

nutzlos useless

O

ob whether; **so tun, als ob** to pretend

oben upstairs; overhead; this side up; **oben sehen Sie ...** above, you can see ...; **dort oben** up there

Ober m waiter

obere(r/s) upper; top

Obst nt fruit

Obstkuchen m fruit tart

Obstler m, **Obstwasser** nt fruit schnapps

Obstsalat m fruit salad

obwohl although

Ochsenschwanzsuppe f oxtail soup

oder or; **er ist nicht gekommen, oder?** he didn't come, did he?

Ofen m oven

offen open; **offene Weine** wine served by the glass

offensichtlich obvious(ly); apparently

öffentlich public

Öffentlichkeit f public

öffnen to open (*window etc*); to undo

Öffnungszeiten pl hours

of business

oft often

ohne without

Ohnmacht f faint; **in Ohnmacht fallen** to faint

Ohr(en) nt ear(s)

Ohrenschmerzen pl earache

Ohrentropfen pl ear drops

Ohrring(e) m earring(s)

Oktanzahl f octane rating

Oktober m October

Öl nt oil

Ölfilter nt oil filter

Olive(n) f olive(s)

Olivenöl nt olive oil

Ölmeßstab m dip-stick

Ölstand m oil level

Ölstandsanzeiger m oil pressure gauge

Ölverbrauch m oil consumption

Ölwechsel m oil change

Omelett nt omelette

Omnibus m bus

Onkel m uncle

Oper f opera

Operation f operation

Optiker m optican

Orange(n) f orange(s)

orange orange

Orangeade f orangeade

Orangensaft m orange juice

Orchester nt orchestra

ordentlich tidy (*person*); neat; **er machte es ganz ordentlich** he did it all right (*satisfactorily*)

ordnen to put in order

Ordnung f order; **er ist in Ordnung** he's all right (*safe, fit*); **das ist in Ordnung** it's OK

Orgel f organ (*instrument*)

Original nt original

Ort m place; **an Ort und Stelle** on the spot

Orthopäde m
orthopaedist
örtlich local
Ortschaft f village; town;
geschlossene Ortschaft
built-up area
Ortsgespräch nt local
call (on phone)
Ortszeit f local time
Osten m east; **der Ferne
Osten** the Far East; **nach
Osten** east
Osterei nt Easter Egg
Ostermontag m Easter
Monday (public holiday)
Ostern nt Easter; **zu
Ostern** at Easter
Österreich nt Austria
österreichisch Austrian
Ostersonntag m Easter
Sunday
östlich eastern

P

Paar nt pair; couple
(persons); **ein Paar
Schuhe** a pair of shoes;
ein paar a couple of
(a few); **ein paar Äpfel**
some apples
Päckchen nt packet;
small parcel
packen to grab; **seinen
Koffer packen** to pack
one's case
Packung f packet; box
Paket nt parcel; packet
Paketannahme f,
Paketausgabe f parcels
office
Paketkarte f dispatch
form
Palast m palace
Palmsonntag m Palm
Sunday
Pampelmuse(n) f
grapefruit(s)
paniert coated with

breadcrumbs
Panne f breakdown (of
car)
Pannenhilfe f breakdown
service
Papier nt paper; **Papiere**
papers (passport etc)
Papierkorb m waste
paper basket
Papiertaschentuch nt
tissue (handkerchief)
Pappe f cardboard
Paprika m paprika
Paprikaschote f pepper
(capsicum)
Parfüm nt perfume
Parfümerie f perfumery
Park m park
Parkdeck nt deck (in
multi-storey car park)
parken to park; **Parken
verboten** no parking
Parkett nt stalls (in
theatre)
Parkhaus nt multi-storey
car park
Parklichter pl sidelights
(on car)
Parkmöglichkeit f
parking facilities
Parkplatz m car park;
parking space; lay-by
Parkscheibe f parking
disc
Parkschein m parking
permit
Parkuhr f parking meter
Parkverbot nt parking
ban; no parking zone
Partei f party (political etc)
Partnerstädte pl twin
towns
Paß m passport; pass (in
mountains)
Passage f arcade
Passagier m passenger;
nur für Passagiere
passengers only
Passagierschiff nt liner
(ship)
passen to fit; to suit;

passen zu to match; **es
paßt (mir) gut** it fits
(me); **paßt Ihnen
Donnerstag?** does
Thursday suit you?
passend proper
(appropriate)
passieren to happen;
was ist ihm passiert?
what happened to him?
Paßkontrolle f passport
control
Pastete f pâté; pie (meat)
pasteurisiert pasteurized
Pastille(n) f pastille(s)
Patient m patient
Patrone f cartridge
Pauschale f,
Pauschalpreis m flat
rate
Pauschalreise f package
holiday
Pause f pause; break;
interval (in performance)
Pech nt bad luck
Pedal nt pedal
Pellkartoffeln pl
potatoes boiled in their
jackets
Pelz m fur
Pelzwaren pl furs
Pendelverkehr m shuttle
(service)
Penizillin nt penicillin
Pension f boarding house
Periode f period
(menstruation)
Perle(n) f bead(s);
pearl(s)
Person f person
Personal nt staff
Personalausweis m
identity card
Personalien pl particulars
Personenzug m stopping
train
persönlich personal(ly);
in person **persönlich
bekannt** personally
acquainted
Perücke f wig

Petersilie f parsley
Petersilienkartoffeln pl parsley potatoes
Pfad m path
Pfand nt deposit
Pfandflasche f bottle with deposit
Pfannengerichte pl fried dishes
Pfannkuchen m pancake
Pfeffer m pepper
Pfefferkuchen m gingerbread
Pfefferminz nt (pepper)mint (confectionery)
Pfefferminzlikör m crème de menthe
Pfefferminztee m mint tea
Pfeffersteak m steak sprinkled with crushed black peppercorns
Pfeife f pipe (for smoking); whistle (object)
Pfeil m arrow; dart
Pfennig m pfennig
Pferd nt horse
Pferderennen nt horse-racing
Pfifferlinge pl chanterelles
Pfingsten nt Whitsun
Pfingstmontag m Whit Monday (public holiday)
Pfingstsonntag m Whit Sunday
Pfirsich(e) m peach(es)
Pflanze f plant
Pflaster nt plaster (for wound)
Pflaume(n) f plum(s)
pflegen to look after; to nurse
Pflicht f duty
Pförtner m porter (doorkeeper)
Pfund nt pound (weight, money)
Pfütze f puddle
Photo see **Foto**

Pickel m pimple
Picknick nt picnic; **ein Picknick machen** to go on a picnic
Pier m pier
Pik nt spades (cards)
pikant savoury (not sweet)
Pille f pill; **die Pille nehmen** to be on the pill
Pilot m pilot
Pils nt, **Pilsner** nt lager
Pilz(e) m mushroom(s)
Pinsel m brush (for painting)
Pinzette f tweezers
Piste f runway; ski run
Pizza f pizza
Plakat nt poster
Plakette f badge (of metal)
Plan m plan, scheme
planen to plan
planmäßig scheduled
Planschbecken nt paddling pool
Plastik nt plastic
Plastiktasche f carrier bag
Plastiktüte f plastic bag
Platin nt platinum
Platte f plate, dish; record
Plattenspieler m record-player
Plattfuß m flat foot; flat tyre
Platz m place (seat); room (space); square (in town); court (tennis etc); course (for golf); field (for football etc); **Platz nehmen** to take a seat
Plätzchen nt biscuit(s)
Platzkarte f seat reservation (ticket)
Platzreservierungen pl seat reservations
Plombe f filling (in tooth)
plombieren to fill (tooth)
plötzlich sudden(ly)

plus plus
pochiert poached
Pocken pl smallpox
Podium nt platform (in hall)
Pol m terminal (electricity)
Police f policy (insurance)
Politik f policy; politics
Polizei f police
Polizeiauto nt police car
Polizeibeamte(r) m (police) officer
Polizeiwache f police station
Polizist m policeman
Pommes frites pl chips
Pony[1] nt pony
Pony[2] m fringe (hair)
Porree m leek
Portemonnaie nt purse
Portier m doorman (in hotel)
Portion f helping
Porto nt postage
Portwein m port (wine)
Porzellan nt china; porcelain
Post f post; Post Office; **mit der Post schicken** to post
Post- postal
Postamt nt post office
Postanweisung f postal order
Postfach nt post-office box
Postgirokonto nt post office giro account
Postkarte f postcard
postlagernd poste restante
Postleitzahl f post-code
Postwertzeichen nt postage stamp
Poulardenbrust f chicken breast
praktisch handy (convenient); practical; **praktischer Arzt** general practitioner
Pralinen pl chocolates

Präservativ nt condom
Praxis f doctor's surgery
Preis m prize; price
Preisänderungen vorbehalten rates are subject to change without notice
Preiselbeere(n) f cranberry(-berries)
Premiere f première
Presse f press
prima great (excellent)
Prinzeßbohnen pl French beans
Prise f pinch (of salt etc)
privat personal; private; in private
Privatgrundstück nt private property
Privatweg m private way
pro per; **pro Stunde** per hour; **zweimal pro Tag** twice a day; **pro Kopf** per person
Probe f sample; rehearsal
probieren to taste (try); to sample (wine)
Programm nt schedule; programme
Programmübersicht f summary of what's on
Promenade f promenade (by sea)
Propangas nt propane gas
Prospekt m leaflet
prost! cheers!
Proviant m provisions
Provision f commission (sum received); bank charges
provisorisch temporary
Prozent nt per cent; **20 Prozent** 20 per cent
prüfen to check (oil, water etc)
Prüfung f examination
Psychiater m psychiatrist
Psychologe m psychologist
Publikum nt public

Pudding m blancmange
Puder m powder (cosmetic)
Pullover m jersey, pullover
Pulver nt powder
Pulverkaffee m instant coffee
Pumpe f pump
pünktlich on schedule (train); punctual
pur straight (drink)
Püree nt purée
Pute f turkey (hen)
Putenschnitzel nt turkey breast (boneless)
Puter m turkey (cock)
putzen to clean; to polish; **sich die Nase putzen** to blow one's nose

Q

Quadrat nt square
Quadratmeter m square metre
Qualität f quality
Qualle f jellyfish
Quarantäne f quarantine
Quark m soft curd cheese
Quarktasche f curd cheese turnover
Quarz m quartz
Quatsch m rubbish (nonsense)
Quelle f spring (of water); source
quer diagonally; **wir fuhren quer durch Frankreich** we drove across France
Quetschung f bruise
Quittung f receipt

R

Rabatt m discount
Raclette nt Swiss dish of melted cheese and potatoes
Rad nt wheel; bicycle
Radar nt radar
Radarfalle f radar trap
Radarkontrolle f radar speed check
Räder pl wheels
radfahren to cycle
Radfahren nt cycling
Radfahrer m cyclist
Radfahrweg m cycle track
Radiergummi m eraser
Radieschen nt (small red) radish(es)
Radio nt radio; **im Radio** on the radio
Radlermaß f shandy
Radwechsel m wheel change
Rahmen m frame (of picture)
Rahmgeschnetzeltes nt sliced pork in a cream sauce
Rallye f rally (sporting)
Rand m verge; border; edge
Randstein m kerb
Rang m circle (in theatre); rank (status); **der erste Rang** the dress circle; **der zweite Rang** the upper circle
rasch quick
Rasen m lawn
Rasierapparat m shaver; razor
Rasiercreme f shaving cream
sich rasieren to shave
Rasierklinge f razor blade

Rasierpinsel m shaving brush

Rasierschaum m shaving foam

Rasierseife f shaving soap

Rasierwasser nt aftershave (lotion)

Rast f rest

Rastplatz m picnic area

Raststätte f service area

Rat m advice

raten to guess; to advise

Rathaus nt town hall

Rätsel nt puzzle

Ratskeller m restaurant under the town hall

Ratte f rat

rauben to rob

Rauch m smoke

rauchen to smoke

Raucher m smoker (person)

Räucheraal m smoked eel

Raucherabteil nt smoker (compartment)

Räucherlachs m smoked salmon

Räucherplatte f smoked fish/meat platter

Rauchfleisch nt smoked meat

Rauhreif m hoarfrost

Raum m space (room)

räumen to clear (road)

Räumlichkeiten pl premises

Raumspray nt spray air-freshener

Rauschgift nt drug(s)

Ravioli pl ravioli

Rebe f vine

Rebhuhn nt partridge

Rechnen nt arithmetic

rechnen to calculate; **rechnen Sie mit 10 Minuten, um dort hinzukommen** allow 10 minutes to get there

Rechner m calculator; computer

Rechnung f bill (account)

Rechnungsbetrag m total (charges)

recht right (morally good)

Recht nt right (entitlement)

rechte(r/s) right (not left)

rechts on the right; **rechts abbiegen** to turn right

Rechtsanwalt m lawyer; solicitor

rechtshändig right-handed

rechtzeitig on time; **gerade noch rechtzeitig** just in time

Rede f speech (oration); **das ist doch nicht der Rede wert** don't mention it

reden to speak; **Unsinn reden** to talk nonsense

Reformationstag m Reformation Day (October 31st)

Reformhaus nt health food shop

Reformkost f health foods

Regal nt shelf

Regel f rule (regulation)

regelmäßig regular

regeln to direct (traffic)

Regen m rain

Regenbekleidung f rainwear

Regenbogen m rainbow

Regenmantel m raincoat

Regenschirm m umbrella

Regierung f government

Regisseur m director (of film); producer (of play)

regnen to rain; **es regnet** it's raining

regnerisch wet, rainy

Reh nt deer

Rehfleisch nt venison

Rehkeule f haunch of venison

Rehrücken m saddle of venison

Reibekuchen m potato fritter

reiben to rub; to grate (food)

reich rich; wealthy

Reich nt empire

reichen to pass (hand on: object); **reicht es?** will it do? (be enough); **reichen Sie mir bitte den Zucker** please pass the sugar

reichlich ample; **danke, das ist reichlich** thank you, that's plenty

reif ripe; mature (cheese)

Reifen m tyre

Reifendruck m tyre pressure

Reifenpanne f blowout; puncture

Reihe f row; **Sie sind an der Reihe** it's your turn

Reihenfolge f order (in series)

rein pure

reinigen to clean; **chemisch reinigen** to dry-clean

Reiniger m cleaner

Reinigung f cleaner's; **chemische Reinigung** dry-cleaner's

Reinigungsmilch f cleansing milk

Reis m rice

Reise f trip (journey); **gute Reise!** have a good journey!

Reiseandenken pl souvenirs

Reisebüro nt travel agency

Reiseführer m guidebook

Reisegepäck nt luggage

Reisekrankheit f travel sickness

Reiseleiter m tour guide

Reisen nt travel

reisen to travel

Reisende(r) m/f traveller
Reisepaß m passport
Reiseproviant m food for the journey
Reiseroute f itinerary
Reisescheck m traveller's cheque
Reisetasche f holdall
Reiseveranstalter m travel agent
Reisewetterbericht m, **Reisewettervorhersage** f holiday weather forecast
Reiseziel nt destination
Reißverschluß m zip (-fastener)
Reiten nt riding
reiten to ride; **reiten gehen** to go (horse-) riding
Reiz m charm
reizend charming
Reklame f advertisement
reklamieren to complain
Rekord m record (in sports)
Remouladensoße f tartar sauce
Rennbahn f racecourse; track (sports)
Rennen nt race (sport)
Rennpferd nt racehorse
Rentner m pensioner
Reparatur f repair; **in Reparatur** under repair
Reparaturwerkstatt f garage (service station)
reparieren to repair
Reserverad nt spare wheel
reservieren lassen to book (seat)
Reservierung f booking
Rest m remainder; **der ganze Rest** all the rest; **der Rest ist für Sie!** keep the change!
Restaurant nt restaurant
Restbetrag m unused coins; remainder to be

carried over
retten to save, rescue
Rettich m (large white) radish
Rettung f rescue
Rettungsboot nt lifeboat
Rettungsflugwacht f air-rescue service
Rettungsgürtel m, **Rettungsring** m lifebelt
Rettungsschwimmer m lifeguard
Rezept nt prescription; recipe
Rezeption f reception desk
rezeptpflichtig available only on prescription
R-Gespräch nt reversed charge call
Rhabarber m rhubarb
Rhein m Rhine
Rheinwein m Rhine wine
Rheuma nt rheumatism
Rhythmus m rhythm
Richtgeschwindigkeit f recommended speed
richtig correct (accurate); right; proper
Richtigkeit f correctness
Richtung f direction; **in Richtung X** in the direction of X
riechen to smell; **nach Knoblauch riechen** to smell of garlic
Riegel m bolt; latch
Riemen m strap
riesig enormous
Rinderbraten m roast beef
Rindfleisch nt beef
Ring m ring
Ringen nt wrestling
Ringstraße f ring road
Rippchen nt slightly cured pork rib
Rippe f rib
Risiko nt risk
riskieren to risk
Risotto m risotto

Riß m tear; split
Ritt m ride (on horse)
Rizinusöl nt castor oil
Rochen m skate (fish)
Rock m skirt
Roggenbrot m rye bread
Roggenbrötchen nt brown bread roll
roh raw
Roh- crude (oil etc)
Rohkost f raw fruit and vegetables
Rohr nt pipe (tube)
Rollbraten m rolled pork roast
Rolle f roll; part (in play)
Rollkragen m polo neck
Rollschuhe pl roller skates
Rollstuhl m wheelchair
Rolltreppe f escalator
Roman m novel
romanisch romanesque
röntgen to X-ray
Röntgenaufnahme f X-ray (photo)
rosa pink
Rose f rose
Rosé m rosé
Rosenkohl m Brussels sprouts
Rosenmontag m Monday preceding Ash Wednesday
Rosine(n) f raisin(s)
Rost m rust; grill
Rostbraten m roast
Rostbratwürstchen pl grilled sausages
rosten to rust; **nicht rostend** rustproof
rostfrei stainless (steel)
Rösti pl grated roast potatoes
rostig rusty
Röstkartoffeln pl sauté potatoes
Röstzwiebeln pl fried onions
rot red; **rot werden** to blush; **rote Bete** or **Rübe**

beetroot; **das Rote Kreuz** the Red Cross

Rotbarsch m red snapper

Röteln pl German measles

rothaarig red-haired

Rotkohl m, **Rotkraut** nt red cabbage

Rotlicht nt red light (traffic light)

Rotwein m red wine

Rotzunge f witch flounder

Roulade(n) f beef olive(s)

Rübe f turnip

Rubin m ruby

Rücken m back

Rückenschmerzen pl backache

Rückfahrkarte f return ticket

Rückfahrt f return journey

Rückflug m return flight

Rückfrage f question, query

Rückgabe f return

Rückgabeknopf m coin return (button)

Rückgrat nt spine

Rückkehr f return (going/coming back)

Rücklicht nt rear light

Rucksack m rucksack

Rückseite f back (reverse side)

Rücksicht f consideration; **ohne Rücksicht auf** regardless of

Rücksitz m back seat; pillion

Rückspiegel m rearview mirror

Rückstrahler m reflector (on cycle, car)

Rücktrittbremse f backpedal brake

rückwärts backwards

Rückwärtsgang m reverse (gear)

Rückzahlung f repayment

Ruderboot nt rowing boat

Rudern nt rowing (sport)

rudern to row

Ruf m shout; reputation

rufen to shout

Rufnummer f telephone number

Ruhe f rest (repose); peace (calm); **Ruhe!** be quiet!

Ruhetag m closing day

ruhig calm (sea, day); quiet (place); peaceful; quietly (walk, work)

Rührei nt scrambled eggs

Rührkuchen m sponge (cake)

Ruine f ruin

Rum m rum

Rummelplatz m fairground

Rumtopf m soft fruit in rum

rund round; **rund um Stuttgart** Stuttgart and surroundings

Rundfahrt f tour; round trip

Rundflug m sightseeing flight

Rundfunk m radio

Rundgang m tour

Rundreise f round trip

Rundwanderweg m circular trail for ramblers

russisch Russian; **russische Eier** egg(s) mayonnaise

Rutschbahn f slide (chute)

rutschen to slide

rutschig slippery

S

Saal m hall (room)

Sache f thing; matter

Sachen pl stuff (things); belongings

Sachertorte f rich chocolate cake

Sackgasse f dead end; cul-de-sac

Saft m juice

saftig juicy

sagen to say; to tell (fact, news)

Sahne f cream; **mit/ohne Sahne** with/without whipped cream; **saure Sahne** sour cream

Sahnequark m cream cheese

Sahnetorte f cream gâteau

Saison f season; **außerhalb der Saison** in the off-season

Saite f string (of instrument)

Sakko nt sports jacket

Salat m salad; **grüner Salat** green salad

Salatplatte f salad (main dish)

Salatsoße f vinaigrette (sauce); salad dressing

Salbe f ointment

Salbei m sage (herb)

Salz nt salt

salzig salty

Salzkartoffeln pl boiled potatoes

Salzstangen pl pretzel sticks

Samen m seed

Sammelfahrschein m group ticket

sammeln to gather; to collect

Sammlung f collection

Samstag m Saturday
Samt m velvet
Sand m sand
Sandale(n) f sandal(s)
sanft gentle
Sänger m singer
Sardelle(n) f anchovy (anchovies)
Sardine(n) f sardine(s)
Satin m satin
satt full; **ich habe es satt** I'm tired of it; I'm fed up
Sattel m saddle
Satteltasche f pannier
Satz m set (*collection*); grounds (*of coffee*); sentence
sauber clean
saubermachen to clean
sauer sour; off (*milk*)
Sauerbraten m braised beef marinated in vinegar
Sauerrahm m sour cream
Sauerstoff m oxygen
saugen to suck
Sauger m teat (*on bottle*)
saugfähig absorbent
Säugling m infant
Säule f pillar
Sauna f sauna
Säure f acid
S-Bahn f suburban railway
SB-Tankstelle f self-service petrol station
Scampi pl scampi
schäbig shabby
Schach nt chess
Schachtel f box; pack
schade a pity; **wie schade!** what a shame!
Schädel m skull
Schaden m damage
Schadenersatz m damages; compensation
schädlich harmful
schaffen to create; **es schaffen, etwas zu tun** to manage to do something

Schaffner m conductor (*on bus*); guard (*on train*)
schal flat (*beer*)
Schal m scarf
Schale f shell; peel; bowl, dish
schälen to peel
Schalldämpfer m silencer (*on car*)
Schallplatte f record
Schalotte(n) f shallot(s)
schalten to shift gear
Schalter m switch; counter; check-in
Schalterhalle f booking hall
Schalthebel m switch lever; gear lever
Schaltiere pl shellfish (*on menu*)
Schaltknüppel m gear lever, gearshift
sich schämen to be ashamed
Schande f shame
scharf hot (*spicy*); sharp
Schaschlik nt (shish) kebab
Schatten m shadow; shade
schattig shady
Schatz m treasure; darling
schätzen to value; to estimate; **zu schätzen wissen** to appreciate
schauen to look
Schauer m shower (*rain*)
Schaufenster nt shop window
Schaufensterbummel m window shopping
Schaum m foam
Schaumbad nt foam bath
Schaumfestiger m setting foam
Schaumkur f foam conditioner
Schaumwein m sparkling wine
Schauspiel nt play

Schauspieler m actor
Schauspielerin f actress
Schauspielhaus nt theatre
Scheck m cheque; **einen Scheck einlösen** to cash a cheque
Scheckbuch nt, **Scheckheft** nt cheque-book
Scheckkarte f cheque card
Scheibe f plate (*of glass, metal*); slice; disc; **in Scheiben schneiden** to slice
Scheibenbremsen pl disc brakes
Scheibenwaschanlage f windscreen washer
Scheibenwischer m windscreen wiper
Schein(e) m bank note(s)
scheinen to shine (*sun etc*); to seem
Scheinwerfer m headlamp, headlight; floodlight; spotlight
Scheitel m parting (*in hair*)
Schellfisch m haddock
schenken to give
Schere f (pair of) scissors
Scherz m joke
Schi- see **Ski**
Schicht f layer
schick elegant; fancy
schicken to send
Schiebedach nt sunroof
schieben to push
Schiedsrichter m referee; umpire
Schienbein nt shin
Schiene f splint
Schienen pl rails (*for train*)
Schiff nt ship
Schiffahrtsgesellschaft f shipping company
Schiffskarte f boat ticket

Schiffsverbindungen pl connecting boat service

Schild nt sign (notice)

Schildkrötensuppe f turtle soup

schimpfen to grumble; to scold

Schinken m ham; **roher/ gekochter/geräucherter Schinken** raw ham (smoked)/cooked ham/ smoked ham

Schinkenbrot nt ham sandwich

Schinkenhäger m type of schnapps

Schinkenwurst f ham sausage

Schirm m peak (of cap); umbrella; screen (partition)

Schirmständer m umbrella stand

Schlacht f battle

Schlachterei f butcher's shop

Schlachtplatte f ham and sausage served with sauerkraut

Schlaf m sleep

Schlafanzug m pyjamas

schlafen to sleep; **schlafen Sie gut!** sleep well!

schlafend asleep

Schlaflosigkeit f insomnia

Schlafmittel nt sleeping drug

Schlafsaal m dormitory (room)

Schlafsack m sleeping bag

Schlaftablette f sleeping pill

Schlafwagen m sleeping car

Schlafwagenplatz m berth (in train)

Schlafzimmer nt bedroom

Schlag m stroke (golf); blow (knock)

schlagen to hit; to whip (cream, eggs); to beat; **k.o. schlagen** to knock out; **die Uhr schlug drei** the clock struck three

Schlager m hit (record); best-seller

Schläger m bat (table tennis etc); racket (tennis)

Schlagsahne f whipped cream

Schlamm m mud

Schlange f queue; snake; **Schlange stehen** to queue

sich schlängeln to twist (road)

schlank slim

Schlankheitskur f diet (slimming)

Schlauch m hose (pipe); tube (of tyre)

Schlauchboot nt dinghy (inflatable)

schlauchlos tubeless

schlecht bad (not good); badly (not well); **mir ist schlecht** I feel sick

Schleie f tench

Schleife f bow (ribbon)

Schlepplift m ski tow

Schleudergefahr f slippery road

schleudern to skid

Schleuse f lock (in canal)

schließen to shut

Schließfach nt locker

schließlich finally; eventually

schlimm bad

Schlinge f sling (for arm); loop

Schlitten m sleigh; sledge

Schlittschuh(e) m skate(s); **Schlittschuh laufen** to skate

Schlitz m slot

Schloß nt castle; lock (on door)

Schluck m sip

Schluckauf m hiccups

schlucken to swallow

Schlüpfer m panties

Schluß m end

Schlüssel m key; **Schlüssel abziehen** remove key

Schlüsselbein nt collarbone

Schlüsseldienst m locksmith emergency service

Schlüsselloch nt keyhole

Schlußleuchte f rear light

Schlußverkauf m clearance sale

schmackhaft tasty

schmal narrow

Schmalz nt lard; dripping

schmecken to taste

schmelzen to melt

Schmerz m pain; ache

schmerzend sore

schmerzhaft painful

schmerzstillendes Mittel nt, **Schmerztablette** f painkiller

Schmetterling m butterfly

schmieren to lubricate

Schmierfett nt grease (lubricant)

Schmierstoff m lubricant

sich schminken to make (oneself) up

Schmortopf m casserole

Schmuck m jewellery; ornament; decorations

schmücken to decorate

schmuggeln to smuggle

Schmutz m dirt

schmutzig dirty

Schnalle f buckle

Schnaps m schnapps, spirits

schnarchen to snore

Schnecke f snail

Schnee m snow

Schneeball m snowball

Schneebrille f snow goggles

schneefrei free of snow

Schneeketten pl snow chains

Schneemann m snowman

Schneeregen m sleet

Schneesturm m blizzard

Schneewehe f snowdrift

schneiden to cut; **sich schneiden** to cut oneself

schneien to snow; **es schneit** it's snowing

schnell fast; **mach schnell!** be quick!

Schnell- high-speed

Schnellboot nt speedboat

Schnellgang m overdrive

Schnellimbiß m snack bar

Schnellstraße f dual carriageway; expressway

Schnellzug m express train

Schnittlauch m chives

Schnittmuster nt pattern (*dressmaking*)

Schnittwunde f cut (*wound*)

Schnitzel nt escalope

Schnorchel m snorkel

Schnupfen m cold

Schnupftabak m snuff

Schnur f string, cord; wire (*electrical*)

schnurlos cordless

Schnurrbart m moustache

Schnürsenkel pl shoelaces

Schokolade f chocolate

Scholle f plaice

schon already; **wir kennen uns schon** we've met before

schön lovely; fine (*weather*); beautiful; **es war sehr schön** we had a lovely time

Schönheit f beauty

Schonkost f light diet

Schöpflöffel m ladle

Schorf m scab

Schorle nt wine and soda water mix; **Schorle süß** wine and lemonade

Schotte m Scot

Schottenstoff m tartan

Schottin f Scot

schottisch Scottish

Schottland nt Scotland

schräg sloping; slanting

Schrank m cupboard

Schranke f barrier

Schraube f screw

Schraubendreher m screwdriver

Schraubenmutter f nut

Schraubenschlüssel m spanner

Schraubenzieher m screwdriver

schrecklich awful; terrible

Schrei m cry

Schreibblock m pad (*notepaper*)

schreiben to write

Schreibmaschine f typewriter

Schreibtisch m desk

Schreibwarengeschäft nt stationer's (shop)

schreien to scream; to shout

schriftlich in writing

Schritt m pace; step; **Schritt fahren!** dead slow

Schrittempo nt walking speed; dead slow

Schublade f drawer

schüchtern shy

Schuh(e) m shoe(s)

Schuhbänder pl shoelaces

Schuhbürste f shoe brush

Schuhcreme f shoe polish

Schuhgeschäft nt shoe shop

Schuhgröße f shoe size

Schuhmacher m shoemaker

Schuhputzmittel nt shoe polish

Schuld f debt; guilt; fault; **die Schuld geben** to blame (*reproach*)

schuldig guilty

schuld sein to be to blame

Schule f school

Schüler m pupil

Schulter(n) f shoulder(s)

Schuppen pl scales (of fish); dandruff

Schüssel f basin; bowl (for food)

Schußwaffe f firearm

Schuster m cobbler

Schutt abladen verboten no tipping

schütteln to shake

Schutz m safeguard

Schutzbrille f goggles

schützen to guard (*protect*)

Schutzhelm m safety helmet

Schutzhütte f shelter, refuge

Schutzimpfung f vaccination

schwach weak (*person*); dim (*light*); **schwächer werden** to fade; **mir ist schwach** I feel faint

Schwamm m sponge

schwanger pregnant

Schwangerschaft f pregnancy

schwanken to sway

Schwanz m tail

schwarz black

Schwarztee m tea

Schwarzwälder Kirschtorte f Black Forest gâteau

Schwarzweißfilm m

black-and-white film
schweigen to be silent
Schwein nt pig
Schweinebraten m roast pork
Schweinefleisch nt pork
Schweinehals m neck of pork
Schweinekotelett nt pork chop
Schweinelendchen nt pork fillet
Schweinerippchen nt cured pork chop
Schweinerückensteak nt pork steak
Schweineschmalz nt lard
Schweinshaxe f knuckle of pork
Schweinsleder nt pigskin
Schweiß m sweat
Schweiz f Switzerland; **in die Schweiz** to Switzerland; **in der Schweiz** in Switzerland
schweizerisch Swiss
Schwellung f swelling
Schwenkkartoffeln pl sauté potatoes
schwer rich (food); heavy; difficult
Schwerbehinderte pl severely disabled persons
Schwester f sister; nurse; nun
Schwiegermutter f mother-in-law
Schwiegersohn m son-in-law
Schwiegertochter f daughter-in-law
Schwiegervater m father-in-law
schwierig hard, difficult
Schwierigkeit f difficulty; **Schwierigkeiten** trouble (problems)
Schwimmbad nt, **Schwimmbecken** nt swimming pool

schwimmen to swim; **schwimmen gehen** to go swimming
Schwimmen nt swimming
Schwimmer m swimmer
Schwimmflossen pl flippers
Schwimmweste f life jacket
Schwindel m dizziness; swindle
schwind(e)lig dizzy
schwitzen to sweat, perspire
schwül close (stuffy)
sechs six
sechste(r/s) sixth
sechzehn sixteen
sechzehnte(r/s) sixteenth
sechzig sixty
See[1] f sea
See[2] m lake
seekrank seasick
Seelachs m pollack
Seeteufel m monkfish
Seezunge f sole (fish)
Segel nt sail
Segelboot nt sailing boat
Segelfliegen nt gliding (sport)
Segelflugzeug nt glider
Segeln nt yachting
segeln to sail; **segeln gehen** to go yachting
sehen to see; **zu sehen sein** to show (be visible); **schlecht sehen** to have poor sight
Sehenswürdigkeiten pl sights (of town)
sehr very; **ich habe es sehr gern** I like it very much
Seide f silk
Seidenpapier nt tissue paper
Seife f soap
Seifenpulver nt soap powder

Seil nt rope
Seilbahn f cable railway, funicular
sein to be; **ich bin** I am; **Sie sind** you are; **er ist** he is; **wir sind** we are; **sie sind** they are; **ich/er war** I/he was; **wir sind in Paris gewesen** we have been to Paris; **er ist Arzt** he is a doctor
sein(e), seine(r/s) his; its
seit since; **seit er ...** ever since he ...
seitdem since
Seite f page; side; **die rechte Seite** the right side (of cloth etc)
Seitenstraße f side-road, side-street
Seitenstreifen m hard shoulder; **Seitenstreifen nicht befahrbar** soft verges
seither since
Sekt m champagne; sparkling wine
Sekunde f second
selbe(r/s) same
selbst myself; yourself; yourselves; himself; herself; ourselves; themselves
Selbstbedienung f self-service
Selbstbedienungsrestaurant nt cafeteria
Selbstbeteiligung f (percentage) excess
selbsttanken self-service (at petrol station)
Selbstversorger m self-caterer
selbstverständlich of course
Selbstwählferndienst m S.T.D.
Sellerie m celeriac
selten rare; seldom
seltsam strange (unusual);

peculiar
Semmelknödel *m* bread dumpling
senden to broadcast; to send
Sendung *f* programme, broadcast; shipment
Senf *m* mustard
September *m* September
servieren to serve (*food*)
Serviette *f* serviette
Servobremse *f* power-assisted brake
Servolenkung *f* power-assisted steering
Sesambrot *nt* sesame bread
Sesambrötchen *nt* sesame roll
Sessel *m* armchair
Sessellift *m* chair-lift
Set *nt* place mat
setzen to place, put; **setzen Sie es auf meine Rechnung** charge it to my account; **sich setzen** to sit down; **setzen Sie sich bitte** please take a seat
sich oneself; **sie waschen sich** they wash themselves
sicher sure; safe (*out of danger*); definite; **er wird sicher kommen** I expect he'll come
Sicherheit *f* security (*for loan*); safety
Sicherheitsgurt *m* seat belt; safety belt
Sicherheitsnadel *f* safety pin
Sicherung *f* fuse
Sicht *f* sight; view
sichtbar visible
Sichtvermerk *m* endorsement; visa (*passport*)
sie she; her; they; them
Sie you (*polite form*)
Sieb *nt* sieve

sieben to strain (*tea etc*), sieve; seven
siebte(r/s) seventh
siebzehn seventeen
siebzehnte(r/s) seventeenth
siebzig seventy
Sieg *m* victory
Sieger *m* winner
Silber *nt* silver
Silbergeld *nt* silver (*money*)
silbern silver
Silvester *nt* New Year's Eve
singen to sing
sinken to sink
Sinken *nt* fall (*decrease*)
Sinn *m* sense; mind; feeling; point; **Sinn ergeben** to make sense (*expression*)
Sirene *f* siren
Sirup *m* treacle; syrup; **gelber Sirup** (golden) syrup
Sitz *m* seat
sitzen to sit
Sitzplatz *m* seat
Ski(er) *m* ski(s); **Ski fahren** to ski
Skifahren *nt* skiing; **Skifahren gehen** to go skiing
Skihose *f* ski pants
Skiläufer *m* skier
Skilehrer *m* ski instructor
Skilift *m* ski lift
Skipaß *m* ski pass
Skipiste *f* ski run
Skischule *f* ski school
Skistiefel *m* ski boot(s)
Skizze *f* sketch (*drawing*)
S-Kurve *f* double bend
Slip *m* briefs; panties
Slipeinlagen *pl* panty liners
Smaragd *m* emerald
Smoking *m*, **Smokingjacke** *f* dinner

jacket
so thus (*in this way*); **so groß wie** as big as; **nicht so schnell** less quickly; **so froh, daß ...** so pleased that ...; **so viel** so much; **so viele** such a lot of; so many
sobald as soon as
Socken *pl* socks
Soda *nt* soda (*chemical*)
Sodawasser *nt* soda water
Sodbrennen *nt* heartburn
sofort at once, immediately
sogar even
Sohlen *pl* soles
Sohn *m* son
Sojabohnen *pl* soya beans
Sojabrot *nt* soya bread
Sojasoße *f* soy(a) sauce
solang(e) wie as long as (*provided that*)
solche(r/s) such; **ein solches Buch** such a book
sollen to be (supposed) to; **soll ich es tun?** shall I do it?; **Sie sollen es heute machen** you're supposed to do it today; **wann soll der Zug ankommen?** when is the train due?; **ich sollte es tun** I ought to do it; **was soll's?** what's the point?; **wir sollten es kaufen** we should buy it
Sommer *m* summer
Sommerreifen *pl* normal tyres
Sonder- special
Sonderangebot *nt* special offer
Sonderausstellung *f* special exhibition
sonderbar odd (*strange*)
Sonderfahrt *f* special

excursion

Sondermarke f special issue (stamp)

sondern but; **nicht dies, sondern das** not this, but that

Sonderpreis m special reduced price

Sonderzug m special train

Sonnabend m Saturday

Sonne f sun

Sonnen- solar

Sonnenaufgang m sunrise

Sonnenblende f sun visor (*in car*)

Sonnenbrand m sunburn (*painful*)

Sonnenbräune f suntan

Sonnenbrille f sunglasses

sonnengebräunt suntanned; sunburnt

Sonnenhut m sun-hat

Sonnenmilch f sun lotion

Sonnenöl nt suntan oil

Sonnenschein m sunshine

Sonnenschirm m parasol; umbrella (*on table*)

Sonnenstich m sunstroke

Sonnenuntergang m sunset

sonnenverbrannt sunburnt (*painfully*)

sonnig sunny

Sonntag m Sunday

sonn- und feiertags Sundays and public holidays

sonst otherwise; else; **sonst nichts** nothing else

sonstig other

sorgen für to look after; to provide for; to take care of (*children etc*)

sorgfältig careful (*cautious*); **sorgfältig**

aufbewahren keep in a safe place; do not discard

Sorte f sort, kind; brand

Soße f dressing (*salad*); sauce; gravy

soviel so much; **soviel wie** as much as

soweit as far as; **soweit ich weiß** as far as I know

Spaghetti pl spaghetti

Spanien nt Spain

spanisch Spanish

Spannung f voltage; tension

Sparbuch nt bankbook

sparen to save (*money*)

Sparer m saver

Spargel m asparagus

Spargelcremesuppe f cream of asparagus soup

Spargelspitzen pl asparagus tips

Sparkasse f savings bank

sparsam economical

Spaß m fun; joke; **viel Spaß!** have a good time!; **es machte viel Spaß** it was great fun

spät late; **wie spät ist es?** what's the time?

später later

Spätvorstellung f late show

Spatz m sparrow

Spätzle pl home-made noodles

spazierengehen to go for a walk

Spazierengehen nt walking

Spaziergang m stroll, walk; **einen Spaziergang machen** to go for a stroll

Spazierstock m walking stick

Speck m bacon

Speise f dish; food

Speiseeis nt ice cream

Speisekarte f menu;

nach der Speisekarte à la carte

Speiselokal nt restaurant

Speisequark m curd cheese

Speisesaal m dining room; dining saloon

Speisewagen m dining car; restaurant car

Spende f donation

Sperre f barrier (*fence*)

sperren to close (*road*)

Spesen pl (business) expenses

Spezi nt mixture of cola and lemonade

Spezialitäten pl special dishes

Spickbraten m larded roast of beef

Spiegel m mirror

Spiegelei nt fried egg

spiegeln to reflect (*in mirror*)

Spiegelreflexkamera f reflex camera

Spiel nt game; pack (*of cards*); **auf dem Spiel stehen** to be at stake

Spielautomat m slot machine (*for gambling*)

Spielbank f casino

spielen to play; to gamble; **den Hamlet spielen** to act Hamlet; **Fußball spielen** to play football; **Geige spielen** to play the violin

Spielfilm m feature film

Spielkarte f playing card

Spielplan m (theatre) programme

Spielplatz m playground

Spielwarenladen m toyshop

Spielzeug nt toy

Spieß m skewer; **am Spieß** barbecued

Spinat m spinach

Spinne f spider

Spirituosen pl spirits

(alcohol)

Spiritus m spirit

Spirituskocher m spirit stove

Spitze f lace; point (tip); top

Splitt m grit

Splitter m flake; splinter

Sport(arten) m sport(s)

Sportartikel pl sports equipment

Sportjackett nt sports jacket

Sportkleidung f sportswear

Sportplatz m playing field

Sportwagen m pushchair; sports car

Sprache f speech; language

Sprachführer m phrase book

Spraydose f spray (container)

sprechen to speak; **sprechen Sie Englisch?** do you speak English?

Sprechstunde f consultation (hour); surgery (hour)

Sprechzimmer nt consulting room; doctor's office

Spritzdüse f jet

Spritze f injection

spritzen to splash; to spray (liquid)

Sprudel m fizzy mineral water

Sprühdose f spray (container)

Sprung m jump; crack; **einen Sprung in ein Glas machen** to crack a glass

Sprungbrett nt diving board

spülen to flush the toilet; to rinse

Spülmaschine f dishwasher

Spülmittel nt washing-up liquid

Spülung f rinse (hair conditioner)

Spur f trace (mark); track (of animal); lane (of road)

Staatsangehörigkeit f nationality

Stäbchen pl chopsticks

Stachelbeere(n) f gooseberry(-berries)

Stadion nt stadium

Stadium nt stage (period)

Stadt (Städte) f town(s)

städtisch urban; municipal

Stadtmitte f city centre

Stadtplan m map (of town)

Stadtrand m suburbs; outskirts

Stadtrundfahrt f sightseeing tour of the town

Stadtteil m district (of town)

Stadtzentrum nt town centre

Stahl m steel

Stand m stall (stand); rank (for taxis); **auf den neuesten Stand bringen** to update

ständig permanent(ly); continuous(ly)

Standlicht nt sidelights

Standort m (present) location

Stange f pole (wooden); bar (metal)

Stangenbohnen pl runner beans

Stangenbrot nt French loaf

Stangensellerie m celery

Stangenspargel m asparagus spears

stark strong; **es riecht stark** it has a strong smell

starren to stare; **auf jemanden starren** to stare at somebody

Start m start; take-off

Starthilfekabel nt jump leads

Station f station; stop; ward (in hospital)

Stativ nt tripod

statt instead of

stattfinden to take place

Stau m tailback

Staub m dust

staubig dusty

Staubsauger m vacuum cleaner

Staudensellerie m celery

Staugefahr f possibility of tailbacks

Steak nt steak

stechen to sting; to prick

Stechmücke f mosquito; gnat

Steckdose f socket (electrical)

Stecker m plug (electric)

Stecknadel f pin

Steckschlüssel m box spanner

stehen to stand; **dieser Hut steht Ihnen gut** that hat suits you

stehenbleiben to stop (person)

stehlen to steal; **jemandem etwas stehlen** to steal something from someone

Stehplätze pl standing room

steif stiff

steigen to rise (prices); to increase; to go uphill; **steigen auf** to mount

Steigung f gradient

steil steep

Stein m stone

Steinbutt m turbot

steinig stony

Steinpilz m type of wild mushroom

Steinschlag m falling stones

Stelle f place; spot (*locality*); point (*in space*); **an der richtigen Stelle** in place; **nicht an der richtigen Stelle** out of place (*object*); **undichte Stelle** leak (*gas etc*)

stellen to set (*alarm*); to put; **eine Frage stellen** to ask a question

Stempel m hallmark; stamp (*rubber*)

stempeln to stamp (*visa*)

Steppdecke f quilt

sterben to die

Stern m star

Sternwarte f observatory

Steuer[1] nt steering wheel

Steuer[2] f tax

steuerfrei tax-free

steuern to steer

steuerpflichtig taxable

Steuerung f controls

Steward m steward

Stewardeß f flight attendant, stewardess

Stich m bite (*by insect*); stitch (*sewing*); sting; **jemanden im Stich lassen** to let someone down

Stickerei f embroidery

Stiefel pl boots

Stil m style

still silent; quiet (*person*)

Stille f silence

Stimme f voice; vote

Stimmung f mood; atmosphere

Stirn f forehead

Stirnhöhlenentzündung f sinusitis

Stock m cane (*walking stick*); stick; floor; **der erste Stock** the first floor

Stockwerk nt storey

Stoff m fabric, material

stolpern to trip (*stumble*)

stolz poud; **stolz auf** proud of

stoppen to stop (*car etc*)

Stoppuhr f stop watch

Stöpsel m plug (*for basin etc*)

Stör m sturgeon

stören to disturb (*interrupt*); **bitte nicht stören** do not disturb

stornieren to cancel

Störung f hold-up (*in traffic*); fault (*in telephone*); disorder (*medical*)

Stoß m gust; bump (*knock*)

Stoßdämpfer m shock absorber

Stoßstange f bumper (*on car*)

Stoßzeit f rush hour

Strafe f punishment; fine

strafen to punish

Strafzettel m parking ticket

Strahl m ray; beam (*of light*); jet (*of water*)

strammer Max m smoked ham on bread topped with a fried egg

Strand m shore (*of sea*); beach

Strandkorb m wicker beach chair with a hood

Strandpromenade f front (*seaside*)

Straße f road, street

Straßenbahn f tram(car)

Straßenbauarbeiten pl road works

Straßenglätte f slippery road surface

Straßenkarte f road map

Straßenschäden pl damage to the road

Straßensperre f road block

Straßenverkehrsordnung f Highway Code

Straßenzustand m road conditions

Straßenzustandsbericht m road report

Strauß m bunch (*of flowers*)

Strecke f route; distance

Streichholz(-hölzer) nt match(es)

Streichholzschachtel f matchbox

Streichkäse m cheese spread

Streifen m strip (*length*); stripe; streak

Streik m strike (*industrial*); walkout

Streit m dispute; quarrel; disagreement

sich streiten to quarrel, argue

streng strict; harsh (*severe*)

Streuselkuchen m sponge cake with crumble topping

Strickanleitung f pattern (*knitting*)

stricken to knit

Strickjacke f cardigan

Stricknadel f knitting needle

Strickwaren pl knitwear

Striptease m striptease

Strom m power (*electricity*)

Stromanschluß m electric points

Stromspannung f voltage

Strömung f current (*of water, air*)

Strudel m whirlpool

Strümpfe pl stockings

Strumpfhalter m suspenders (*for stockings*)

Strumpfhose f tights

Strumpfwaren pl hosiery

Stück nt piece; cut (*of meat*); track (*on record*); plot (*of land*); **Stück**

Zucker lump of sugar; **Stück Seife** bar of soap
stückchen nt scrap (bit)
student m student
stufe f step (stair)
stuhl m chair
stuhlgang m bowel movement
stumm dumb
stumpf blunt (knife)
stunde f hour; lesson
stündlich hourly
sturm m storm; gale
stürmisch stormy; rough (sea)
stürzen to fall
sturzhelm m crash helmet
suchen to look for, search for
sucher m viewfinder
süden m south; **nach Süden** south
südlich southern
südosten m southeast
südwesten m southwest
sultaninen pl sultanas
sülze f brawn
summe f sum (total amount)
super(benzin) nt four-tar petrol
supermarkt m supermarket
suppe f soup
suppenfleisch nt meat for making soup
suppenhuhn nt boiling fowl
surfen nt surfing
surfen gehen to go surfing
süß sweet
süßigkeiten pl sweets
süßstoff m sweetener
süßwaren pl confectionery
süßwasserfische pl freshwater fish
system nt system
szene f scene

T

Tabak m tobacco
Tabakhändler m tobacconist
Tabakladen m tobacconist's (shop)
Tabakwaren pl tobacco
Tabelle f chart (diagram, table)
Tablett nt tray
Tablette(n) f tablet(s) (medicine); pill(s)
Tachometer m speedometer
Tafel f table; board; **eine Tafel Schokolade** a bar of chocolate
Tafelwein m table wine
Tag m day; **jeden Tag** every day, day by day; **eines Tages** one day
Tagescreme f day cream
Tageskarte f day ticket; menu of the day
Tagespauschale f daily rate
Tagesrückfahrkarte f day-return
Tagessuppe f soup of the day
Tageszeitung f daily (newspaper)
täglich daily
tagsüber during the day
Taille f waist
taktvoll discreet
Tal nt valley
Tampon(s) m tampon(s)
Tank m tank (of car)
Tankanzeige f fuel gauge
Tankdeckel m petrol cap
tanken to get petrol
Tankfüllmenge f tank capacity
Tanksäule f petrol pump
Tankstelle f filling station
Tante f aunt(ie)

Tanz m dance
Tanzabend m dance
tanzen to dance
Tapete f wallpaper
tapfer brave
Tarif m rate (price); tariff (list of charges)
Tarifzone f tariff zone
Tasche f bag; pocket
Taschenbuch nt paperback
Taschendieb m pickpocket
Taschenlampe f torch
Taschenmesser nt penknife; pocketknife
Taschenrechner m pocket calculator
Taschentuch nt handkerchief
Tasse f cup
Taste f key (of piano, typewriter); **Taste drücken** push button
Tat f action (act)
Tatar nt steak tartare
Tätigkeit f activity; occupation
Tatsache f fact
tatsächlich in fact
Taube f pigeon, dove
tauchen to dive; to dip (into liquid)
Taucherausrüstung f diving equipment
tauen to thaw (ice)
tauschen to exchange
täuschen to deceive; **sich täuschen** to be mistaken
tausend thousand
tausendste(r/s) thousandth
Tauwetter nt thaw
Taxi nt taxi
Taxistand m taxi rank
technisch technical; **technische Daten** technical data
Tee m tea
Teebeutel m tea bag

Teekanne f teapot
Teelöffel m teaspoon
Teer m tar
Teesieb nt tea strainer
Teetasse f teacup
Teich m pond
Teig m dough; pastry
Teil m part
teilen to divide
(*apportion*); to share
(*money, room*); **8 durch 4
teilen** to divide 8 by 4
Teilkaskoversicherung f
≈ third party, fire and
theft
teilnehmen to
participate
teilweise partly
Teint m complexion
Telefon nt telephone; **er
ist am Telefon** he's on
the phone
Telefonanruf m
telephone call
Telefonauskunft f
directory enquiries
Telefonbuch nt
telephone directory
Telefongespräch nt
phone-call
telefonieren to
telephone
telefonisch by telephone
Telefonnummer f
telephone number
Telefonzelle f telephone
booth
Telegramm nt telegram
Teleobjektiv nt
telephoto lens
Teller m plate
Temperatur f
temperature; **jemandes
Temperatur messen** to
take someone's
temperature
Temperaturanzeige f
temperature gauge
Tempo nt pace (*speed*);
in einem Tempo von at
the rate of

Tennis nt tennis
Tennishalle f indoor
tennis courts
Tennisplatz m tennis
court
Tennisschläger m tennis
racket
Teppich m carpet
Teppichboden m wall-
to-wall carpet(ing)
Termin m date; deadline;
appointment (*rendezvous*)
Terminal nt terminal
Terminkalender m diary
(*appointments*)
Terrasse f patio; terrace
(*of café*)
Tesafilm® m sellotape®
testen to test
teuer expensive
Textilien pl textiles
Theater nt theatre; fuss;
Theater machen to
make a fuss
Theaterkasse f box
office
Theaterstück nt play
(*theatrical*)
Theaterveranstaltungen
pl theatre programme
Theke f bar (*counter*)
Thema nt topic; subject
Thermometer nt
thermometer
Thermosflasche f
Thermos (flask)
Thunfisch m tuna(-fish)
Thymian m thyme
tief deep; low (*in pitch*)
Tief nt depression
(*weather*)
Tiefe f depth
Tiefgarage f
underground car park
Tiefkühltruhe f deep
freeze
Tier nt animal
Tiergarten m, **Tierpark**
m zoo
Tinte f ink
Tintenfisch m cuttlefish;

squid
Tisch m table; **den Tisch
decken** to set the table
Tischdecke f tablecloth
Tischtennis nt table
tennis
Tischtuch nt tablecloth
Tischwein m table wine
Titel m title
Toast m toast
Toastbrot nt sliced white
bread for toasting
Toaster m toaster
Tochter f daughter
Tod m death
tödlich fatal
Toilette f toilet
Toiletten pl public
conveniences
Toilettenartikel pl
toiletries
Toilettenpapier nt toilet
paper
Tollwut f rabies
Tomate f tomato
Tomatenmark nt
tomato purée
Tomatensaft m tomato
juice
Ton m sound; tone; clay
Tonband nt tape
(*magnetic*)
Tonbandgerät nt tape
recorder
tönen to tint
Tonic nt tonic water
Tonne f ton
Tönung f semi-
permanent tint
Topf m pot, pan
Töpferei f pottery
(*workshop*)
Tor nt gate; goal (*sport*)
Torte f gâteau, tart
Tortelett nt pie
tot dead
töten to kill
Tour f tour; **auf Touren
bringen** to rev (up)
Tourismus m tourism
Tourist m tourist

Touristenklasse f tourist class; economy class
Tracht f costume
Tradition f tradition
tragbar portable
Trage f stretcher
tragen to wear (*clothes*); to bear (*weight*); to carry (*in hands, arms*)
Tragetasche f bag (*paper carrier*)
Trainer m coach (*instructor*)
trainieren to train (*sportsman*)
Training nt training (*for sports*)
Trainingsanzug m track suit
trampen to hitchhike
Träne f tear; **in Tränen aufgelöst** in tears
Transithalle f transit lounge
Transitvisum nt transit visa
Transport m transport
transportieren to transport
Trauben pl grapes
Traubensaft m grape juice
Traubenzucker m dextrose
Traum m dream
träumen to dream; **träumen von** to dream of
traurig sorry; sad
treffen to meet; **eine Entscheidung treffen** to take a decision
Treffpunkt m meeting-place
trennen to divide (*separate*)
Trennwand f partition
Treppe f flight of steps; stairs
Treppenhaus nt staircase
Tresor m safe

Tretboot nt pedalo
treten to step; to kick
Trimm-dich-Pfad m keep-fit trail
trinkbar drinkable
trinken to drink; **auf jemanden trinken** to drink to someone
Trinkgeld nt tip (*money*)
Trinkwasser nt drinking water
trocken dry
trocknen to dry
Trompete f trumpet
tropfen to drip
Tropfen m drip, drop (*of liquid*)
tropfnaß aufhängen to drip-dry
trotz in spite of
trotzdem even so; all the same
trüb dull (*day, weather*)
Trüffel f truffle (*fungus*)
Trumpf m trump (*cards*)
Truthahn m turkey
tschüs cheerio
Tube f tube
Tuch nt cloth; scarf; towel; shawl
tüchtig efficient
Tulpe(n) f tulip(s)
tun to do; to put
Tunnel m tunnel
Tür f door
türkis turquoise
Türklingel f doorbell
Türklinke f door handle, doorknob
Turm m tower
Turnen nt gymnastics
Turnhalle f gym(nasium)
Turnschuhe pl plimsolls
Tüte f bag (*paper*)
Typ m type; model
typisch typical

U

u.A.w.g. R.S.V.P.
U-Bahn f underground railway
U-Bahnhof m underground station
übel bad; **mir ist übel** I feel sick
Übelkeit f sickness (*nausea*)
üben to practise
über over; above; **über London fahren** to go via London; **über etwas sprechen** to talk about something; **über die Straße gehen** to walk across the road
überall everywhere
überbacken au gratin
überbelichtet overexposed (*photo*)
Überblick m (over)view
übereinander one upon the other
überfahren to run down (*car etc*)
Überfahrt f crossing (*voyage*)
Überfall m raid (*by criminals*)
überfallen to attack
überfällig overdue
überflüssig superfluous
Überführung f overpass
überfüllt crowded
Übergabe f handing over; delivery (*of rented car*)
übergeben to hand over; to present (*give*); **sich übergeben** to vomit
Übergewicht nt overweight; excess baggage
überhaupt at all
überholen to overtake

(car)
Überholspur f outside lane *(in road)*
Überholverbot nt no overtaking
überleben to survive
überlegen to consider
übermorgen the day after tomorrow
übernachten to stay the night
Übernachtung f overnight stay; **Übernachtung mit Frühstück** bed and breakfast
Übernachtungsmöglichkeit f accommodation
überprüfen to check
überqueren to cross *(road, sea)*
Überraschung f surprise
überreden to persuade
überschreiten to exceed
übersetzen to translate
Übersetzung f translation
übertragbar transferable
übertreiben to exaggerate
überwachen to supervise
überweisen to transfer *(money)*; to refer *(patient)*
Überweisung f remittance; referral
Überzelt nt fly sheet
überzeugen to convince
üblich usual
übrig left over; **es war etwas übrig** some (of it) was left
übrigbleiben to remain *(be left over)*
übrigens by the way
Übung f exercise; practice
Ufer nt bank *(of river)*; shore *(of lake)*
Uhr f clock; watch; **um 3 Uhr** at 3 o'clock

Uhrmacher m watchmaker
um around; **um Weihnachten herum** near (to) Christmas; **um 4 Uhr** at 4 o'clock; **um etwas zu tun** in order to do something
umadressieren to readdress
umbuchen to alter one's booking
Umdrehungen pl revs *(in engine)*
Umgebung f surroundings; neighbourhood
Umgehungsstraße f bypass; ring road
umgekehrt vice versa; reversed; **in umgekehrter Richtung** in the opposite direction
umkehren to turn back
Umkleidekabine f cubicle
umleiten to divert; to reroute
Umleitung f diversion *(traffic)*
Umrechnungskurs m rate of exchange
Umschlag m envelope
sich umsehen to look around
umsonst free of charge; in vain
Umstände pl circumstances; bother
Umstandskleid nt maternity dress
umsteigen to change *(trains etc)*
umtauschen to (ex)change
Umweg m detour
Umwelt f environment
Umweltverschmutzung f pollution
umziehen to move *(house)*; **sich umziehen**

to change one's clothes
Umzug m parade
unabhängig independent
unangenehm unpleasant
unanständig indecent
unaufgefordert without being asked
unbedingt absolutely; **etwas unbedingt wollen** to want something badly
Unbefugte(r) m/f unauthorized person
unbegrenzt unlimited
unbequem uncomfortable
und and; **und so weiter** and so on
unecht fake
unentschlossen undecided
unerläßlich vital
unerträglich unbearable *(pain)*
unerwünscht unwelcome, unwanted
unfähig incapable, incompetent
Unfall m accident
Unfallarzt m specialist in accident injuries
Unfallhilfsstelle f first-aid station
unfreundlich unfriendly; unkind
ungeduldig impatient
ungefähr approximate; **ungefähr £10** about £10
ungefüttert unlined *(clothes)*
ungerade odd *(number)*
ungern reluctantly
ungesund unhealthy
ungewiß uncertain
ungewöhnlich unusual
unglaublich incredible
Unglück nt accident
unglücklich unhappy; unfortunate *(event)*
ungültig invalid; **ungültig werden** to expire
ungünstig inconvenient

(time, place)
unhöflich rude
Unkosten pl costs
unmöglich impossible
unnötig unnecessary
unordentlich untidy
Unordnung f mess;
etwas in Unordnung
bringen to make a mess
of something
unpassend unsuitable
unpraktisch inconvenient
unrecht haben to be
wrong
unregelmäßig irregular
unreif unripe
uns us
unschuldig innocent
unser(e) our
unsere(r/s) ours
unsicher insecure;
uncertain (fact)
unten downstairs; below;
nach unten
downward(s); downstairs
unter under(neath);
among(st); unter dem/
den Tisch under the
table; unter einem
Kilometer under a
kilometre; mein Zimmer
liegt unter seinem my
room is below his
unterbelichtet
underexposed
Unterbodenschutz m
underseal
unterbrechen to
interrupt
Unterbrecherkontakt
m contact-breaker point
unterbringen to
accommodate
untere(r/s) lower,
bottom
Unterführung f subway,
underpass (for pedestrians)
Untergeschoß nt
basement
unterhalten to entertain
(amuse)

Unterhaltung f
entertainment;
maintenance (of building);
conversation
Unterhaltungsmusik f
light music
Unterhemd nt vest
Unterhose f underpants
unterirdisch
underground (pipe etc)
Unterkunft f
accommodation
Unterleib m abdomen
unternehmen to
undertake
unterrichten to teach;
to inform
Unterrock m underskirt
unterscheiden to
distinguish
Unterschied m
difference
unterschiedlich varying
unterschreiben to sign
Unterschrift f signature
Untersetzer m tablemat
unterste(r/s) lowest;
bottom
unterstreichen to
underline
Unterstützung f backing,
support (moral, financial)
untersuchen to examine
(inspect)
Untersuchung f test
(medical); examination
(inspection, also medical)
Untertasse f saucer
Untertitel m subtitle (of
film)
Unterwäsche f
underwear
unterwegs on the way
unterzeichnen to sign
(document)
Unterzeichnete(r) m/f
undersigned
ununterbrochen
continuous
unverändert unchanged
unverbindlich without

obligation
unverbleit unleaded
unverschämt
impertinent
unwahrscheinlich
unlikely
Unwetter nt
thunderstorm
unwohl unwell; sich
unwohl fühlen not to
feel at ease
unzufrieden dissatisfied
Urlaub m leave, holiday;
auf Urlaub on holiday;
on leave
Urlauber m holidaymaker
Urlaubsort m resort
Urologe m urologist
Ursache f cause
Ursprung m origin
ursprünglich originally
(at first)
Ursprungsland nt
country of origin
Urteil nt judgement,
verdict
usw abbr (= und so
weiter) etc

V

Vanille f vanilla
Vanilleeis nt vanilla ice
cream
Vanillesoße f custard
Vanillinzucker m vanilla
sugar
Varietévorführung f
variety show
Vase f vase
Vaseline f vaseline
Vater m father
V-Ausschnitt m V-neck
Vegetarier m vegetarian
vegetarisch vegetarian
Vene f vein
Ventil nt valve
Venusmuschel(n) f
clam(s)

verabreden to agree; **sich verabreden** to arrange to meet

Verabredung f date (*appointment*)

verändern to change

Veränderung f change

veranlassen to cause

veranstalten to organize

Veranstalter m promoter, organizer

Veranstaltungen pl events

Veranstaltungskalender m diary of events

Veranstaltungsprogramm nt entertainment guide

verantwortlich responsible

Verantwortung f responsibility

Verband m association; bandage

Verbandskasten m, **Verbandszeug** nt first-aid box

verbessern to improve; to correct

Verbesserung f improvement

verbieten to ban; to prohibit; **jemandem verbieten, etwas zu tun** to forbid someone to do something; **es ist verboten** it is forbidden

verbinden to connect (*join*); **verbinden Sie mich bitte mit Herrn X** put me through to Mr X

Verbindung f service (*bus etc*); line (*telephone*); **in Verbindung mit** in touch with; **sich in Verbindung setzen mit** to contact

verbleit leaded

Verbot nt ban

verboten forbidden

Verbrauch m consumption

Verbrechen nt crime

verbrennen to burn; **ich habe mir den Arm verbrannt** I've burnt my arm

Verbrennung f burn

verbringen to spend (*time*)

verbrühen to scald

verdaulich digestible

verderben to go bad (*food*); to spoil (*damage*)

verdienen to deserve; to earn; **Geld verdienen** to make money

verdorben spoilt

verdünnen to dilute

Verein m society (*club*)

vereinbaren to agree upon

Vereinigtes Königreich nt United Kingdom

Vereinigte Staaten (von Amerika) pl United States (of America)

Verfallsdatum nt expiry date; eat-by date

Verfassung f constitution (*of country*); state (*health*)

Verfügung f disposal; **zur Verfügung** at one's disposal

vergangene(r/s) past

Vergangenheit f past

Vergaser m carburettor

vergebens in vain

vergehen to pass (*time*)

vergessen to forget

vergleichen to compare

Vergnügen nt enjoyment; pleasure; **viel Vergnügen!** have fun!

Vergnügungsdampfer m pleasure boat

Vergnügungspark m amusement park

vergoldet gold-plated

vergriffen out of print/ stock

vergrößern to enlarge

Vergrößerung f enlargement

verhaften to arrest

Verhältnis nt relationship; ratio; **über seine Verhältnisse** beyond his means

verheiratet married

verhindern to prevent

Verhütungsmittel nt contraceptive

sich verirren to lose one's way

Verkauf m sale

verkaufen to sell

Verkäufer(in) m(f) sales assistant

Verkaufsautomat m vending machine

Verkehr m traffic (*cars*)

verkehren to run (*public transport*); to fly

Verkehrsampel f traffic lights

Verkehrsbüro nt tourist information office

Verkehrsführung geändert diversion ahead

Verkehrsinsel f traffic island

Verkehrspolizist m traffic warden

Verkehrsstau m traffic jam

Verkehrszeichen nt road sign

verkehrt wrong; **verkehrt herum** the wrong way around; upside down; **verkehrt nicht täglich** not daily

verlangen to demand

verlängern to renew (*subscription, passport*)

verlassen to leave (*room, club, school*); **sich verlassen auf** to rely on (*person*)

sich verlaufen to lose one's way

verlegen embarrassed
Verleih m rental company, hire company
verletzen to injure
Verletzung f injury
verliebt in love
verlieren to lose
verlobt engaged (*betrothed*)
Verlobte(r) m/f fiancé(e)
Verlust m loss
vermeiden to avoid
Vermerk m remark
vermieten to rent; **zu vermieten** to let (*on sign*)
vermissen to miss
vermißt missing (*person*)
Vermittler m agent
Vermittlung f telephone exchange; operator
vermuten to guess
vermutlich presumably
vernünftig reasonable; sensible; wise (*decision*)
verpacken to wrap
Verpackung f wrapper (*paper*); packing (*material*)
Verpflegung f food
Verrechnungsscheck m crossed cheque
verreisen to go on a journey
Verrenkung f sprain
verrückt crazy
versagen to fail
Versagen nt failure; **bei Versagen** in case of failure
Versammlung f meeting
versäumen to miss (*train*)
verschieben to postpone
verschieden various; different
Verschleiß m wear and tear
verschreiben to prescribe
verschreibungspflichtig available only on prescription

verschwinden to disappear
verschwunden missing (*object*)
Versehen nt oversight; **aus Versehen** by mistake
Versicherer m insurer; underwriter
versichern to insure
Versicherung f insurance
Versicherungsbedingungen pl insurance conditions
Versicherungskarte f insurance card; **grüne Versicherungskarte** green card
Versicherungspolice f insurance policy
versorgen to keep (*feed and clothe*); **jemanden mit etwas versorgen** to provide someone with something
sich verspäten to be late
Verspätung f delay (*to train, plane*); **der Zug hat Verspätung** the train has been delayed
versprechen to promise
verständigen to inform; **sich verständigen** to communicate
Verstärker m amplifier
verstauchen to sprain
verstecken to hide
verstehen to understand
verstopfen to plug; to block
Verstopfung f blockage; **Verstopfung haben** to be constipated
Versuch m attempt
versuchen to try
verteilen to distribute
Verteiler m distributor (*in car*)
Vertrag m contract
Vertrauen nt confidence

(*trust*); **im Vertrauen** in confidence
verunglücken to have an accident
Verwaltung f administration
Verwandte(r) m/f relative
verwechseln to confuse
verwenden to use
Verwendung f use
verwirrt confused (*muddled*)
verwitwet widowed
verwöhnen to spoil
verzehren to consume
Verzeichnis nt list
verzeihen to forgive
Verzeihung! sorry; excuse me
verzögern to delay
verzollen to declare (*customs*); **nichts zu verzollen** nothing to declare
Videoband nt videotape
Videokassette f videocassette
Videorekorder m videocassette recorder
viel much; **nicht viel** not much; **viel besser** a lot better
viele many; **zu viele Bücher** too many books; **es gibt ziemlich viele** there are quite a few
vielleicht perhaps; possibly
vier four
vierte(r/s) fourth
Viertel nt quarter; **(ein) Viertel vor 4** (a) quarter to 4; **(ein) Viertel nach 4** (a) quarter past 4
Viertelstunde f quarter of an hour
vierzehn fourteen; **vierzehn Tage** a fortnight
vierzig forty

violett purple
Visum nt visa
Vitamin nt vitamin
Vogel m bird
Völkerkundemuseum nt museum of ethnology
Volkslied nt folk song
Volkstanz m folk dance
voll full; **voll von** full of
vollendet completed; **nach vollendetem 6. Lebensjahr** from one's 6th birthday
völlig completely
Vollkaskoversicherung f comprehensive insurance
vollkommen perfect
Vollkornbrot nt wholemeal bread
Vollmacht f power of attorney
Vollmilchschokolade f milk chocolate
Vollpension f full board
vollständig complete
volltanken to fill up (car)
Vollwaschmittel nt washing powder for all temperatures
von from; of; **von einer Wand fallen** to fall off a wall; **ein Freund von mir** a friend of mine; **3 von ihnen** 3 of them
vor before; **vor Mittag** before noon; **vor dem Haus** in front of the house; **etwas vor sich sehen** to see something ahead; **rot vor Wut** red with anger; **vor 4 Jahren** 4 years ago
vorankommen to move (traffic)
Voranzeige f preview
voraus ahead; **im voraus** in advance; **den anderen voraus** ahead of the others
voraussichtlich probably

vorbei past
vorbereiten to prepare
vorbestellen to reserve (seat, room)
Vorbestellung f reservation (of seats, rooms etc)
Vorderachse f front axle
Vorderrad nt front wheel
Vorderradantrieb m front-wheel drive
Vorderseite f front (foremost part)
Vordruck m form (document)
Vorfahrt f right of way (on road); **die Vorfahrt beachten** to give way (when driving)
Vorführung f demonstration, presentation; showing (of film)
vorgehen to go on ahead; to gain (clock); **meine Uhr geht vor** my watch is fast
vorgekocht ready-cooked
vorgestern the day before yesterday
vorhaben to intend; **haben Sie für heute abend etwas vor?** have you something planned for tonight?
vorhanden available
Vorhänge pl curtains
Vorhängeschloß nt padlock
vorher before; **am Tag vorher** on the previous day
Vorhersage f forecast
vorläufig temporarily
vorletzte(r/s) last but one
Vormittag m morning
vormittags a.m.
vorn at the front

Vorname m first name
vorne in front
vornehm distinguished
Vorort m suburb
Vorortbahn f suburban line
Vorrat m provisions
Vorsaison f early season
Vorschau f preview
Vorschlag m proposal, suggestion
vorschlagen to propose, suggest
Vorschrift f regulation (rule)
Vorsicht f care; caution; **Vorsicht!** look out!; be careful!; **Vorsicht, Stufe!** mind the step
Vorspeise f hors d'œuvre
vorstellen to introduce (person); **sich etwas vorstellen** to imagine something
Vorstellung f introduction (social); performance (of play)
Vorteil m advantage; benefit
vorteilhaft advantageous
Vortrag m talk (lecture)
vorüber past, over
vorübergehend temporarily
Vor- und Zuname m first name and surname
Vorurteil nt prejudice
Vorverkauf m advance booking
Vorverkaufskasse f, **Vorverkaufsstelle** f advance booking office
Vorwahl(nummer) f dialling code
Vorwand m pretext
vorwärts forward(s)
vorziehen to prefer

W

Waage f scales (for weighing)
wach awake
Wacholder m juniper
Wachs nt wax
Wachsbohnen pl butter beans
wachsen to grow
Wachtel f quail
Wackelpeter m jelly
Waffel f wafer; waffle
Wagen m car; carriage (railway)
wagen to dare
Wagenheber m jack (for car)
Wagenrückgabe f check-in
Wagentyp m type of car
Wagenwäsche f car wash
Waggon m wag(g)on (rail); coach (of train)
Wahl f choice; election; **engere Wahl** short list
wählen to dial (number); to choose; to elect; to vote
wahr true
während during; while
Wahrheit f truth
wahrscheinlich likely; probable; probably
Währung f currency
Wahrzeichen nt landmark
Wald m wood; forest
Waldlehrpfad m nature trail
Waldorfsalat m Waldorf salad
Waldpilze pl wild mushrooms
Wales nt Wales
walisisch Welsh
Walnuß(-nüsse) f walnut(s)
Walzer m waltz
Wand f wall (inside)
Wandern nt hiking
wandern gehen to go hiking
Wanderung f hike
Wanderweg m trail for ramblers
Wange f cheek
wann when (in questions)
Wanze f bug
Ware f commodity; **Waren** goods
Warenhaus nt department store
Warenmuster nt, **Warenprobe** f trade sample
Warensendung f sample of goods
warm warm; **mir ist warm** I'm warm; **warme Getränke** hot drinks
wärmen to warm
Wärmflasche f hot water bottle
Warndreieck nt warning triangle
warnen to warn; **jemanden vor etwas warnen** to warn someone of something
Warnlichtanlage f hazard warning lights
Warnung f warning
Wartehalle f lounge (at airport)
Warteliste f waiting list
warten to wait; **auf jemanden warten** to wait for someone
Wartesaal m waiting room (at station)
Wartung f maintenance
warum why
Warze f wart
was what; **machen Sie, was ich Ihnen sage** do as I say; **was für eine Unordnung!** what a mess (in room); **was wollen Sie?** what do you want?
waschbar washable
Waschbecken nt washbasin
Wäsche f linen (for beds); washing (clothes); **schmutzige Wäsche** laundry; **die Wäsche waschen** to do the washing
waschecht colourfast
Wäscheklammer f clothes peg
waschen to wash; **Waschen und Legen** shampoo and set
Wäscherei f laundry (place)
Waschgelegenheit f washing facilities
Waschlappen m facecloth
Waschmaschine f washing machine
Waschmittel nt detergent
Waschpulver nt washing powder
Waschraum m washroom
Waschsalon m launderette
Wasser nt water
Wasseranschluß m water point
wasserdicht waterproof
Wasserfall m waterfall
Wassermelone f watermelon
Wasserski laufen to go water-skiing
wasserundurchlässig waterproof
Watt nt watt
Watte f cotton wool
Wechsel m exchange (between currencies)
Wechselgeld nt change
Wechselkurs m

exchange rate
wechseln to change; to give change
Wechselstube f bureau de change
Weckdienst m alarm call service
wecken to wake
Wecker m alarm (clock)
weder ... noch neither ... nor
Weg m path; lane (in country); **auf dem Weg nach** bound for (ship); **im Weg stehen** to be in the way
weg away; **von zu Hause weg** away from home
wegen because of
weggehen to go (away)
wegnehmen to take away; **er hat es mir weggenommen** he took it from me
wegschicken to send away
Wegweiser m signpost
weh tun to ache; to hurt; **sich weh tun** to hurt oneself
weiblich female; feminine
weich soft (not hard)
Weichkäse m soft cheese
Weihnachten nt Christmas
Weihnachts(feier)tag m: **1. Weihnachtstag** Christmas Day; **2. Weihnachtstag** Boxing Day
weil because
Weile f while; spell (period)
Wein m wine
Weinberg m vineyard
Weinbergschnecken pl escargots
Weinbrand m brandy
weinen to cry
Weinglas nt wineglass

Weinkeller m wine cellar
Weinkraut nt sauerkraut
Weinprobe f wine-tasting
Weinstube f wine tavern
Weintrauben pl grapes
weise wise (person)
Weise f way (manner); **auf eine andere Weise** (in) a different way
weiß white
Weißbier nt light, fizzy beer
Weißbrot nt white bread
Weißkohl m, **Weißkraut** nt white cabbage
Weißwein m white wine
Weißwurst f veal sausage (for boiling)
weit far; loose (clothing); **am weitesten** farthest; furthest; **bei weitem** far (much); **wie weit ist es nach ...?** how far is it to ...?; **das ist weit** it's a long way
weiter farther; further; **und so weiter** etcetera; **weiter tun** to continue to do; **weitere Fahrer** additional drivers
Weiterflug m transit
weitergehen to continue (road etc)
weitermachen to continue
weitsichtig long-sighted
Weitwinkelobjektiv nt wide-angle lens
Weizen m wheat
Weizenbier nt light, fizzy beer
welche(r/s) which; what; which one; **welches Buch?** which book?; what book?; **ich weiß nicht, welches ich nehmen soll** I don't know which to take

Welle f wave
Welt f world
wem to whom; **ich weiß, wem das gehört** I know whose it is; **wem gehört dieses Buch?** whose book is this?
Wende f U-turn (in car)
wenden to turn; **wenden Sie sich an ...** turn to ..., consult ...
Wendeplatz m, **Wendefläche** f turning area
wenig little; **ein wenig** a little; **etwas zu wenig haben** to be short of something; **er hat weniger** he has less; **weniger als** less than; **das wenigste Geld** the least money; **er hat am wenigsten** he has the least
wenige few; **es gibt nur wenige** there are very few
wenigstens at least
wenn if; when (with present tense); **wenn wir nicht kommen** unless we come
wer who; **wer von Ihnen?** which one of you?
Werbung f advertising, publicity
werden to become; **schlecht werden** to go bad; **Profi werden** to turn professional; **sie würde kommen, wenn ...** she would come if ...; **ich werde es tun** I'm going to do it; **er wird es tun** he will do it; **müde werden** to get tired; **erwachsen werden** to grow up
werfen to throw
Werft f shipyard

Werk nt plant (*factory*); work (*of art, literature*)

Werkstatt f workshop

Werktag m working day

werktags on workdays

Werkzeug nt tool; tool kit

Wermut m vermouth

Wert m value

wert worth; **DM5 wert sein** to be worth DM5; **es ist der Mühe wert** it's worth it

Wertangabe f declaration of value

Wertgegenstände pl valuables

wertlos worthless

wertvoll valuable

Wertzeichen nt postage stamp

wessen whose

Weste f waistcoat; cardigan

Westen m west; **nach Westen** west

westlich western

Wetter nt weather

Wetterbericht m weather forecast

Wetterveränderung f change in the weather

Wettervorhersage f weather forecast

Wettkampf m match (*sport*)

Whisky m whisky; **ein Whisky Soda** a whisky and soda

wichtig important

Wickelraum m mother and baby room

widerrechtlich: widerrechtlich geparkte Fahrzeuge werden kostenpflichtig abgeschleppt vehicles parked illegally will be towed away at owner's expense

widersprechen to contradict

widerstandsfähig hard-wearing

wie like; how; **wie war es?** how did it go?; **wie lange?** how long?; **wie viele?** how many?; **wie geht's?** how are you?; **wie ist es?** what's it like?; **wie heißt es?** what's it called?

wieder again

wiederholen to repeat; **könnten Sie das wiederholen?** could you say that again?

Wiederholung f repetition

auf Wiedersehen goodbye

wiegen to weigh

Wien nt Vienna

Wiener Würstchen nt frankfurter

Wiese f lawn

wieviel how much

Wild nt game (*hunting*); venison

wild fierce; wild (*animal*)

Wildleder nt suede

Wildschwein nt wild boar

willkommen welcome

willkürlich random

Wimpern pl eyelashes

Wimperntusche f mascara

Wind m wind (*breeze*)

Windbeutel m cream puff

Windel f nappy

windig windy (*place*)

Windpocken pl chickenpox

Windschutzscheibe f windscreen

Windstärke f wind force

windsurfen to go windsurfing

Windsurfing nt windsurfing

winken to wave

Winter m winter

Winterausrüstung f winter tyres and snow chains

Winterreifen pl snow tyres

Wintersport m winter sports

Wintersportwetterbericht m weather report for skiers

wir we; **wir sind's** it's us

wirken to work (*medicine*)

wirklich real(ly)

wirksam effective (*remedy etc*)

Wirkung f effect

Wirt m landlord

Wirtin f landlady

Wirtschaft f economy (*of country*); pub; inn

wirtschaftlich economic; economical (*use, method*)

Wirtshaus nt inn

wischen to wipe

wissen to know (*fact*)

Wissenschaft f science

Witwe f widow

Witwer m widower

Witz m joke

wo where

Woche f week

Wochenende nt weekend

Wochenendpauschale f weekend rate

Wochenendtarif m weekend tariff

Wochenkarte f weekly ticket

Wochenpauschale f weekly rate

Wochentag m weekday

wöchentlich weekly

Wodka m vodka

woher where ... from; **woher kommen Sie?** where are you from?

wohin where; **ich bringe Sie, wohin Sie wollen**

I'll take you anywhere you like; **wohin gehen Sie?** where are you going?

wohl well; **wohl sein** to be well; **zum Wohl!** cheers!

Wohn- residential (area)

Wohnadresse f home address

wohnen to stay; to live

Wohnheim nt residence (of college)

Wohnmobil nt dormobile

Wohnort m, **Wohnsitz** m place of residence

Wohnung f flat; residence

Wohnwagen m caravan

Wohnzimmer nt living room

Wolke f cloud

wolkig cloudy

Woll- woollen

Wolldecke f blanket

Wolle f wool

wollen to want (wish for); **etwas tun wollen** to want to do something; **was wollen Sie?** what would you like?; **er will weggehen** he wants to leave

Wollwaschmittel nt detergent for woollens

worauf on which; whereupon

Wort nt word; **Wort für Wort** word for word

Wörterbuch nt dictionary

Wörterverzeichnis nt vocabulary (list of words)

Wortschatz m vocabulary

Wrack nt wreck (ship)

Wunde f wound (injury)

wunderbar marvellous, wonderful

Wunsch m wish, desire

wunschen to want; **ich wünschte, ich könnte ...** I wish I could ...; **sich etwas wünschen** to wish for something

Würfel m dice; cube

würfeln to throw; **eine Sechs würfeln** to throw a 6 (dice)

Wurm m worm

Wurst f sausage

Würstchen nt sausage (for boiling), frankfurter

Wurstplatte f (plate of) assorted cold meats

Wurstsalat m sausage salad (with onions and vinaigrette)

Württemberger Wein m wine from the area around Stuttgart (fairly dry)

würzen to season

würzig spicy

Würzmischung f seasoning

Wut f anger

wütend angry (person)

Y

Yachthafen m marina

Z

zäh tough (meat etc)

Zahl f number (figure)

zahlbar payable

zahlen to pay; **zahlen bitte** can I have the bill please?

zählen to count (objects, people); **bis 10 zählen** to count up to 10

Zähler m meter

Zahlung f payment

zahm tame (animal)

Zahn m tooth

Zahnarzt m dentist

Zahnbürste f toothbrush

Zahncreme f toothpaste

Zähne pl teeth

Zahnfleisch nt gum

Zahnfleischbluten nt bleeding gums

Zahnpasta f toothpaste

Zahnschmerzen pl toothache

Zahnstocher m toothpick

Zange f pliers

Zäpfchen nt suppository

Zapfsäule f petrol pump

zart tender (meat, vegetables); delicate

zärtlich affectionate

Zaun m fence

z.B. e.g.

Zebrastreifen m zebra crossing

Zehe(n) f toe(s)

zehn ten

zehnte(r/s) tenth

Zeichen nt sign, mark

Zeichenerklärung f key to the symbols

Zeichentrickfilm m cartoon (animated)

zeichnen to draw (picture)

Zeichnung f picture; drawing

zeigen to show; **auf etwas zeigen** to point at something; to point something out

Zeiger m hand (of clock)

Zeit f time; **von Zeit zu Zeit** from time to time

Zeitabschnitt m period of time

Zeitansage f speaking clock

Zeitkarte f season ticket

Zeitraum m period (of time)

Zeitschrift f magazine

Zeitung f (news)paper

Zeitzone *f* time zone
Zelt *nt* tent
Zeltboden *m* groundsheet
zelten to camp; **zelten gehen** to go camping
Zeltpflock *m* tent peg
Zeltplatz *m* camp(ing) site
Zeltstange *f* tent pole
Zentimeter *m* centimetre
Zentrale *f* head office; switchboard
Zentralheizung *f* central heating
Zentralverriegelung *f* central locking
Zentrum *nt* centre
zerbrechen to break
zerbrechlich fragile
zerknittert creased
zerlassene Butter *f* melted butter
zerstören to destroy
Zettel *m* slip (*of paper*)
Zeug *nt* stuff (*substance*)
Zeuge *m* witness
Zeugenaussage *f* evidence (*of witness*)
Zeugin *f* witness
Zeugnis *nt* certificate
Ziegenleder *nt* kid (*leather*)
ziehen to grow (*plants*); to tow (*trailer*); to pull; **sich einen Zahn ziehen lassen** to have a tooth taken out
Ziel *nt* destination; goal; target
Zielbahnhof *m* destination
Zielscheibe *f* target
ziemlich quite; fairly; **ziemlich gut** fair (*average*); **ziemlich viele** quite a few
zierlich dainty
Ziffer(n) *f* figure(s)
Zigarette(n) *f* cigarette(s)
Zigarettenetui *nt* cigarette case
Zigarettenpapiere *pl* cigarette papers
Zigarillo(s) *nt* cigarillo(s)
Zigarre(n) *f* cigar(s)
Zigeunersteak *nt* steak with peppers
Zimmer *nt* room; **freies Zimmer** vacancy (*in hotel etc*)
Zimmermädchen *nt* chambermaid
Zimmernachweis *m* accommodation service
Zimmerservice *m* room service
Zimt *m* cinnamon
Zinn *nt* tin (*substance*); pewter
Zirkus *m* circus
Zitrone *f* lemon
Zitronenpresse *f* lemon-squeezer
Zitronensaft *m* lemon juice
zittern to shiver; to shake
zögern to hesitate
Zoll *m* customs; customs duty; toll (*on road etc*)
Zollabfertigung *f* customs clearance
Zollamt *nt* customs office
Zollbeamte(r) *m* customs officer
zollfrei duty-free (*goods*)
Zollkontrolle *f* customs check
zollpflichtig dutiable
Zone *f* zone
Zoom *nt* zoom lens
zu to; off (*water supply*); too; **ich habe vergessen, ... zu tun** I forgot to do ...; **zu sein** to be shut (*door*); **er ist zu groß** he's too big; **zu den Zügen** to the trains

Zubehör *nt* accessories
zubereiten to prepare (*meal*)
Zubringerservice *m* shuttle service; airport bus/train/taxi service
Zucchini *pl* courgettes
Zucker *m* sugar
Zuckerdose *f* sugar bowl
Zuckerguß *m* icing (*on cake*)
Zuckerkrankheit *f* diabetes
zuerst at first; first
Zufall *m* chance; coincidence
zufällig by chance; accidental
zufrieden pleased; content(ed)
Zug *m* train; draught (*wind*); stroke (*swimming*)
Zugabe *f* encore
Zugang *m* access
Zugbegleiter *m* guard (*on train*); train timetable
zugehen to shut (*door, window*)
Zugrestaurant *nt* restaurant on train
Zuhause *nt* home
zuhören to listen (to)
Zukunft *f* future
zulassen to permit
zulässig permissible; **zulässiges Gesamtgewicht** maximum laden weight; **zulässige Höchstgeschwindigkeit** (upper) speed limit
zuletzt last
zumachen to shut; to fasten
Zuname *m* surname
Zündhölzer *pl* matches
Zündkerze(n) *f* sparking plug(s)
Zündschloß *nt* ignition lock
Zündschlüssel *m* ignition

key
Zündung f ignition
Zuneigung f affection
Zunge f tongue
zurück backward (glance);
  **einmal München und
  zurück** return ticket to
  Munich
zurückbringen to bring/
  take back
zurückgeben to give
  back; to return
zurückgehen to go back
zurückkehren to return
  (come back)
zurückkommen to
  come back
zurücklegen to travel (a
  distance); to replace (put
  back)
zurückrufen to ring back
zurückzahlen to pay
  back (money)
zusagen to accept
  (invitation)
zusammen together
zusammenbrechen to
  collapse (person)
Zusammenstoß m
  collision
zusammenstoßen to
  collide
zusätzlich extra,
  additional
Zuschauer pl audience
  (in theatre)
Zuschauerterrasse f
  observation deck
Zuschlag m surcharge;

supplementary ticket,
supplement
zuschlagpflichtig subject
  to a supplement(ary
  charge)
zuschließen to lock
zusehen to watch; **bei
  einem Wettkampf
  zusehen** to watch a
  match
Zustand m state
  (condition)
zuständig responsible
Zustellung f delivery (of
  mail)
zustimmen to agree;
  jemandem zustimmen
  to agree with somebody
Zutaten pl ingredients
Zutritt m admission
zuverlässig reliable
zuviel too much
zuwenig too little
sich zuziehen to catch
  (illness)
zuzüglich extra
Zwang m obligation
zwanglos informal (party);
  zwanglose Kleidung
  dress: informal
zwanzig twenty
Zweck m purpose; **es
  hat keinen Zweck** it's
  no use
zwei two
Zweibettabteil nt two-
  berth compartment
Zweibettkabine f double
  cabin

Zweibettzimmer nt
  twin-bedded room
zweieinhalb two and a
  half
Zweifel m doubt; **ohne
  Zweifel** without (a)
  doubt
zweifellos no doubt
Zweigstelle f branch
  (office)
zweimal twice
zweisprachig bilingual
Zweiteiler m two-piece
zweite(r/s) second;
  zweiter Stock second
  floor
Zwetschge(n) f plum(s)
Zwetschgenwasser nt
  plum brandy
Zwieback m rusk
Zwiebel(n) f onion(s);
  bulb(s)
Zwiebelsuppe f onion
  soup
Zwillinge pl twins
zwingen to force
  (compel)
zwischen between
Zwischenlandung f
  stopover (air travel)
Zwischenstecker m
  adapter
Zwischensumme f
  subtotal
zwölf twelve
zwölfte(r/s) twelfth
Zylinder m cylinder
Zylinderkopfdichtung f
  cylinder head gasket

Mil Schmiedin

die Stelle!